기아자동차

5회분 실전모의고사

기아자동차
5회분 실전모의고사

초판 발행		2024년 1월 12일
개정판 발행		2025년 2월 10일

편 저 자 | 취업적성연구소

발 행 처 | ㈜서원각

등록번호 | 1999-1A-107호

주   소 | 경기도 고양시 일산서구 덕산로 88-45(가좌동)

교재주문 | 031-923-2051

팩   스 | 031-923-3815

교재문의 | 카카오톡 플러스 친구[서원각]

홈페이지 | goseowon.com

우리나라 기업들은 현재까지 비약적인 발전을 이루었다. 이렇게 급속한 성장을 이룰 수 있었던 배경에는 우리나라 국민들의 근면성 및 도전정신이 있었다. 그러나 빠르게 변화하는 세계 경제의 환경에 적응하기 위해서는 근면성과 도전정신 이외에 또 다른 성장 요인이 필요하다.

기업이 지속가능한 성장을 하기 위해서는 혁신적인 제품 및 서비스 개발, 선도 기술을 위한 R&D, 새로운 비즈니스 모델 개발, 효율적인 기업의 합병·인수, 신사업 진출 및 새로운 시장 개발 등 다양한 대안을 구축해 볼 수 있다. 하지만, 이러한 대안들 역시 훌륭한 인적자원을 바탕으로 할 때에 가능하다. 최근 기업체들은 자신의 기업에 적합한 인재를 선발하기 위해 기존의 학벌 위주의 채용에서 탈피하여 기업 고유의 인·적성검사 제도를 도입하고 있다.

기아에서도 업무에 필요한 역량 및 책임감과 적응력 등을 구비한 인재를 선발하기 위하여 고유의 입사시험을 치르고 있다. 본서는 기아 엔지니어(생산직) 채용대비를 위한 도서로 기아 엔지니어(생산직) 입사시험의 출제경향을 철저히 분석하여 응시자들이 보다 쉽게 시험유형을 파악하고 효율적으로 대비할 수 있도록 모의고사 유형으로 구성하였다.

상식(회사상식, 일반상식, 자동차구조학, 기초영어) 영역을 모두 반영하여 시험 대비에 실전과 같이 대비할 수 있도록 구성하였다. 또한 회차당 꼼꼼한 해설을 수록하여 해설을 확인하여 오답에 대한 문제를 쉽게 이해될 수 있도록 구성하였다.

신념을 가지고 도전하는 사람은 반드시 그 꿈을 이룰 수 있습니다. 처음에 품은 신념과 열정이 취업 성공의 그 날까지 빛바래지 않도록 서원각이 수험생 여러분을 응원합니다.

STRUCTURE

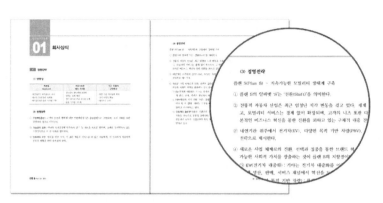

상식 핵심 요약

방대한 양의 상식(회사상식, 일반상식, 자동차 구조학, 기초영어) 영역에서 핵심적으로 알아야 할 이론을 체계적으로 정리하였습니다. 또한 핵심이론을 단기간에 학습할 수 있고 한 눈에 파악할 수 있도록 구성하였습니다.

실전 모의고사

출제경향을 분석하고 반영하여 영역별 출제가 예상되는 문제들로 구성하였습니다. 또한 회차당 40문항으로 구성된 총 5회분 실전 모의고사를 수록하여 출제유형을 분석하고 공략할 수 있도록 구성하였습니다.

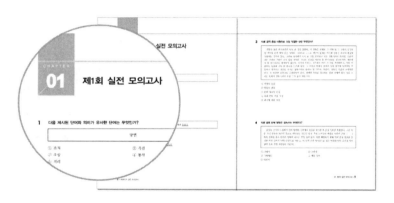

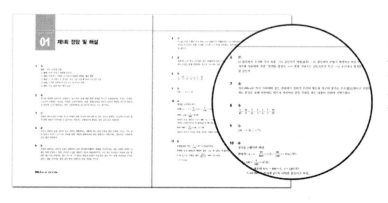

정답 및 해설

매 문제마다 상세하고 이해하기 쉽도록 꼼꼼하게 알려주는 정답 및 해설을 수록하여 효율적인 학습이 가능하고 본인의 취약 부분을 확실하게 보완할 수 있도록 하였습니다.

CONTENTS

PART

01

실전 모의고사

제1회 실전 모의고사

1 다음 제시된 단어와 의미가 유사한 단어는 무엇인가?

당면

① 조치   ② 즉결

③ 우상   ④ 봉착

⑤ 격리

2 밑줄 친 부분과 같은 의미로 쓰인 것은 무엇인가?

나는 우리 회사의 장래를 너에게 걸었다.

① 이 작가는 이번 작품에 생애를 걸었다.

② 우리나라는 첨단 산업에 승부를 걸었다.

③ 마지막 전투에 주저 없이 목숨을 걸었다.

④ 그는 친구를 보호하기 위해 자신의 직위를 걸었다.

⑤ 그는 관객들에게 최면을 걸었다.

3 다음 글의 중심 내용으로 가장 적절한 것은 무엇인가?

전통은 물론 과거로부터 이어 온 것을 말한다. 이 전통은 대체로 그 사회 및 그 사회의 구성원인 개인의 몸에 배어 있는 것이다. 그러므로 스스로 깨닫지 못하는 사이에 전통은 우리의 현실에 작용하는 경우가 있다. 그러나 과거에서 이어 온 것을 무턱대고 모두 전통이라고 한다면, 인습이라는 것과의 구별이 서지 않을 것이다. 우리는 인습을 버려야 할 것이라고는 생각하지만, 계승해야 할 것이라고는 생각하지 않는다. 여기서 우리는, 과거에서 이어 온 것을 객관화하고, 이를 비판하는 입장에 서야 할 필요를 느끼게 된다. 그 비판을 통해서 현재의 문화 창조에 이바지할 수 있다고 생각되는 것만을 우리는 전통이라고 불러야 할 것이다. 이같이, 전통은 인습과 구별될뿐더러, 또 단순한 유물과도 구별되어야 한다. 현재의 문화를 창조하는 일과 관계가 없는 것을 우리는 문화적 전통이라고 부를 수가 없기 때문이다.

① 전통의 본질
② 인습의 종류
③ 문화 창조의 본질
④ 외래 문화 수용 자세
⑤ 과거에 대한 비판

4 다음 괄호 안에 알맞은 접속사는 무엇인가?

음성을 인식하기 위해서 먼저 입력된 신호에서 잡음을 제거한 후 음성 신호만 추출한다. 그런 다음 음성 신호를 하나의 음소로 판단되는 구간인 '음소 추정 구간'들의 배열로 바꾸어 준다. (   ) 음성 신호를 음소 단위로 정확히 나누는 것은 쉽지 않다. 이를 해결하기 위해 먼저 음성 신호를 일정한 시간 간격의 '단위 구간'으로 나누고, 이 단위 구간 하나만으로 또는 연속된 단위 구간을 이어 붙여 음소 추정 구간들을 만든다.

① 그래서   ② 그런데
③ 그럼에도   ④ 예를 들면
⑤ 따라서

5 다음 글의 제목으로 가장 적절한 것은 무엇인가?

새로운 지식의 발견은 한 학문 분과 안에서만 영향을 끼치지 않는다. 가령 뇌 과학의 발전은 버츄얼 리얼리티라는 새로운 현상을 가능하게 하고 이것은 다시 영상공학의 발전으로 이어진다. 이것은 새로운 인지론의 발전을 촉발시키는 한편 다른 쪽에서는 신경경제학, 새로운 마케팅 기법의 발견 등으로 이어진다. 이것은 다시 새로운 윤리적 관심사를 촉발하며 이에 따라 법학적 논의도 이루어지게 된다. 다른 쪽에서는 이러한 새로운 현상을 관찰하며 새로운 문학, 예술 형식이 발견되고 콘텐츠가 생성된다. 이와 같이 한 분야에서의 지식의 발견과 축적은 계속적으로 마치 도미노 현상처럼 인접 분야에 영향을 끼칠 뿐 아니라 예측하기 어려운 방식으로 환류한다. 이질적 학문에서 창출된 지식들이 융합을 통해 기존 학문은 변혁되고 새로운 학문이 출현하며 또다시 이것은 기존 학문의 발전을 이끌어내고 있는 것이다.

① 학문의 복잡성   ② 이질적 학문의 상관관계
③ 지식의 상호 의존성   ④ 신지식 창출의 형태와 변화 과정
⑤ 미래 지식의 예측불가성

6 다음 문장들을 순서에 맞게 배열한 것은 무엇인가?

(가) 현재 전하고 있는 갑인자본을 보면 글자획에 필력의 약동이 잘 나타나고 글자 사이가 여유 있게 떨어지고 있으며 판면이 커서 늠름하다.
(나) 이 글자는 자체가 매우 해정(글씨체가 바르고 똑똑함)하고 부드러운 필서체로 진나라의 위부인자체와 비슷하다 하여 일명 '위부인자'라 일컫기도 한다.
(다) 경자자와 비교하면 대자와 소자의 크기가 고르고 활자의 네모가 평정하며 조판도 완전한 조립식으로 고안하여 납을 사용하는 대신 죽목으로 빈틈을 메우는 단계로 개량·발전되었다.
(라) 또 먹물이 시커멓고 윤이 나서 한결 선명하고 아름답다. 이와 같은 이유로 이 활자는 우리나라 활자본의 백미에 속한다.
(마) 갑인자는 1434년(세종 16)에 주자소에서 만든 동활자로 그보다 앞서 만들어진 경자자의 자체가 가늘고 빽빽하여 보기가 어려워지자 좀 더 큰 활자가 필요하다하여 1434년 갑인년에 왕명으로 주조된 활자이다.
(바) 이 활자를 만드는 데 관여한 인물들은 당시의 과학자나 또는 정밀한 천문기기를 만들었던 기술자들이었으므로 활자의 모양이 아주 해정하고 바르게 만들어졌다.

① (마)-(나)-(바)-(다)-(가)-(라)   ② (나)-(마)-(라)-(가)-(다)-(바)
③ (마)-(가)-(바)-(다)-(나)-(라)   ④ (나)-(마)-(가)-(라)-(다)-(바)
⑤ (바)-(다)-(나)-(가)-(라)-(마)

7 다음을 읽고, 빈칸에 들어갈 내용으로 가장 알맞은 것은 무엇인가?

> 언어와 사고의 관계를 연구한 사피어(Sapir)에 의하면 우리는 객관적인 세계에 살고 있는 것이 아니다. 우리는 언어를 매개로 하여 살고 있으며, 언어가 노출시키고 분절시켜 놓은 세계를 보고 듣고 경험한다. 워프(Whorf) 역시 사피어와 같은 관점에서 언어가 우리의 행동과 사고의 양식을 주조(鑄造)한다고 주장한다. 예를 들어 어떤 언어에 색깔을 나타내는 용어가 다섯 가지밖에 없다면, 그 언어를 사용하는 사람들은 수많은 색깔을 결국 다섯 가지 색 중의 하나로 인식하게 된다는 것이다. 이는 결국 _____는 주장과 일맥상통한다.

① 언어와 사고는 서로 영향을 주고받는다.
② 언어가 우리의 사고를 결정한다.
③ 인간의 사고는 보편적이며 언어도 그러한 속성을 띤다.
④ 사용언어의 속성이 인간의 사고에 영향을 줄 수는 없다.
⑤ 인간의 사고에 따라 언어가 결정된다.

8 다음 식을 계산한 값은 무엇인가?

$$\frac{5}{15} \times \frac{20}{3} \div \frac{15}{7}$$

① $\dfrac{17}{20}$　　　　　　② $\dfrac{18}{21}$

③ $\dfrac{28}{27}$　　　　　　④ $\dfrac{27}{29}$

⑤ $\dfrac{25}{31}$

9 다음 계산식 중 괄호 안에 들어갈 알맞은 수는 무엇인가?

$$25 \times 4 - (\quad) = 79$$

① 21   ② 25
③ 29   ④ 33
⑤ 35

10 원가가 100원인 물건이 있다. 이 물건을 정가의 20%를 할인해서 팔았을 때, 원가의 4%의 이익이 남게 하기 위해서는 원가에 몇 % 이익을 붙여 정가를 정해야 하는가?

① 15%   ② 20%
③ 25%   ④ 30%
⑤ 35%

11 농도가 3%로 오염된 물 30kg에 깨끗한 물을 채워서 오염물질의 농도를 0.5%p 줄이려고 할 때, 깨끗한 물은 얼마나 더 넣어야 하는가?

① 4kg   ② 5kg
③ 6kg   ④ 7kg
⑤ 8kg

12 2개의 주사위를 동시에 던질 때, 주사위에 나타난 숫자의 합이 7이 될 확률과 두 주사위가 같은 수가 나올 확률의 합은?

① $\dfrac{1}{12}$ ② $\dfrac{1}{9}$
③ $\dfrac{1}{7}$ ④ $\dfrac{1}{5}$
⑤ $\dfrac{1}{3}$

13 집에서 공원까지 갈 때는 시속 2km로 가고 돌아 올 때는 3km 먼 길을 시속 4km로 걸어왔다. 쉬지 않고 걸어 총 시간이 6시간이 걸렸다면 처음 집에서 공원을 간 거리는 얼마나 되는가?

① 7km   ② 7.5km

③ 8km   ④ 8.5km

⑤ 9km

14 ○○그룹은 직원들의 인문학 역량 향상을 위하여 독서 캠페인을 진행하고 있다. 다음 〈표〉는 인사팀 사원 6명의 지난달 독서 현황을 보여주는 자료이다. 이 자료를 바탕으로 할 때, 〈보기〉의 설명 가운데 옳지 않은 것을 모두 고르면?

〈표〉 인사팀 사원별 독서 현황

구분＼사원	준호	영우	나현	준걸	주연	태호
성별	남	남	여	남	여	남
독서량(권)	0	2	6	4	8	10

〈보기〉

㉠ 인사팀 사원들의 평균 독서량은 5권이다.

㉡ 남자 사원인 동시에 독서량이 5권 이상인 사원수는 남자 사원수의 50% 이상이다.

㉢ 독서량이 2권 이상인 사원 가운데 남자 사원의 비율은 인사팀에서 여자 사원 비율의 2배이다.

㉣ 여자 사원이거나 독서량이 7권 이상인 사원수는 전체 인사팀 사원수의 50% 이상이다.

① ㉠, ㉡   ② ㉠, ㉢

③ ㉠, ㉣   ④ ㉡, ㉢

⑤ ㉡, ㉣

15 다음은 도시 갑, 을, 병, 정의 공공시설 수에 대한 통계자료이다. A~D 도시를 바르게 연결한 것은?

(단위 : 개)

구분	2021			2022			2023		
	공공청사	문화시설	체육시설	공공청사	문화시설	체육시설	공공청사	문화시설	체육시설
A	472	54	36	479	57	40	479	60	42
B	239	14	22	238	15	22	247	16	23
C	94	5	9	96	5	10	100	6	10
D	96	14	10	98	13	12	98	13	12

※ 공공시설이란 공공청사, 문화시설, 체육시설만을 일컫는다고 가정한다.

> ㉠ 병의 모든 공공시설은 나머지 도시들의 공공시설보다 수가 적지만 2023년에 처음으로 공공청사의 수가 을보다 많아졌다.
> ㉡ 을을 제외하고 2022년 대비 2023년 공공시설 수의 증가율이 가장 작은 도시는 정이다.
> ㉢ 2022년 갑의 공공시설 수는 2021년과 동일하다.

```
     A    B    C    D
① 갑   을   병   정
② 갑   정   병   을
③ 을   갑   병   정
④ 병   정   갑   을
⑤ 정   갑   병   을
```

16 다음은 일정한 규칙에 따라 배열한 수열이다. 빈칸에 알맞은 것은 무엇인가?

12 13 15 18 22 (   )

① 27   ② 26
③ 25   ④ 24
⑤ 23

17 다음은 일정한 규칙으로 나열된 문자이다. 빈칸에 들어갈 알맞은 문자를 고르시오.

D – H – L – P – T – (　)

① O　　　　　　　　　　　② U
③ X　　　　　　　　　　　④ N
⑤ C

18 다음 밑줄 친 수들의 규칙을 찾아 빈칸에 들어갈 수를 고르시오.

<u>2 3 6 5 11</u>　　<u>4 7 28 2 30</u>　　<u>2 1 (　) 1 3</u>

① 0　　　　　　　　　　　② 1
③ 2　　　　　　　　　　　④ 3
⑤ 4

19 다음의 말이 전부 참일 때 항상 참인 것을 고르시오.

- 그림을 잘 그리는 사람은 IQ가 높고, 상상력이 풍부하다.
- 키가 작은 사람은 IQ가 높다.
- 노래를 잘하는 사람은 그림을 잘 그린다.

① 상상력이 풍부하지 않은 사람은 노래를 잘하지 않는다.
② 그림을 잘 그리는 사람은 노래를 잘한다.
③ 키가 작은 사람은 상상력이 풍부하지 않다.
④ 그림을 잘 그리는 사람은 키가 크다.
⑤ IQ가 높은 사람은 그림을 잘 그린다.

20 다음 제시된 전개도를 만들 수 있는 주사위를 적절한 것은?

> 전제1 : 뱀은 단 사과만을 좋아한다.
>
> 전제2 : _____
>
> 결론 : 뱀은 작은 사과를 좋아하지 않는다.

① 작은 사과는 달지 않다.

② 작지 않은 사과는 달다.

③ 어떤 뱀은 큰 사과를 좋아하지 않는다.

④ 작지 않은 사과는 달지 않다.

⑤ 어떤 뱀은 작은 사과를 좋아한다.

21 겨울을 맞이하여 다양한 선물을 준비하였다. 선물의 종류는 목도리, 모자, 장갑이며 색은 빨강과 노랑 두 가지이다. 선물을 받은 사람들이 기념으로 모두 받은 선물들을 입고 모였을 때 다음과 같았을 때, 장갑만 빨간 사람은 몇 명인가? (단, 인원은 모두 14명)

> • 조건1 : 모자, 목도리, 장갑 중 1가지만 빨간색을 몸에 걸친 사람은 9명이다.
>
> • 조건2 : 모자와 장갑은 다른 색이다.
>
> • 조건3 : 빨간색 목도리와 빨간색 장갑의 사람 수와 노란색 목도리와 노란색 장갑의 사람 수의 합은 8이다.
>
> • 조건4 : 빨간색 모자를 쓰고 있는 사람은 7명이다.

① 1명   ② 4명

③ 7명   ④ 8명

⑤ 9명

※ 다음 도형들의 일정한 규칙을 찾아 빈칸에 들어갈 알맞은 도형을 고르시오. 【22~33】

22

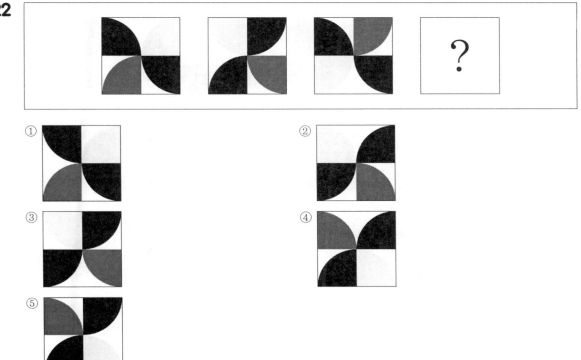

23

①

②

③

④

⑤

※ 다음 주어진 두 문자에서 다른 곳의 개수를 고르시오. 【24~25】

24

images are essantial unlts − images are essential units

① 0개　　　　　　　　　　　② 1개
③ 2개　　　　　　　　　　　④ 3개
⑤ 4개

25

★●◎◆▲△■◖◐◑   ★●◎◆△△■◖◐◑

① 0개   ② 1개
③ 2개   ④ 3개
⑤ 4개

26 다음 중 제시된 보기와 다른 하나는 무엇인가?

博物君子(박물군자)

① 博物君子(박물군자)   ② 博物君子(박물군자)
③ 搏物君子(박물군자)   ④ 博物君子(박물군자)
⑤ 博物君子(박물군자)

27 다음에 제시된 블록의 개수는 몇 개인가?

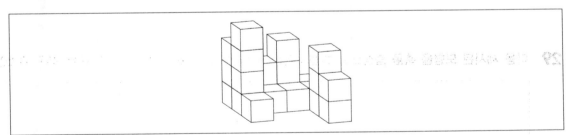

① 20개   ② 21개
③ 22개   ④ 23개
⑤ 24개

28 다음 제시된 전개도로 만들 수 있는 주사위로 적절한 것은?

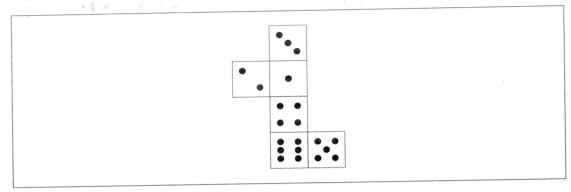

①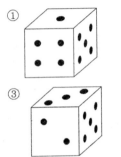

②

③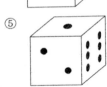

④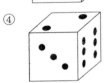

⑤

29 다음 제시된 도형을 축을 중심으로 회전시켰을 때 나타나는 회전체의 모양으로 옳은 것은 무엇인가?

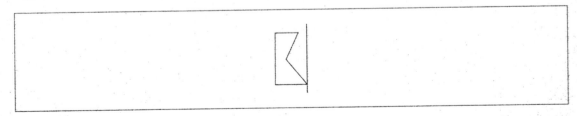

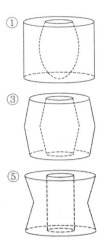

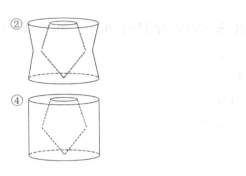

30 다음과 같이 종이를 접은 후 구멍을 뚫고 펼친 뒤의 그림으로 옳은 것은 무엇인가?

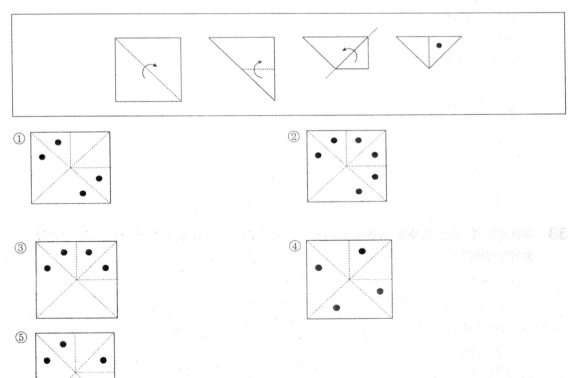

31 다음 중 기아의 경영전략 Plans S에 해당하는 단어는 무엇인가?

① Progress

② People

③ Purpose

④ Project

⑤ Price

32 매년 미국 캔자스시티 연방 준비은행이 개최하는 경제정책 심포지엄으로, 전 세계 경제 전문가와 중앙은행 총재들이 모여 경제정책을 논의하는 연례 회의를 의미하는 용어는 무엇인가?

① 타운 홀 미팅

② 잭슨 홀 미팅

③ 올 핸즈 미팅

④ 킥 오프 미팅

⑤ 팀 빌딩 미팅

33 재활용할 수 있는 소재를 이용해 디자인이나 활용도를 더하여 전혀 다른 제품으로 생산하여 가치를 높이는 일은?

① 제로웨이스트

② 플로깅

③ 뉴사이클링

④ 업사이클링

⑤ 아웃도어링

34 AI와 같은 신기술을 잘 활용하고 소통하는 인간의 능력을 무엇이라고 하는가?

① 호모 디지털리쿠스
② 호모 콘넥투스
③ 호모 프롬프트
④ 호모 모빌리쿠스
⑤ 호모 크리에이티쿠스

35 갑작스러운 날씨 변화로 인해 사회·경제적 피해가 발생하는 현상은?

① 웨더 트랜스
② 웨더 쇼크
③ 웨더 스타
④ 웨더 스트립
⑤ 웨더 다운

36 프로이트의 정신분석이론 중 사회적인 틀에서 습득되는 것으로, 개인의 본능적인 충동의 발현에 대해 양심으로서 제지적인 작용을 한다고 규정하고 있는 개념은?

① 이드
② 에고
③ 슈퍼에고
④ 리비도
⑤ 카타르시스

37 나쁜 일의 근원을 완전히 없애고 다시는 그런 일이 생기지 않도록 한다는 의미의 사자성어로 옳은 것은?

① 진퇴유곡(進退維谷)

② 권불십년(權不十年)

③ 전전반측(輾轉反側)

④ 방약무인(傍若無人)

⑤ 발본색원(拔本塞源)

38 우리나라 최초의 순 한글신문은?

① 제국신문

② 한성순보

③ 황성신문

④ 독립신문

⑤ 매일신보

※ 밑줄 친 부분에 들어갈 가장 적절한 것을 고르시오. 【39~40】

39

The usual way of coping with taboo words and notions is to develop euphemisms and circumlocutions. Hundreds of words and phrases have emerged to express basic biological functions, and talk about _____ has its own linguistics world. English examples include "to pass on," "to snuff the candle," and "to go aloft."

① death   ② defeat

③ anxiety   ④ frustration

⑤ recovery

40

A _____ gene is one that produces a particular characteristic regardless of whether a person has only one of these genes from one parent, or two of them.

① recessive
② dominant
③ proficient
④ turbulent
⑤ irrelevant

제2회 실전 모의고사

1 다음 제시된 단어와 의미가 유사한 단어는 무엇인가?

장성

① 퇴보   ② 이화
③ 증식   ④ 형상
⑤ 성장

2 밑줄 친 부분과 같은 의미로 쓰인 것은 무엇인가?

범인은 경찰의 손이 미치지 않는 곳으로 도망갔다.

① 요즘에는 손이 부족하다.
② 그 일은 손이 많이 간다.
③ 그는 두 손 모아 기도한다.
④ 그는 장사꾼의 손에 놀아났다.
⑤ 그 일은 선배의 손에 떨어졌다.

3 다음 글의 중심 내용으로 가장 적절한 것은 무엇인가?

> 한 번에 두 가지 이상의 일을 할 때 당신은 마음에게 흩어지라고 지시하는 것입니다. 그것은 모든 분야에서 좋은 성과를 내는 데 필수적인 요소가 되는 집중과는 정반대입니다. 당신은 자신의 마음이 분열되는 상황에 처하도록 하는 경우도 많습니다. 마음이 흔들리도록, 과거나 미래에 사로잡히도록, 문제들을 안고 낑낑거리도록, 강박이나 충동에 따라 행동하는 때가 그런 경우입니다. 예를 들어, 읽으면서 동시에 먹을 때 마음의 일부는 읽는 데 가 있고, 일부는 먹는 데 가 있습니다. 이런 때는 어느 활동에서도 최상의 것을 얻지 못합니다. 다음과 같은 부처의 가르침을 명심하세요. '걷고 있을 때는 걸어라. 앉아 있을 때는 앉아 있어라. 갈팡질팡하지 마라.' 당신이 하는 모든 일은 당신의 온전한 주의를 받을 가치가 있는 것이어야 합니다. 단지 부분적인 주의를 받을 가치밖에 없다고 생각하면, 그것이 진정으로 할 가치가 있는지 자문하세요. 어떤 활동이 사소해 보이더라도, 당신은 마음을 훈련하고 있다는 사실을 명심하세요.

① 일을 시작하기 전에 먼저 사소한 일과 중요한 일을 구분하는 습관을 기르라.

② 한 번에 두 가지 이상의 일을 성공적으로 수행할 수 있도록 훈련하라.

③ 자신이 하는 일에 전적으로 주의를 집중하라.

④ 과거나 미래가 주는 교훈에 귀를 기울이라.

⑤ 모든 일에 가치를 판단하고 시작하라.

4 다음 괄호 안에 알맞은 접속사는 무엇인가?

> 비자발적인 행위는 강제나 무지에서 비롯된 행위이다. (   ) 자발적인 행위는 그것의 단초가 행위자 자신 안에 있다. 행위자 자신 안에 행위의 단초가 있는 경우에는 행위를 할 것인지 말 것인지가 행위자 자신에게 달려 있다.
>
> 욕망이나 분노에서 비롯된 행위들을 모두 비자발적이라고 할 수는 없다. 그것들이 모두 비자발적이라면 인간 아닌 동물 중 어떤 것도 자발적으로 행위를 하는 게 아닐 것이며, 아이들조차 그럴 것이기 때문이다. 우리가 욕망하는 것들 중에는 마땅히 욕망해야 할 것이 있는데, 그러한 욕망에 따른 행위는 비자발적이라고 할 수 없다. 실제로 우리는 어떤 것들에 대해서는 마땅히 화를 내야하며, 건강이나 배움과 같은 것은 마땅히 욕망해야 한다. 따라서 욕망이나 분노에서 비롯된 행위를 모두 비자발적인 것으로 보아서는 안 된다.

① 따라서

② 더욱이

③ 그래서

④ 그럼에도 불구하고

⑤ 반면에

5 다음 글의 제목으로 가장 적절한 것은 무엇인가?

미국은 1970년대 환경 보호 운동의 확산과 함께 '청정공기법'(1970년)을 제정하여 대기오염 물질의 배출을 규제하기 시작하였다. 이후 여러 차례 개정을 통해 산업 시설의 배출 기준을 강화하고 자동차 배출가스 규제도 도입하였다. 독일은 1983년 '환경보호법'을 제정하며 환경오염 문제를 법적으로 다루기 시작했다. 특히 재생 가능 에너지 사용을 촉진하기 위해 '재생가능에너지법'(2000년)을 시행하며 태양광, 풍력 등 신재생에너지 확대에 큰 진전을 이뤘다. 일본은 1967년 '공해대책기본법'을 통해 공해 방지를 국가 차원에서 제도화하였으며, 1990년대 들어서는 기후변화 문제를 해결하기 위해 온실가스 배출 감축 목표를 법으로 명시하였다.

이처럼 각 국가는 환경오염 문제 해결을 위해 법률을 도입하는 과정을 거쳤으며, 초기에는 오염 방지 및 규제에 초점이 맞춰졌으나, 이후 재생 가능 에너지 확대 및 기후변화 대응으로 초점이 확장되었다. 이는 환경 보호가 지속 가능한 발전의 중요한 요소로 자리 잡는 데 기여하였다.

① 국가별 에너지 정책 현황
② 환경 보호를 위한 법률의 도입 과정
③ 선진국의 재생에너지 전환 사례
④ 환경 문제 해결을 위한 국제 협력
⑤ 국가별 대기오염 관리 방안

6 다음 문장들을 순서에 맞게 배열한 것은 무엇인가?

(가) 이보다 발달된 차원의 경험적 방법은 관찰이며, 지식을 얻기 위해 외부 자연 세계를 관찰하는 것이다.
(나) 가장 발달된 것은 실험이며 자연 세계에 변형을 가하거나 제한된 조건하에서 살펴보는 것이다.
(다) 우선 가장 초보적인 차원이 일상 경험이다.
(라) 자연과학의 경험적 방법은 세 가지 차원에서 생각해볼 수 있다.

① (가) – (라) – (나) – (다)　　　　② (가) – (나) – (라) – (다)
③ (라) – (다) – (나) – (가)　　　　④ (라) – (다) – (가) – (나)
⑤ (나) – (다) – (라) – (가)

7 다음을 읽고, 빈칸에 들어갈 내용으로 가장 알맞은 것은 무엇인가?

> 슬로비치 모델은 과학기술 보도의 사회적인 증폭 양상에 보다 주목하는 이론이다. 이 모델은 언론의 과학기술 보도가 어떻게 사회적인 증폭 역할을 수행하게 되는지, 그리고 그 효과가 사회적으로 어떤 식으로 확대 재생산될 수 있는지를 보여 준다. 특정 과학기술 사건이 발생하면 뉴스 보도로 이어진다. 이때 언론의 집중 보도는 수용자 개개인의 위험 인지를 증폭시키며, 이로부터 수용자인 대중이 위험의 크기와 위험 관리의 적절성에 대하여 판단하는 정보 해석 단계로 넘어간다. 이 단계에서 이미 증폭된 위험 인지는 보도된 위험 사건에 대한 해석에 영향을 미쳐 _____. 이로 말미암은 부정적 영향은 그 위험 사건에 대한 인식에서부터 유관기관, 업체, 관련 과학기술 자체에 대한 인식에까지 미치게 되며, 또한 관련 기업의 매출 감소, 소송의 발생, 법적 규제의 강화 등의 다양한 사회적 파장을 일으키게 된다.

① 보도 대상에 대한 신뢰 훼손과 부정적 이미지 강화로 이어진다.
② 대중들로 하여금 잘못된 선택을 하게 한다.
③ 대중들의 선택에 모든 책임을 부여한다.
④ 언론에 대한 대중들의 신뢰가 무너지게 된다.
⑤ 특정 과학기술 사건에 대해 더 이상 신경을 쓰지 않게 된다.

8 다음 식을 계산한 값은 무엇인가?

$$37 + 49 \div 7 + 2 \times 16$$

① 65
② 72
③ 76
④ 84
⑤ 97

9 다음 계산식 중 괄호 안에 들어갈 알맞은 수는 무엇인가?

$$15 \times 17 \div (\quad) = 85$$

① 2
② 3
③ 4
④ 5
⑤ 6

10 재현이가 농도가 20%인 소금물에서 물 60g을 증발시켜 농도가 25%인 소금물을 만든 후, 여기에 소금을 더 넣어 40%의 소금물을 만든다면 몇 g의 소금을 넣어야 하겠는가?

① 40g   ② 45g

③ 50g   ④ 55g

⑤ 60g

11 정원이가 등산을 하는 데 올라갈 때는 시속 3km로 내려 올 때는 올라갈 때 보다 5km 먼 다른 길을 시속 6km로 걸어서 4시간 50분이 걸렸다고 한다. 정원이가 걸은 거리는 모두 몇 km인가?

① 14km   ② 16km

③ 18km   ④ 21km

⑤ 24km

12 커다란 탱크에 호스 A, B, C로 물을 가득 채우는 데 하나씩만 사용했을 때 걸리는 시간은 각각 3시간, 4시간, 6시간이 걸린다고 한다. 처음에 A호스로 1시간을 하다가 중단하고, 이어서 B, C호스를 함께 사용하여 가득 채웠다. B, C호스를 함께 사용한 시간은?

① 1시간 24분   ② 1시간 28분

③ 1시간 32분   ④ 1시간 36분

⑤ 1시간 42분

13 어떤 상품을 정가에서 20%를 할인해서 팔아도, 원가에 대해서는 8%의 이익을 얻고자 한다. 처음 원가에 몇 %의 이익을 붙여서 정가를 매겨야 하는가?

① 35%   ② 30%

③ 25%   ④ 20%

⑤ 15%

14 ○○회사 홍보부에서 근무하고 있는 Y씨는 선배들의 커피 심부름을 부탁받아 카페에 갔다 오려고 한다. Y씨는 자주 가는 카페에서 자신의 회원카드를 제시하려고 하며, 현재의 적립금은 2,050원으로 적립금을 최대한 사용할 예정이다. 다음 조건에 따라 계산할 경우 최종적으로 지불해야 하는 금액은 얼마인가?

〈선배들의 취향〉

• 김부장님 : 아메리카노 L
• 유과장님 : 휘핑크림 추가한 녹차라떼 R
• 신대리님 : 카페라떼 R
• 정대리님 : 카라멜 마끼야또 L
• Y씨 : 핫초코

〈메뉴〉

	R 사이즈(원)	L 사이즈(원)
아메리카노	2,500	2,800
카페라떼	3,500	3,800
카라멜 마끼야또	3,800	4,200
녹차라떼	3,000	3,500
핫초코	3,500	3,800

※ 휘핑크림 추가 : 800원

※ 오늘의 차 : 핫초코 균일가 3,000원

※ 카페 2주년 기념행사 : 총 금액 20,000원 초과 시 5% 할인

〈회원특전〉

• 10,000원 이상 결제 시 회원카드를 제시하면 총 결제 금액에서 1,000원 할인
• 적립금이 2,000점 이상인 경우, 현금처럼 사용가능(1점당 1원, 100원 단위로만 사용가능하며, 타 할인 혜택 적용 후 최종금액의 10%까지만 사용가능)
• 할인혜택은 중복적용 가능

---

① 14,300원

② 14,700원

③ 15,300원

④ 15,700원

⑤ 16,300원

15 다음은 2016 ~ 2023년 ○○기업의 콘텐츠 유형별 매출액에 관한 자료이다. 이에 대한 설명으로 옳지 않은 것은?

(단위 : 백만 원)

연도＼유형	게임	음원	영화	SNS	전체
2016	235	108	371	30	744
2017	144	175	355	45	719
2018	178	186	391	42	797
2019	269	184	508	59	1,020
2020	485	199	758	58	1,500
2021	470	302	1,031	308	2,111
2022	603	411	1,148	104	2,266
2023	689	419	1,510	341	2,959

① 2018년 이후 매출액이 매년 증가한 콘텐츠 유형은 영화뿐이다.
② 2023년에 전년대비 매출액 증가율이 가장 큰 콘텐츠 유형은 SNS이다.
③ 영화 매출액은 매년 전체 매출액의 40% 이상이다.
④ 2020~2023년 동안 매년 게임 매출액은 음원 매출액의 2배 이상이다.
⑤ 2016년 대비 2022년도의 모든 콘텐츠 매출액은 증가했다.

16 다음은 일정한 규칙에 따라 배열한 수열이다. 빈칸에 알맞은 것은 무엇인가?

14   23   32   41   50   59   (   )

① 70
② 69
③ 68
④ 67
⑤ 66

17 다음은 일정한 규칙으로 나열된 문자이다. 빈칸에 들어갈 알맞은 문자를 고르시오.

$$C - D - F - I - M - (\quad)$$

① P   ② R
③ Q   ④ V
⑤ H

18 다음 밑줄 친 수들의 규칙을 찾아 빈칸에 들어갈 수를 고르시오.

$$\underline{7\ 3\ (\quad)} \qquad \underline{10\ 4\ 6} \qquad \underline{8\ 1\ 7}$$

① 2   ② 4
③ 6   ④ 8
⑤ 10

19 다음의 말이 전부 참일 때 항상 참인 것을 고르시오.

- 회사에 가장 일찍 출근하는 사람은 부지런하다.
- 여행을 갈 수 있는 사람은 명진이와 소희다.
- 부지런한 사람은 특별 보너스를 받을 것이다.
- 특별 보너스를 받지 못하면 여행을 갈 수 없다.

① 회사에 가장 늦게 출근하는 사람은 게으르다.
② 특별 보너스를 받는 방법은 여러 가지이다.
③ 회사에 가장 일찍 출근하지 않으면 특별 보너스를 받을 수 없다.
④ 소희는 부지런하다.
⑤ 명진이는 회사에 가장 일찍 출근한다.

20 주어진 결론을 반드시 참으로 하는 전제는 무엇인가?

> 전제1 : _____
> 전제2 : 어떤 사원은 탁월한 성과를 낸다.
> 결론 : 사전교육을 받은 어떤 사원은 탁월한 성과를 낸다.

① 모든 사원은 사전교육을 받는다.
② 어떤 사원은 사전교육을 받는다.
③ 모든 신입사원은 사전교육을 받는다.
④ 어떤 신입사원은 사전교육을 받는다.
⑤ 모든 승진대상자는 사전교육을 받는다.

21 유치원생들을 대상으로 좋아하는 과일에 대해서 조사한 결과 다음과 같은 자료를 얻었다. 다음 중 유치원생인 지민이가 한라봉을 좋아한다는 결론을 이끌어낼 수 있는 것은 무엇인가?

> ㉠ 귤과 레몬을 모두 좋아하는 유치원생은 한라봉도 좋아한다.
> ㉡ 오렌지와 자몽을 모두 좋아하는 유치원생은 한라봉도 좋아한다.
> ㉢ 유치원생들은 모두 금귤이나 라임 중 하나를 반드시 좋아한다.
> ㉣ 라임을 좋아하는 유치원생은 레몬을 좋아한다.
> ㉤ 금귤을 좋아하는 유치원생은 오렌지를 좋아한다.

① 지민이는 귤과 자몽을 좋아한다.
② 지민이는 오렌지와 레몬을 좋아한다.
③ 지민이는 귤과 오렌지를 좋아한다.
④ 지민이는 금귤과 라임을 좋아한다.
⑤ 지민이는 오렌지와 귤을 좋아한다.

※ 다음 도형들의 일정한 규칙을 찾아 빈칸에 들어갈 알맞은 도형을 고르시오. 【22~23】

22

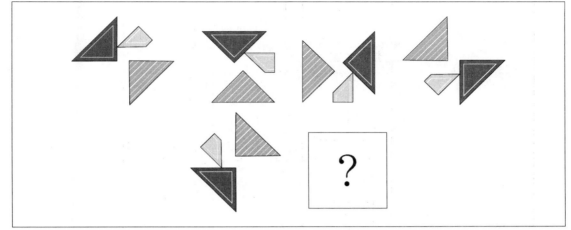

①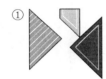

②

③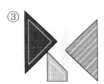

④

⑤

23

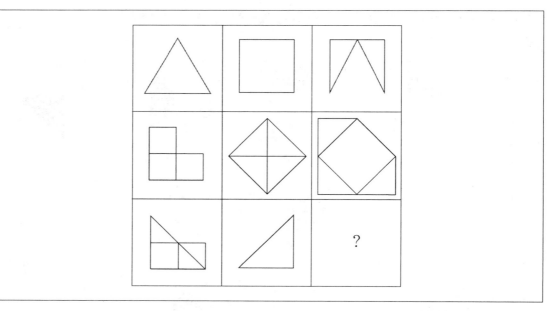

①

②

③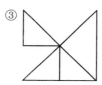

④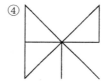

⑤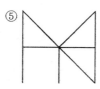

※ 다음 주어진 두 문자에서 다른 곳의 개수를 고르시오. 【24~25】

24

14651317198654532567	14651317193954532467

① 0개   ② 1개

③ 2개   ④ 3개

⑤ 4개

25

오☏늘도 좋슾은 하♪루 보내세요	오☏늘만 좋슾은 하♬루 보내셔요

① 0개   ② 1개

③ 2개   ④ 3개

⑤ 4개

26 다음 중 제시된 보기와 다른 하나는 무엇인가?

be responsible for

① be responseble for   ② be responsible for

③ be responsible for   ④ be responsible for

⑤ be responsible for

27 다음에 제시된 블록의 개수는 몇 개인가?

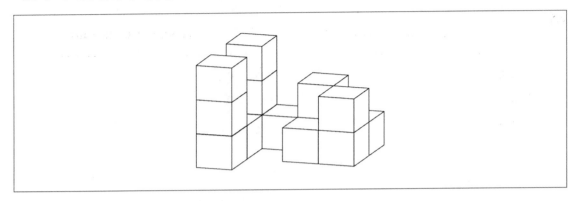

① 14개   ② 15개
③ 16개   ④ 17개
⑤ 18개

28 다음 제시된 전개도로 만들 수 있는 주사위로 적절한 것은?

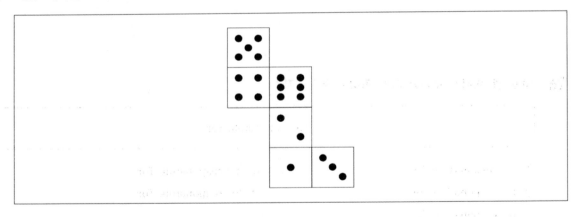

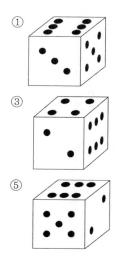

① 　 ② 　 ③ 　 ④ 　 ⑤

29 다음 제시된 도형을 축을 중심으로 회전시켰을 때 나타나는 회전체의 모양으로 옳은 것은 무엇인가?

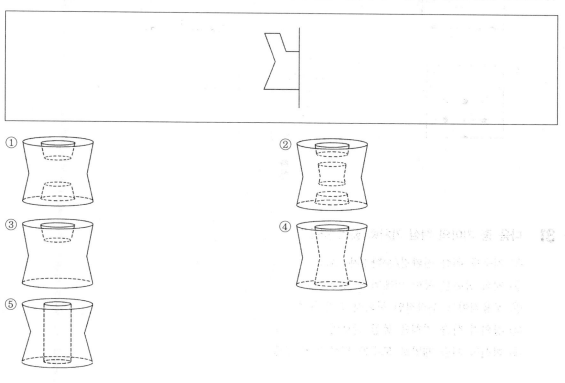

① 　 ②

③ 　 ④

⑤

30 다음과 같이 종이를 접은 후 구멍을 뚫고 펼친 뒤의 그림으로 옳은 것은 무엇인가?

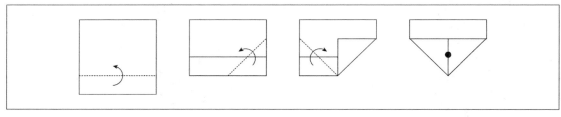

①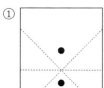

②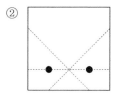

③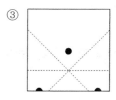

④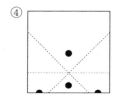

⑤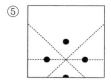

31 다음 중 기아의 핵심 가치로 옳은 것은?

① 지구를 위한 친환경/순환경제 선도
② 지식 공유를 통한 미래인재 양성확대
③ 포용적이고 수직적인 사회적 환경 구축
④ 창의적 학습 기회를 통한 글로벌 리더 육성
⑤ 혁신적 기술 개발로 모두를 위한 가치 창출

32 고정된 직장이나 직업에 얽매이지 않고 다양한 직업이나 프로젝트를 자유롭게 이동하며 경력을 쌓는 사람을 무엇이라고 하는가?

① 퍼스널 브랜딩　　　　　　　② 디지털 크리에이터
③ 워케이션　　　　　　　　　④ 디지털 노마드
⑤ 커리어 노마드

33 하나의 물건을 갖게 되면 그것에 어울리는 다른 물건들을 계속 구매하게 되는 현상은?

① 디드로 효과　　　　　　　　② 캘린더 효과
③ 채찍 효과　　　　　　　　　④ 쿠퍼 효과
⑤ 외부 효과

34 다음 설명에 해당하는 것은?

- 기질 특이성이 있다.
- 온도와 pH의 영향을 받는다.
- 생물체 내 화학반응이 잘 일어나도록 촉매 역할을 한다.

① 핵산　　　　　　　　　　　② 효소
③ 뉴런　　　　　　　　　　　④ ATP
⑤ 축삭

35 '친환경 생태도시'를 칭하는 용어는?

① 메갈로폴리스　　　　　　　② 메트로폴리탄
③ 메트로폴리스　　　　　　　④ 에코폴리스
⑤ 메가리전

36 '나는 생각한다. 고로 나는 존재한다.'의 명언을 남긴 사람은?

① 아리스토텔레스

② 탈레스

③ 스피노자

④ 데카르트

⑤ 소크라테스

37 야구에서 경기와 선수들의 성과를 분석하고 평가하기 위해 사용하는 통계학적 방법론을 무엇이라고 하는가?

① 베이스볼매트릭스

② 데이터매트릭스

③ 피트니스매트릭스

④ 애널리틱스

⑤ 세이버매트릭스

38 판소리 5마당이 아닌 것은?

① 배비장전   ② 적벽가

③ 수궁가   ④ 흥보가

⑤ 심청가

※ 밑줄 친 부분에 들어갈 가장 적절한 것을 고르시오. 【39~40】

39

You must provide a _____ passport or official ID at the check-in counter to confirm your identity.

① expired   ② valid

③ fabricated   ④ misplaced

⑤ unauthorized

40

The new sports equipment will only be sold through _____ stores authorized by the manufacturer.

① licensed   ② unsupervised

③ abandoned   ④ improvised

⑤ restricted

제3회 실전 모의고사

1 다음 제시된 단어와 의미가 유사한 단어는 무엇인가?

영유

① 유지

② 제재

③ 차지

④ 개진

⑤ 박탈

2 밑줄 친 부분과 같은 의미로 쓰인 것을 무엇인가?

그는 해결하기만 하면 좋은 기회가 될 수 있는 사건을 하나 물어왔다.

① 사장은 과장에게 이번 일의 책임을 물었다.

② 친구는 나에게 그 일이 어떻게 되어가고 있는지 물어왔다.

③ 나는 입에 음식을 물고 말하다가 혼이 났다.

④ 일이 잘못되어 꼼짝없이 내가 모든 돈을 물어주게 생겼다.

⑤ 여자들은 그녀가 부자를 물어 팔자가 피었다며 속닥거렸다.

3 다음 글의 중심 내용으로 가장 적절한 것은 무엇인가?

행랑채가 퇴락하여 지탱할 수 없게끔 된 것이 세 칸이었다. 나는 마지못하여 이를 모두 수리하였다. 그런데 그중의 두 칸은 앞서 장마에 비가 샌 지가 오래되었으나, 나는 그것을 알면서도 이럴까 저럴까 망설이다가 손을 대지 못했던 것이고, 나머지 한 칸은 비를 한 번 맞고 샜던 것이라 서둘러 기와를 갈았던 것이다. 이번에 수리하려고 본즉 비가 샌 지 오래된 것은 그 서까래, 추녀, 기둥, 들보가 모두 썩어서 못 쓰게 되었던 까닭으로 수리비가 엄청나게 들었고, 한 번밖에 비를 맞지 않았던 한 칸의 재목들은 완전하여 다시 쓸 수 있었던 까닭으로 그 비용이 많이 들지 않았다.

나는 이에 느낀 것이 있었다. 사람의 몸에 있어서도 마찬가지라는 사실을. 잘못을 알고서도 바로 고치지 않으면 곧 그 자신이 나쁘게 되는 것이 마치 나무가 썩어서 못 쓰게 되는 것과 같으며, 잘못을 알고 고치기를 꺼리지 않으면 해(害)를 받지 않고 다시 착한 사람이 될 수 있으니, 저 집의 재목처럼 말끔하게 다시 쓸 수 있는 것이다. 뿐만 아니라 나라의 정치도 이와 같다. 백성을 좀먹는 무리들을 내버려두었다가는 백성들이 도탄에 빠지고 나라가 위태롭게 된다. 그런 연후에 급히 바로잡으려 하면 이미 썩어 버린 재목처럼 때는 늦은 것이다. 어찌 삼가지 않겠는가.

① 모든 일에 기초를 튼튼히 해야 한다.
② 청렴한 인재 선발을 통해 정치를 개혁해야 한다.
③ 잘못을 알게 되면 바로 고쳐 나가는 자세가 중요하다.
④ 훌륭한 위정자가 되기 위해서는 매사 삼가는 태도를 지녀야 한다.
⑤ 모든 일에는 순서가 있는 법이다.

4 다음 괄호 안에 알맞은 접속사는 무엇인가?

공리주의자는 동일한 강도의 행복을 동등하게 고려한다. (　　　) 공리주의자들은 '나'의 행복이 '너'의 행복보다 더 도덕적 가치가 있다고 생각하지 않는다. 이런 점에서 볼 때 공리주의에서 행복이 누구의 것인가는 중요하지 않다. 하지만 누구의 행복인가 하는 질문이 행복 주체의 범위로 이해될 때에는 다르다. 이미 실제로 존재하고 있는 생명체의 행복만을 고려할 것인가, 아니면 앞으로 존재할 생명체의 행복까지 고려할 것인가? 이와 관련해서 철학자 싱어는 행복의 양을 증가시키는 방법에 대한 공리주의의 견해를 '실제적 견해'와 '전체적 견해'로 구별한다.

① 이를테면　　　　　　　　　② 그리하여
③ 즉　　　　　　　　　　　　④ 따라서
⑤ 반면에

5 다음 글의 제목으로 가장 적절한 것은 무엇인가?

현재 하천수 사용료는 국가 및 지방하천에서 생활·공업·농업·환경개선·발전 등의 목적으로 하천수를 취수할 때 허가를 받고 사용료를 납부하도록 하고 있다. 또한 사용료 징수주체를 과거에는 국가하천은 국가, 지방하천은 지자체에서 허가하던 것을 2008년부터 하천수 사용의 허가 체계를 국토교통부로 일원화하여 관리하고 있다.

이를 위하여 크게 두 가지, 즉 하천 점용료 및 사용료 징수의 강화 및 현실화와 친수구역개발에 따른 개발이익의 환수와 활용에 대하여 보다 구체적인 실현방안을 추진하여 안정적이고 합리적 물 관리 재원 조성 기반을 확보하여야 한다. 하천시설이나 점용 시설에 대한 국가 관리기능 강화와 이에 의거한 점·사용료 부과·징수 기능을 확대하여야 한다. 그리고 실질적인 편익을 기준으로 하는 점·사용료 부과 등을 추진하는 것이 주효할 것이다. 국가하천정비사업 등을 통하여 조성·정비된 각종 친수시설이나 공간 등에 대한 국가 관리 권한의 확대를 통해 하천 관리의 체계성·계획성을 제고하여 나가야 한다. 다음으로 친수 구역에 대한 개발이익을 환수하여 하천구역 및 친수관리구역의 통합적 관리·이용을 위한 재원으로의 활용을 추진할 필요가 있으며, 하천구역 정비·관리에 의한 편익을 향유하는 하천연접지역에서의 개발행위에 대해 수익자 부담원칙을 적용할 필요가 있다. 국민생활 밀착 공간, 환경오염 민감 지역, 국토방재 공간이라는 다면적 특성을 지닌 하천연접지역의 체계적이고 계획적인 관리와 이를 위한 재원 마련이 하천관리의 핵심적인 이슈이기 때문이다.

① 하천수 사용자에 대한 이익 환수 강화
② 하천수 사용료 제도의 실효성 확보
③ 국가의 하천 관리 개선 방안 제시
④ 현실적인 하천수 요금체계로의 전환
⑤ 하천수 사용료 제도의 문제점

6 다음 문장들을 순서에 맞게 배열한 것은 무엇인가?

> (가) 국민들의 지식과 정보의 빠른 변화에 적응해야 국가 경쟁력도 확보될 수 있는 것이다.
> (나) 그러나 평균 수명이 길어지고 사회가 지식 기반 사회로 변모해감에 따라 평생 교육의 필요성이 날로 높아지고 있다.
> (다) 현재 우리나라의 교육열이 높다는 것은 학교 교육에 한할 뿐이고 그마저 대학 입학을 위한 것이 거의 전부이다.
> (라) 더구나 산업 분야의 구조 조정이 빈번한 이 시대에는 재취업 훈련이 매우 긴요하다.

① (가) - (나) - (라) - (다)
② (가) - (라) - (나) - (다)
③ (다) - (나) - (라) - (가)
④ (다) - (라) - (나) - (가)
⑤ (다) - (라) - (가) - (나)

7 다음을 읽고, 빈칸에 들어갈 내용으로 가장 알맞은 것은 무엇인가?

> 역사적 사실(historical fact)이란 무엇인가? 이것은 우리가 좀 더 꼼꼼히 생각해 보아야만 하는 중요한 질문이다. 상식적인 견해에 따르면, 모든 역사가들에게 똑같은, 말하자면 역사의 척추를 구성하는 어떤 기초적인 사실들이 있다. 예를 들면 헤이스팅스(Hastings) 전투가 1066년에 벌어졌다는 사실이 그런 것이다. 그러나 이 견해에는 명심해야 할 두 가지 사항이 있다. 첫째로, 역사가들이 주로 관심을 가지는 것은 그와 같은 사실들이 아니라는 점이다. 그 대전투가 1065년이나 1067년이 아니라 1066년에 벌어졌다는 것, 그리고 이스트본(Eastbourne)이나 브라이턴(Brighton)이 아니라 헤이스팅스에서 벌어졌다는 것을 아는 것은 분명히 중요하다. 역사가는 이런 것들에서 틀려서는 안 된다. 하지만 나는 이런 종류의 문제들이 제기될 때 _____ 라는 하우스먼의 말을 떠올리게 된다. 어떤 역사가를 정확하다는 이유로 칭찬하는 것은 어떤 건축가를 잘 말린 목재나 적절히 혼합된 콘크리트를 사용하여 집을 짓는다는 이유로 칭찬하는 것과 같다.

① '정확성은 의무이며 곧 미덕이다'
② '정확성은 미덕이지 의무는 아니다'
③ '정확성은 의무도 미덕도 아니다'
④ '정확성은 의무이지 미덕은 아니다'
⑤ '정확성은 가장 우선적인 의무이다'

8 다음 식을 계산한 값은 무엇인가?

$$2^2 \times 6^2 \times 3^{-2} \times 4$$

① 36

② 44

③ 56

④ 64

⑤ 76

9 다음 계산식 중 괄호 안에 들어갈 알맞은 수는 무엇인가?

$$35 \times (\quad) - 92 = 188$$

① 4

② 6

③ 8

④ 10

⑤ 12

10 여행선물로 열쇠고리와 액자를 구매하려고 할 때, 열쇠고리는 2,500원이고 액자는 4,000원이다. 열쇠고리 수는 액자 수의 4배이고 모두 42,000원을 지불하였다면 구입한 액자는 몇 개인가?

① 2개

② 3개

③ 4개

④ 5개

⑤ 6개

11 세 사람의 나이를 모두 곱하면 2450이고 모두 더하면 46이다. 최고령자의 나이는?

① 21

② 25

③ 28

④ 35

⑤ 40

12 어느 마을에서 가족이 3명인 세대수는 전체의 $\frac{1}{5}$, 가족이 4명인 세대수는 $\frac{1}{7}$이다. 다음 중 전체 세대수로 가능한 값은?

① 42

② 50

③ 60

④ 70

⑤ 76

13 세 가지 육류가 들어가는 어느 요리에 3인분당 돼지고기 100g, 4인분당 닭고기 100g, 6인분당 소고기 100g이 쓰인다. 세 가지 육류 3600g을 남김없이 사용하여 그 요리를 만들었다면, 몇 인분인가?

① 24

② 36

③ 48

④ 52

⑤ 56

14 다음 도표와 〈보기〉의 설명을 참고할 때, 빈 칸 ㉠~㉣에 들어갈 알맞은 병명을 순서대로 나열한 것은 어느 것인가?

〈주요 사망원인별 사망자 수〉

(단위: 인구 10만 명당 사망자 수)

	2014	2018	2019	2020	2021	2022	2023	2024
㉠	134.0	144.4	142.8	146.5	149.0	150.9	150.8	153.0
㉡	41.1	46.9	49.8	52.5	50.1	52.3	55.6	58.2
㉢	61.3	53.2	50.7	51.1	50.3	48.2	48.0	45.8
㉣	23.7	20.7	21.5	23.0	21.5	20.7	20.7	19.2

〈보기〉
1. 암과 심장질환에 의한 사망자 수는 2014년 대비 2024년에 증가하였다.
2. 당뇨병에 의한 사망자 수는 매년 가장 적었다.
3. 2014년 대비 2024년의 사망자 증감률은 심장질환이 암보다 더 크다.

① 당뇨병 – 심장질환 – 뇌혈관 질환 – 암
② 암 – 뇌혈관 질환 – 심장 질환 – 당뇨병
③ 암 – 심장질환 – 당뇨병 – 뇌혈관 질환
④ 심장질환 – 암 – 뇌혈관 질환 – 당뇨병
⑤ 암 – 심장질환 – 뇌혈관 질환 – 당뇨병

15 다음은 구직자를 대상으로 실시한 설문조사 결과이다. 다음 설명 중 적절하지 않은 것은 어느 것인가?

〈면접 시 가장 많이 받았던 질문〉

(단위: %)

질문내용	신입직	경력직
지원동기	61.3	51.6
자기소개	45.0	33.2
직무에 대한 관심	27.2	34.1
지원 분야 전문지식	28.9	29.7
전 직장에서의 프로젝트 수행사례	9.0	35.1
앞으로의 포부	17.5	14.7
인·적성 및 성격 장단점	13.8	17.9
개인의 가치관	12.3	12.6
지원 분야 인턴 경험	16.6	6.1
개인 신상	7.9	13.5
영어회화 실력	11.8	8.6

① 신입직과 경력직 모두에서 하위 3개 질문 중에 '영어회화 실력'이 포함된다.
② 경력직과 신입직의 응답비율 차이가 가장 큰 것은 '전 직장에서의 프로젝트 수행사례'이다.
③ '개인의 가치관' 질문에서 경력직과 신입직의 응답비율 차이가 가장 작다.
④ 신입직인 경우 가장 많이 받은 질문 5개는 '지원동기', '자기소개', '직무에 대한 관심', '지원 분야 전문지식', 그리고 '지원 분야 인턴 경험'이다.
⑤ 경력직인 경우 가장 많이 받은 질문 3개는 '지원동기', '전 직장에서의 프로젝트 수행사례', 그리고 '직무에 대한 관심'이다.

16 다음은 일정한 규칙에 따라 배열한 수열이다. 빈칸에 알맞은 것은 무엇인가?

549 567 585 603 612 621 ( )

① 638   ② 636

③ 634   ④ 632

⑤ 630

17 다음은 일정한 규칙으로 나열된 문자이다. 빈칸에 들어갈 알맞은 문자를 고르시오.

C − D − G − L − ( )

① C   ② P

③ R   ④ S

⑤ Y

18 다음 밑줄 친 수들의 규칙을 찾아 빈칸에 들어갈 수를 고르시오.

4 3 7 10   5 4 9 13   − 2 ( ) − 7 − 12

① 0   ② − 1

③ − 3   ④ − 5

⑤ − 7

19 다음의 말이 전부 참일 때 항상 참인 것을 고르시오.

> • A는 B의 딸이다.
> • E와 G는 부부이다.
> • F는 G의 친손녀이다.
> • E는 D의 엄마이다.
> • C는 A와 D의 아들이다.

① B는 C의 외할머니이다.　　　② F와 C는 남매이다.
③ B와 E는 사돈지간이다.　　　④ D의 성별은 여자이다.
⑤ F는 B의 손자이다.

20 주어진 결론을 반드시 참으로 하는 전제는 무엇인가?

> 전제1 : 기린을 좋아하는 사람은 얼룩말을 좋아한다.
> 전제2 : 하마를 좋아하지 않는 사람은 기린을 좋아한다.
> 전제3 : _____
> 결론 : 코끼리를 좋아하는 사람은 하마를 좋아한다.

① 기린을 좋아하는 사람은 하마를 좋아한다.
② 코끼리를 좋아하는 사람은 얼룩말을 좋아한다.
③ 얼룩말을 좋아하는 사람은 코끼리를 좋아하지 않는다.
④ 하마를 좋아하는 사람은 기린을 좋아한다.
⑤ 기린을 좋아하는 사람은 코끼리를 좋아한다.

21 다음과 같은 구조를 가진 어느 호텔에 A~H 8명이 투숙하고 있고, 알 수 있는 정보가 다음과 같다. B의 방이 204호일 때, D의 방은? (단, 한 방에는 한 명씩 투숙한다)

a라인	201	202	203	204	205
복도					
b라인	210	209	208	207	206

- 비어있는 방은 한 라인에 한 개씩 있고, A, B, F, H는 a라인에, C, D, E, G는 b라인에 투숙하고 있다.
- A와 C의 방은 복도를 사이에 두고 마주보고 있다.
- F의 방은 203호이고, 맞은 편 방은 비어있다.
- C의 오른쪽 옆방은 비어있고 그 옆방에는 E가 투숙하고 있다.
- B의 옆방은 비어있다.
- H와 D는 누구보다 멀리 떨어진 방에 투숙하고 있다.

① 202호 　　　　　　　② 205호
③ 206호 　　　　　　　④ 207호
⑤ 210호

※ 다음 도형들의 일정한 규칙을 찾아 빈칸에 들어갈 알맞은 도형을 고르시오.【22~23】

22

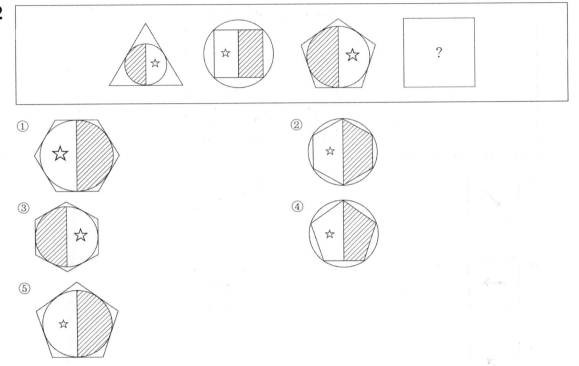

①
②
③
④
⑤

23

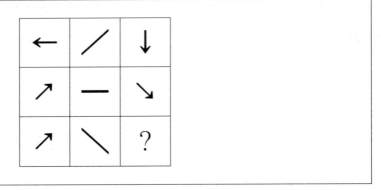

①

②

③

④

⑤

※ 다음 주어진 두 문자에서 다른 곳의 개수를 고르시오. 【24~25】

24

Love will find a way	Love wild find a wav

① 0개 ② 1개
③ 2개 ④ 3개
⑤ 4개

25

Look back at your past	Look back at your pest

① 0개 ② 1개
③ 2개 ④ 3개
⑤ 4개

26 다음 제시된 보기와 다른 하나는 무엇인가?

swim against the tide

① swim against the tide ② swim ageinst the tide
③ swim against the tide ④ swim against the tide
⑤ swim against the tide

27 다음에 제시된 블록의 개수는 몇 개인가?

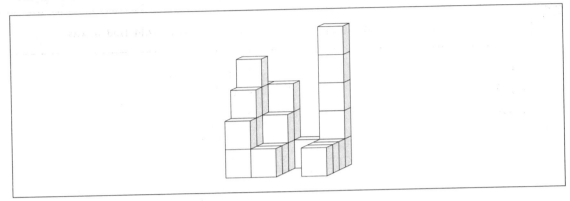

① 20개　　　　　　　　　② 24개
③ 28개　　　　　　　　　④ 32개
⑤ 34개

28 다음 제시된 전개도로 만들 수 있는 주사위로 적절한 것은?

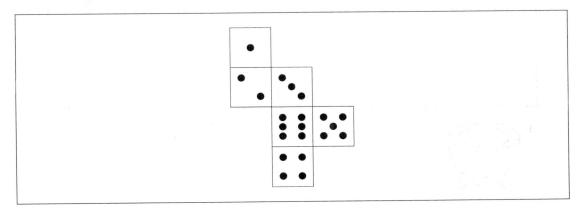

①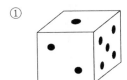

②

③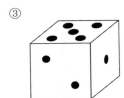

④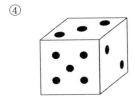

⑤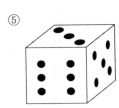

29 다음 제시된 도형을 축을 중심으로 회전시켰을 때 나타나는 회전체의 모양으로 옳은 것은 무엇인가?

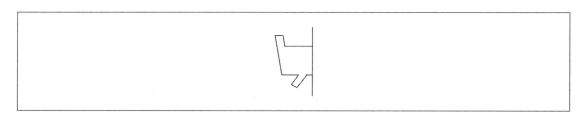

①

②

③

④

⑤

30 다음과 같이 종이를 접은 후 구멍을 뚫고 펼친 뒤의 그림으로 옳은 것은 무엇인가?

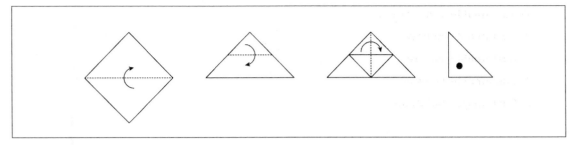

①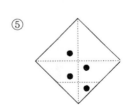

②

③

④

⑤

31 기아의 기후변화 대응 전략인 "2045년 탄소중립"을 실현시키기 위한 방향성으로 옳은 것은?

① Sustainable competition

② Sustainable Energy

③ Sustainable Future

④ Sustainable Growth

⑤ Sustainable Solutions

32 SNS상에서 자신의 생각과 다르거나 특히 공인이 논란을 불러일으키는 발언 및 행동을 했을 때 팔로우를 취소하고 외면하는 행동을 무엇이라고 하는가?

① 팝콘브레인

② 맨아워

③ 줌바밍

④ 캔슬 컬쳐

⑤ 사이버불링

33 우리나라에서 제작한 국산 1호 구축함은?

① 광개토대왕함

② 이종무함

③ 김좌진함

④ 장보고함

⑤ 이순신함

34 대량거래로 유통되는 모든 상품의 가격변동을 측정하기 위해 작성된 지수를 일컫는 말은?

① 디플레이션

② 인플레이션

③ 소비자 물가지수

④ 생산자 물가지수

⑤ 스태그플레이션

35 경찰관들이 흉기 난동이나 화재와 같은 위급한 상황에서 장비나 복제가 손상될 경우 무상으로 이를 재지급하는 제도를 무엇이라고 하는가?

① 폴리스박스

② 아너박스

③ 플리바겐

④ 태스크포스

⑤ 기프트박스

36 전력의 100%를 무탄소 에너지원으로 공급받아 사용하는 캠페인은?

① CF100

② RE100

③ 넷 제로

④ 그린 뉴딜

⑤ 탄소 중립

37 고등교육을 마쳤음에도 불구하고 안정된 일자리를 찾지 못해 불안정한 일자리에서 일하거나 실업 상태에 놓여 있는 청년들을 지칭하는 말로, 경력을 쌓을 기회를 얻지 못해 미래에 대한 전망이 불투명하고, 사회적, 경제적 불안감을 겪고 세대를 무엇이라고 하는가?

① 캥거루세대
② 부메랑세대
③ 알파세대
④ 림보세대
⑤ 이케아세대

38 우리 농촌의 민속놀이인 사물놀이에 쓰이는 악기가 아닌 것은?

① 꽹과리
② 징
③ 북
④ 피리
⑤ 장구

※ 밑줄 친 부분에 들어갈 가장 적절한 것을 고르시오. 【39~40】

39

> The composer and his wife _____ went to the ballet, even for the gala performances set to his own music.

① infrequently　　　　　② never
③ occasionally　　　　　④ invariably
⑤ rarely

40

Even before he got to the chemist's, he had lost the _____ for the medicine, and had to go back to the doctor to get another one.

① prescription   ② receipt
③ remedy   ④ recipe
⑤ symptom

제4회 실전 모의고사

1 다음 제시된 단어와 의미가 유사한 단어는 무엇인가?

> 영겁

① 영원
② 영지
③ 견지
④ 폐부
⑤ 유한

2 밑줄 친 부분과 같은 의미로 쓰인 것을 무엇인가?

> 잔치 음식에는 품이 많이 <u>든다</u>.

① 하숙집에 <u>든</u> 지도 벌써 삼 년이 지났다.
② 언 고기가 익는 데에는 시간이 좀 <u>드는</u> 법이다.
③ 일단 마음에 <u>드는</u> 사람이 있으면 적극적으로 나설 작정이다.
④ 4월에 <u>들어서만</u> 이익금이 두 배로 늘었다.
⑤ 숲속에 <u>드니</u> 공기가 훨씬 맑았다.

3 다음 글의 중심 내용으로 가장 적절한 것은 무엇인가?

> 서로 공유하고 있는 이익의 영역이 확대되면 적국을 뚜렷이 가려내기가 어려워진다. 고도로 상호 작용하는 세계에서 한 국가의 적국은 동시에 그 국가의 협력국이 되기도 한다. 한 예로 소련 정부는 미국을 적국으로 다루는 데 있어서 양면성을 보였다. 그 이유는 소련이 미국을 무역 협력국이자 첨단 기술의 원천으로 필요로 했기 때문이다.
>
> 만일 중복되는 국가 이익의 영역이 계속 증가하게 되면 결국에 한 국가의 이익과 다른 국가의 이익이 같아질까? 그건 아니다. 고도로 상호 작용하는 세계에서 이익과 이익의 충돌은 사라지는 것이 아니라, 단지 수정되고 변형될 뿐이다. 이익이 자연스럽게 조화되는 일은 상호 의존과 진보된 기술로부터 나오지는 않을 것이다. 유토피아란 상호 작용 또는 기술 연속체를 한없이 따라가더라도 발견되는 것은 아니다. 공유된 이익의 영역이 확장될 수는 있겠지만, 가치와 우선 순위의 차이와 중요한 상황적 차이 때문에 이익 갈등은 계속 존재하게 될 것이다.

① 주요 국가들 간의 상호 의존적 국가 이익은 미래에 빠른 속도로 증가할 것이다.

② 국가 간에 공유된 이익의 확장은 이익 갈등을 변화시키기는 하지만 완전히 소멸시키지는 못한다.

③ 국가 이익은 기술적 진보의 차이와 상호 작용의 한계를 고려할 때 궁극적으로는 실현 불가능할 것이다.

④ 세계 경제가 발전해 가면서 더 많은 상호 작용이 이루어지고 기술이 발전함에 따라 국가 이익들은 자연스럽게 조화된다.

⑤ 국가 이익이 보다 광범위하게 정의됨에 따라, 한 국가의 이익은 점차 다른 국가들이 넓혀 놓았던 이익과 충돌하게 될 것이다.

4 다음 괄호 안에 알맞은 접속사는 무엇인가?

> 항공기 결빙은 기체에 달라붙으므로 착빙(着氷)이라고 부른다. 먼저 기체에 달라붙는 착빙으로는 서리 착빙이 있다. 이는 활주로에 주기 중인 항공기에 잘 발생하며, 맑은 날 복사냉각에 의해 공기 온도가 0℃ 이하로 냉각될 때 항공기 기체에 접촉된 수증기가 승화해서 만들어지는 것이다. 서리가 내리는 것과 같은 원리다. 이 외에 비행 중에도 서리 착빙이 발생하기도 한다. 이는 빙점 이하의 아주 저온인 기층에서 비행해 온 항공기가 급격히 고온다습한 공기층으로 비행할 때 발생한다. 서리 착빙은 새털 모양의 부드러운 얼음의 피막 형태로 가벼우며 얼음의 중량은 문제되지 않는다. (　　　) 서리가 붙은 그대로 이륙하면 공기흐름이 흐트러져 이륙 속도에 도달할 수 없게 될 수도 있다. (　　　) 거친 착빙(rime icing)이 있다. 거친 착빙은 저온인 작은 입자의 과냉각 물방울이 충돌했을 때 생기며, 수빙(樹氷)이라고도 한다. 거친 착빙은 물방울이나 과냉각 물방울이 많은 −20℃~0℃의 기온에서 주로 발생하며 날개 등 항공기 기체 첨단부의 풍상 측에서 잘 발생한다.

① 그리하여, 이를테면
② 한편, 게다가
③ 아무튼, 그렇지만
④ 그러나, 다음으로
⑤ 따라서, 하지만

5 다음 글의 제목으로 가장 적절한 것은 무엇인가?

1992년 6월에 브라질의 리우데자네이루에서 개최되었던 '유엔 환경 개발 회의'는 생물의 종에 대한 생각을 완전히 바꾸는 획기적인 계기를 마련하였다. 그 까닭은, 한 나라가 보유하고 있는 생물의 종 수는 곧 그 나라의 생물자원의 양을 가늠하는 기준이 되며, 동시에 장차 그 나라의 부를 평가하는 척도가 될 수 있다는 점을 일깨워 주었기 때문이다. 아울러, 생물 자원은 장차 국제 사회에서 자국의 이익을 대변하는 무기로 바뀔 수 있음을 예고하였다. 그래서 생물 자원의 부국들, 이를테면 브라질, 멕시코, 마다가스카르, 콜롬비아, 자이르, 오스트레일리아, 인도네시아 등은 현재 전 세계를 대표하는 경제 부국으로 일컬어지는 G(Group)-7 국가들처럼, 전 세계에서 생물 자원을 가장 많이 가지고 있는 자원 부국들이라 하여 'M(Megadiversity)-7 국가들'로 불리고 있다. 우연히도 G-7 국가들이 전 세계 부의 54%를 소유하고 있는 것처럼, 이들 M-7 국가들도 전 세계 생물 자원의 54%를 차지하고 있어서, 이들이 이 생물 자원을 무기로 삼아 세계의 강대국으로 군림할 날이 머지않았으리라는 전망도 나오고 있다.

생물 다양성이란, 어떤 지역에 살고 있는 생물 종의 많고 적음을 뜻하는 말이라고 할 수 있다. 한 지역에 살고 있는 생물의 종류가 많고 다양하다는 것은, 그 지역에 숲이 우거지고 나무들이 무성하며, 각종 동식물이 생활하기에 알맞은 풍요로운 환경을 이루고 있다는 것을 뜻한다. 따라서 이와 같은 환경 조건은 사람들이 살기에도 좋은 쾌적한 곳이 되기 때문에 생물 다양성은 자연 환경의 풍요로움을 평가하는 지표로 이용되기도 한다. 생물학적으로 생물 다양성이라는 말은 지구상에 서식하는 생물 종류의 다양성, 그러한 생물들이 생활하는 생태계의 다양성, 그리고 생물이 지닌 유전자의 다양성 등을 총체적으로 지칭하는 말이다.

20세기 후반에 들어와 인류는 이와 같이 중요한 의미를 지니고 있는 생물 자원이 함부로 다루어질 때 그 자원은 유한할 수 있다는 데 주목하였다. 실제로 과학자들은 지구상에서 생물 다양성이 아주 급격히 감소하고 있다는 사실을 깨닫고 크게 놀랐다.

그리고 이러한 생물 종 감소의 주된 원인은 그 동안 인류가 자연 자원을 남용해 이로 인하여 기후의 변화가 급격히 일어난 때문이며, 아울러 산업화와 도시화에 따른 자연의 파괴가 너무나 광범위하게 또 급격히 이루어졌기 때문이라는 사실을 알게 되었다.

이 생물 다양성 문제가 최근에 갑자기 우리의 관심 대상으로 떠오르게 된 것은, 단순히 쾌적하고 풍요로운 자연 환경에 대한 그리움 때문에서가 아니라 생물 종의 감소로 인하여 부각될 인류의 생존 문제가 심각하기 때문이다.

① 미래 산업과 유전 공학
② 생물 자원과 인류의 미래
③ 국제 협약과 미래의 무기
④ 환경보호와 산업화의 공존
⑤ M-7의 가입과 우리의 과제

6 다음 문장들을 순서에 맞게 배열한 것은 무엇인가?

> (가) 이는 대중매체가 외래문화의 편향된 수용에 앞장서고 있기 때문이다.
> (나) 청소년들 사이에 문화사대주의의 현상이 널리 퍼져 있다.
> (다) 따라서 대중매체에서 책임의식을 가지고 올바른 문화관을 전파해야 한다.
> (라) 청소년은 어른들보다 새로운 가치에 대한 적응이 빠르므로 대중 매체의 영향을 크게 받는다.

① (나) － (라) － (가) － (다)

② (나) － (다) － (라) － (가)

③ (가) － (라) － (나) － (다)

④ (나) － (가) － (라) － (다)

⑤ (가) － (나) － (라) － (다)

7 다음을 읽고, 빈칸에 들어갈 내용으로 가장 알맞은 것은 무엇인가?

> 힐링(Healing)은 사회적 압박과 스트레스 등으로 손상된 몸과 마음을 치유하는 방법을 포괄적으로 일컫는 말이다. 우리보다 먼저 힐링이 정착된 서구에서는 질병 치유의 대체요법 또는 영적·심리적 치료 요법 등을 지칭하고 있다.
> 국내에서도 최근 힐링과 관련된 갖가지 상품이 유행하고 있다. 간단한 인터넷 검색을 통해 수천 가지의 상품을 확인할 수 있을 정도다. 종교적 명상, 자연 요법, 운동 요법 등 다양한 형태의 힐링 상품이 존재한다. 심지어 고가의 힐링 여행이나 힐링 주택 등의 상품들도 나오고 있다.
> 그러나 _____ 우선 명상이나 기도 등을 통해 내면에 눈뜨고, 필라테스나 요가를 통해 육체적 건강을 회복하여 자신감을 얻는 것부터 출발할 수 있다.

① 힐링이 먼저 정착된 서구의 힐링 상품들을 참고해야 할 것이다.

② 많은 돈을 들이지 않고서도 쉽게 할 수 있는 일부터 찾는 것이 좋을 것이다.

③ 이러한 상품들의 값이 터무니없이 비싸다고 느껴지지는 않을 것이다.

④ 자신을 진정으로 사랑하는 법을 알아야 할 것이다.

⑤ 힐링 상품시장은 최근 블루오션으로 떠오르고 있다.

8 다음 식을 계산한 값은 무엇인가?

$$\sqrt{144} + \sqrt{169} - \sqrt{196}$$

① 10

② 11

③ 12

④ 13

⑤ 14

9 다음 계산식 중 괄호 안에 들어갈 알맞은 수는 무엇인가?

$$75 \div (\quad) + 15 = 40$$

① 3

② 5

③ 7

④ 9

⑤ 11

10 어느 공장에서 작년에 x제품과 y제품을 합하여 1000개를 생산하였다. 올해는 작년에 비하여 x의 생산이 10% 증가하고, y의 생산은 10% 감소하여 전체로는 4% 증가하였다. 올해에 생산된 x제품의 수는?

① 550

② 600

③ 660

④ 700

⑤ 770

11 두 집합 $A = \{a,\ b,\ c,\ d,\ e\}$, $B = \{a,\ d\}$에 대하여 $X \subset A$와 $B \cup X = \{a,\ b,\ d\}$를 동시에 만족하는 집합 X의 개수는?

① 3개   ② 4개

③ 5개   ④ 6개

⑤ 7개

12 총 220쪽의 과학만화가 너무 재미있어서 시험기간 5일 동안 하루도 빠지지 않고 매일 20쪽씩 읽었다. 시험이 끝나면 나머지를 모두 읽으려고 한다. 시험이 끝나면 모두 몇 쪽을 읽어야 하나?

① 105쪽   ② 110쪽

③ 115쪽   ④ 120쪽

⑤ 125쪽

13 식염수 600g에 400g의 물을 넣었더니 3%의 식염수가 되었다. 다음 중 원래 식염수의 농도를 구하면 얼마인가?

① 4%   ② 4.5%

③ 5%   ④ 5.5%

⑤ 6%

※ 아래 자료는 어느 해의 행정구역별 인구 이동자 수의 자료이다. 물음에 답하시오. 【14~15】

행정구역	전입	전출
서울특별시	1,555,281	1,658,928
부산광역시	461,042	481,652
대구광역시	348,642	359,206
인천광역시	468,666	440,872
광주광역시	228,612	230,437
대전광역시	239,635	239,136
울산광역시	161,433	157,427
세종특별자치시	32,784	15,291

※ 순이동 : 전입 - 전출

14 인구의 순이동이 가장 컸던 지역은 어디인가?

① 서울특별시　　　　　　　② 부산광역시
③ 대구광역시　　　　　　　④ 인천광역시
⑤ 대전광역시

15 위 표에 대한 설명으로 옳지 않은 것은?

① 서울특별시의 인구 순이동은 대전광역시와 울산광역시의 인구 순이동의 합보다 크다.
② 인구 순이동이 제일 적었던 지역은 대전광역시이다.
③ 인천광역시는 세종특별자치시보다 인구가 더 많이 증가하였다.
④ 세종특별자치시의 전입자 수는 전출자 수의 두 배를 넘었다.
⑤ 제시된 행정구역 전체의 인구는 증가하였다.

16 다음은 일정한 규칙에 따라 배열한 수열이다. 빈칸에 알맞은 것은 무엇인가?

13	15	18	23	30	41	54	( )

① 67　　　　　　　　　　　② 71
③ 73　　　　　　　　　　　④ 77
⑤ 81

17 다음은 일정한 규칙으로 나열된 문자이다. 빈칸에 들어갈 알맞은 문자를 고르시오.

ㄱ - ㄱ - ㄴ - ㄷ - ( ) - ㅈ - ㅇ

① ㅎ　　　　　　　　　　　② ㅌ
③ ㅈ　　　　　　　　　　　④ ㅂ
⑤ ㄹ

18 다음 기호의 규칙을 보고 빈칸에 알맞은 것을 고르시오.

2 * 3 = 3　　　3 * 4 = 8　　　4 * 7 = 21　　　5 * 8 = 32　　　6 * (5 * 4) = ( )

① 72　　　　　　　　　　　② 74
③ 76　　　　　　　　　　　④ 78
⑤ 80

19 다음의 말이 전부 참일 때 항상 참인 것을 고르시오.

> • 종현이는 동진이보다 시험을 못봤다.
> • 시원이는 종현이와 민호보다 시험을 못봤다.
> • 동진이는 태민이보다 시험을 못봤다.
> • 민호와 태민이의 등수 차는 '1'이다.

① 동진이는 4등을 하였다.
② 민호는 태민이보다 시험을 잘봤다.
③ 시원이는 5명 중 꼴찌이다.
④ 태민이는 시원이보다 시험을 못봤다.
⑤ 민호가 1등을 하였다.

20 주어진 결론을 반드시 참으로 하는 전제는 무엇인가?

> 전제1 : 인기 있는 선수는 안타를 많이 친 타자이다.
> 전제2 : _____
> 결론 : 인기 있는 선수는 팀에 공헌도가 높다.

① 팀에 공헌도가 높지 않은 선수는 안타를 많이 치지 못한 타자이다.
② 인기 없는 선수는 팀에 공헌도가 높지 않다.
③ 안타를 많이 친 타자도 인기가 없을 수 있다.
④ 안타를 많이 친 타자는 인기 있는 선수이다.
⑤ 팀에 공헌도가 높은 선수는 인기 있는 선수이다.

21 다음 상황에서 진실을 얘기하고 있는 사람이 한 명 뿐일 때 총을 쏜 범인과 진실을 이야기 한 사람으로 바르게 짝지어진 것은?

> 　어느 아파트 옥상에서 한 남자가 총에 맞아 죽은 채 발견됐다. 그의 죽음을 조사하기 위해 형사는 피해자의 사망시각에 아파트 엘리베이터의 CCTV에 찍혔던 용의자 A, B, C, D 네 남자를 연행하여 심문하였는데 이들은 다음과 같이 진술하였다.
> A : B가 총을 쐈습니다. 내가 봤어요.
> B : C와 D는 거짓말쟁이입니다. 그들의 말은 믿을 수 없어요!
> C : A가 한 짓이 틀림없어요. A와 그 남자는 사이가 아주 안 좋았단 말입니다.
> D : 내가 한 짓이 아니에요. 나는 그 남자를 죽일 이유가 없습니다.

① 범인 : A, 진실 : C　　　　　　② 범인 : B, 진실 : A

③ 범인 : C, 진실 : D　　　　　　④ 범인 : D, 진실 : B

⑤ 범인 : C, 진실 : B

※ 다음 도형들의 일정한 규칙을 찾아 빈칸에 들어갈 알맞은 도형을 고르시오. 【22~23】

22

①

②

③

④

⑤

23

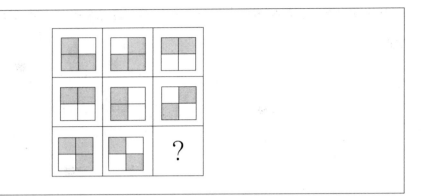

①

②

③

④

⑤

※ 다음 주어진 두 문자에서 다른 곳의 개수를 고르시오. 【24~25】

24

| 손○이요이가○○손에가 | 손○이요이가○○손에가 |

① 0개   ② 1개
③ 2개   ④ 3개
⑤ 4개

25

① 0개   ② 1개
③ 2개   ④ 3개
⑤ 4개

26 다음 중 제시된 보기와 다른 하나는 무엇인가?

| 아 해 다르고 어 해 다르다. |

① 아 해 다르고 어 해 다르다.   ② 아 해 다르고 어 해 다르다.
③ 아 해 다르고 어 해 다르다.   ④ 아 해 다르고 어 해 다르다.
⑤ 아 해 다르고 어 혜 다르다.

27 다음에 제시된 블록의 개수는 몇 개인가?

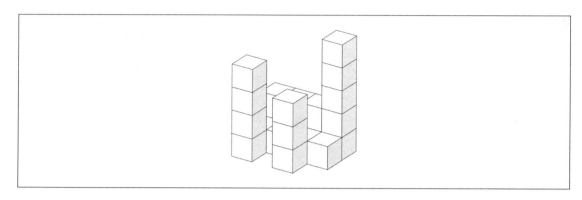

① 14　　　　　　　　　　　　　② 16

③ 18　　　　　　　　　　　　　④ 20

⑤ 22

28 다음 중 직육면체의 전개도가 다른 하나는 무엇인가?

①
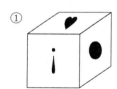

②
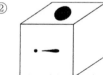

③
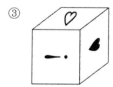

④

⑤
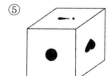

29 다음 제시된 도형을 축을 중심으로 회전시켰을 때 나타나는 회전체의 모양으로 옳은 것은 무엇인가?

①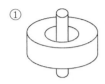

②

③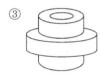

④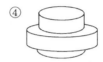

⑤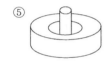

30 다음과 같이 종이를 접은 후 구멍을 뚫고 펼친 뒤의 그림으로 옳은 것은 무엇인가?

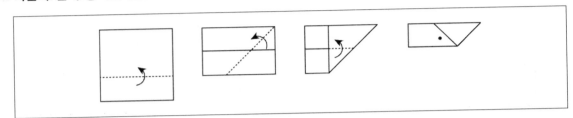

①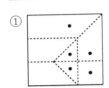

②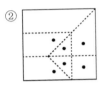

③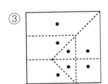

④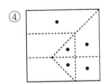

⑤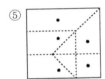

31 기아의 기후변화 대응 전략 중 하나로 2040년까지 전세계 사업장에서 전기에너지 사용을 100% 재생에너지로 전환하겠다는 전략을 무엇이라 하는가?

① TU100

② CH100

③ AC100

④ RE100

⑤ DY100

32 SWOT 분석에서 SWOT에 해당하지 않는 것은?

① Strength   ② Weakness

③ Originality   ④ Threats

⑤ Opportunities

33 기업이 소비자를 상대로 하여 물품 및 서비스를 직접적으로 제공하는 전자상거래 방식은?

① B2E   ② B2G

③ B2B   ④ B2C

⑤ C2C

34 평가절하 시 수출 가격은 즉시 하락하나, 이로 인한 수출물량의 증가는 서서히 이루어지므로 일시적으로 국제수지가 악화되는 현상과 가장 관련이 큰 것은?

① 피구 효과   ② 승수 효과

③ J커브 효과   ④ 톱니 효과

⑤ 마샬 - 러너의 조건

35 도시의 생물다양성을 높이기 위해 인공으로 조성하는 '소생물권'을 가리키는 용어는?

① 야생동물 이동통로   ② 생태공원

③ 비오토프   ④ 자연형 하천

⑤ 생태통로

36 유네스코가 지정한 국제 기념일 세계 철학의 날은?

① 매년 11월 셋째 주 목요일
② 매년 10월 둘째 주 금요일
③ 매년 5월 셋째 주 수요일
④ 매년 1월 넷째 주 월요일
⑤ 매년 3월 둘째 주 화요일

37 수용자들이 매스미디어의 메시지를 선택적으로 노출 · 지각 · 기억한다고 설명한 이론은?

① 선별 효과
② 탄환 효과
③ 호손 효과
④ 의존 효과
⑤ 제한 효과

38 베르디의 오페라 작품이 아닌 것은?

① 나부코
② 멕베스
③ 운명의 힘
④ 피가로의 결혼
⑤ 오텔로

39

Punctuality is important, and people who are consistently late for appointments are thought to be _____.

① diligent   ② friendly

③ practical   ④ inconsiderate

⑤ honest

40

I didn't like her at first but we _____ became good friends.

① necessarily   ② initially

③ casually   ④ eventually

⑤ accidentally

제5회 실전 모의고사

1 다음 제시된 단어와 의미가 유사한 단어는 무엇인가?

기염

① 주창   ② 원조
③ 기세   ④ 이념
⑤ 낭보

2 밑줄 친 부분과 같은 의미로 쓰인 것을 무엇인가?

① 밖에 비가 오니 우산을 <u>쓰고</u> 가거라.
② 광부들이 온몸에 석탄가루를 까맣게 <u>쓰고</u> 일을 한다.
③ 그는 마른 체격에 테가 굵은 안경을 <u>썼고</u> 갸름한 얼굴이다.
④ 어머니는 머리에 수건을 <u>쓰고</u> 일을 하셨다.
⑤ 뇌물 수수 혐의를 <u>쓴</u> 정치인은 결백을 주장했다.

3 다음 글의 중심 내용으로 가장 적절한 것은 무엇인가?

> 언제부터인가 이곳 속초 청호동은 본래의 지명보다 '아바이 마을'이라는 정겨운 이름으로 불리고 있다. 함경도식 먹을거리로 유명해진 곳이기도 하지만 그 사람들의 삶과 문화가 제대로 알려지지 않은 동네이기도 하다. 속초의 아바이 마을은 대한민국의 실향민 집단 정착촌을 대표하는 곳이다. 한국 전쟁이 한창이던 1951년 1 · 4 후퇴 당시, 함경도에서 남쪽으로 피난 왔던 사람들이 휴전과 함께 사람이 거의 살지 않던 이곳 청호동에 정착해 살기 시작했다.
>
> 동해는 사시사철 풍부한 어종이 잡히는 고마운 곳이다. 봄 바다를 가르며 달려 도착한 곳에서 고기가 다니는 길목에 설치한 '어울'을 끌어올려 보니, 속초의 봄 바다가 품고 있던 가자미들이 나온다. 다른 고기는 나오다 안 나오다 하지만 이 가자미는 일 년 열두 달 꾸준히 난다. 동해를 대표하는 어종 중에 명태는 12월에서 4월, 도루묵은 10월에서 12월, 오징어는 9월에서 12월까지 주로 잡힌다. 하지만 가자미는 사철 잡히는 생선으로, 어부들 말로는 그 자리를 지키고 있는 '자리고기'라 한다.
>
> 청호동에서 가자미식해를 담그는 광경은 이젠 낯선 일이 아니라 할 만큼 유명세를 탔다. 함경도 대표 음식인 가자미식해가 속초에서 유명하다는 것은 입맛이 정확하게 고향을 기억한다는 것과 상통한다. 속초에 새롭게 터전을 잡은 함경도 사람들은 고향 음식이 그리웠다. 가자미식해를 만들어 상에 올렸고, 이 밥상을 마주한 속초 사람들은 배타심이 아닌 호감으로 다가섰고, 또 판매를 권유하게 되면서 속초의 명물로 재탄생하게 된 것이다.

① 속초 자리고기의 유래
② 속초의 아바이 마을과 가자미식해
③ 아바이 마을의 밥상
④ 청호동 주민과 함경도 실향민의 화합
⑤ 속초 명물 탄생의 비화

4   다음 괄호 안에 알맞은 접속사는 무엇인가?

> 사람의 키는 주로 다리뼈의 길이에 의해서 결정된다. 다리뼈는 뼈대와 뼈끝판 그리고 뼈끝으로 구성되어 있다. 막대기 모양의 뼈대는 뼈 형성세포인 조골세포를 가지고 있다. (   ) 뼈끝은 다리뼈의 양쪽 끝 부분이며 뼈끝과 뼈대의 사이에는 여러 개의 연골세포층으로 구성된 뼈끝판이 있다. 뼈끝판의 세포층 중 뼈끝과 경계면에 있는 세포층에서만 세포분열이 일어난다. 연골세포의 세포분열이 일어날 때, 뼈대 쪽에 가장 가깝게 있는 연골세포의 크기가 커지면서 뼈끝판이 두꺼워진다. 크기가 커진 연골세포는 결국 죽으면서 빈 공간을 남기고 이렇게 생긴 공간이 뼈대에 있는 조골 세포로 채워지면서 뼈가 형성된다. 이 과정을 되풀이하면서 뼈끝판이 두꺼워지는 만큼 뼈대의 길이 성장이 일어나는데, 이는 연골세포의 분열이 계속되는 한 지속된다.

① 그리고

② 그래서

③ 반면에

④ 그러고나서

⑤ 그렇지만

5 다음 글의 제목으로 가장 적절한 것은 무엇인가?

매일 먹는 밥. 하지만 밥의 주재료인 쌀에 대해서 아는 사람은 그리 많지 않을 것이다. 쌀이 벼의 씨라는 것쯤은 벼를 본 적이 없는 도시인들도 다 아는 상식이다. 그러나 언제부터 벼를 재배하기 시작했으며, 벼에는 어떤 종류가 있으며, 각 나라의 쌀에는 어떤 차이가 있으며, 그 차이를 만들어내는 원인이 무엇인지는 벼를 재배하고 있는 사람들조차 낯선 정보들이다.

쌀이 중요한 이유는 인간이 살아가는 데 꼭 필요한 영양소인 당질을 공급해 주기 때문이다. 당질은 단백질, 지방질 등과 함께 체외로부터 섭취하지 않으면 살아갈 수 없는 필수 영양소다. 특히 당질은 식물만 생산이 가능하기 때문에 인간에게 있어 곡물 재배의 역사는 곧 인류의 역사라고도 할 수 있다. 쌀은 옥수수, 밀과 함께 세계 3대 곡물이다.

그러나 옥수수가 주로 사료용으로 쓰인다는 점을 감안하면 실제로는 쌀과 밀이 식량으로서의 세계 곡물 시장을 양분하고 있는 셈이다. 곡물이라고 불리는 식물들은 모두 재배식물이다. 벼도 마찬가지로 야생벼의 탄생은 수억년 전으로 거슬러 올라간다. 하지만 재배벼에서 비롯된 오리자 사티바 즉 현재 우리가 먹고 있는 쌀은 1만 년 전 중국 장강 유역에서 탄생했다. 한편 벼 품종은 1920년대 세계 각지의 쌀을 처음으로 본 일본 큐슈대학의 카토 시게모토 교수의 분류법에 따라 재배벼를 일본형인 '자포니카'와 인도형인 '인디카'로 구분해 왔다. 즉 벼를 야생벼와 재배벼가 나눈 다음 재배벼를 다시 인디카와 자포니카로 나눈 것이다. 하지만 자연과학의 발달로 최근에는 이런 분류보다는 벼를 인디카형과 자포니카형으로 나누고 각각을 야생형과 재배형으로 나누는 분류법이 더 타당하다는 주장이 제기되고 있다. 위에서 말한 오리자 사티바는 자포니카를 말한다. 반면 인도 등 남아시아의 벼인 인디카는 중국에서 탄생한 자포니카가 아시아 일대로 옮겨져 야생종과의 교배를 통해 탄생한 것이다. 하지만 전세계 쌀의 90%는 인디카다. 자포니카는 한국과 일본, 중국, 미국 캘리포니아 지역에서만 재배되고 있다.

간단하게 쌀의 기본적인 내용에 대해서 살펴보았지만 벼가 재배되는 지역의 풍토에 따라 쌀과 쌀로 만든 요리도 저마다의 특징을 나타낸다. 그렇다면 각국을 대표하는 쌀 요리를 통하여 쌀의 역사와 세계사적 의미를 살펴보는 것도 의미 있는 작업이 될 것이다.

① 쌀의 구분법

② 쌀의 곡물로서의 가치

③ 쌀의 역사와 종류

④ 쌀의 영양소

⑤ 쌀의 지역적 분포와 근원

6 다음 문장들을 순서에 맞게 배열한 것은 무엇인가?

> (가) 인물 그려내기라는 말은 인물의 생김새나 차림새 같은 겉모습을 그려내는 것만 가리키는 듯 보이기 쉽다.
>
> (나) 여기서 눈에 보이는 것의 대부분을 뜻하는 공간에 대해 살필 필요가 있다. 공간은 이른바 공간적 배경을 포함한, 보다 넓은 개념이다.
>
> (다) 하지만 인물이 이야기의 중심적 존재이고 그가 내면을 지닌 존재임을 고려하면, 인물의 특질을 제시하는 것의 범위는 매우 넓어진다. 영화, 연극 같은 공연 예술의 경우, 인물과 직접적·간접적으로 관련된 것들, 무대 위나 화면 속에 자리해 감상자의 눈에 보이는 것 거의 모두가 인물 그려내기에 이바지한다고까지 말할 수 있다.
>
> (라) 그것은 인물과 사건이 존재하는 곳과 그곳을 구성하는 물체들을 모두 가리킨다. 공간이라는 말이 다소 추상적이므로, 경우에 따라 그곳을 구성하는 물체들, 곧 비나 눈 같은 기후 현상, 옷, 생김새, 장신구, 가구, 거리의 자동차 등을 '공간소'라고 부를 수 있다.

① (가) – (나) – (다) – (라)

② (가) – (다) – (나) – (라)

③ (가) – (라) – (나) – (다)

④ (라) – (나) – (가) – (다)

⑤ (라) – (다) – (가) – (나)

7 다음을 읽고, 빈칸에 들어갈 내용으로 가장 알맞은 것은 무엇인가?

언젠가부터 우리 바다 속에 해파리나 불가사리와 같이 특정한 종들만이 크게 번창하고 있다는 우려의 말이 들린다. 한마디로 다양성이 크게 줄었다는 이야기다. 척박한 환경에서는 몇몇 특별한 종들만이 득세한다는 점에서 자연생태계와 우리 사회는 닮은 것 같다. 어떤 특정 집단이나 개인들에게 앞으로 어려워질 경제 상황은 새로운 기회가 될지도 모른다. 하지만 이는 _____ 왜냐하면 자원과 에너지 측면에서 보더라도 이들 몇몇 집단들만 존재하는 세계에서는 이들이 쓰다 남은 물자와 이용하지 못한 에너지는 고스란히 버려질 수밖에 없고 따라서 효율성이 극히 낮기 때문이다.

---

① 사회 전체로 볼 때 그다지 바람직한 현상이 아니다.

② 자연생태계를 파괴하는 주된 원인이다.

③ 새로운 기회는 또 다른 발전을 불러올 수 있다.

④ 우리 사회의 큰 이익을 가져올 수 있는 기회이다.

⑤ 자원 효율성이 높아지게 되는 요인이다.

8 다음 식을 계산한 값은 무엇인가?

$$(\sqrt{3})^2 + \sqrt{(-2)^2}$$

---

① 1   ② 2

③ 3   ④ 4

⑤ 5

9 다음 계산식 중 괄호 안에 들어갈 알맞은 수는 무엇인가?

$$45 \times (\ \ ) - 20 = 115$$

① 1　　　　　　　　　　　② 2
③ 3　　　　　　　　　　　④ 4
⑤ 5

10 40%의 소금물 300g을 가열하여, 50g의 물을 증발시키면 몇 %의 소금물이 되는가?

① 44%　　　　　　　　　② 46%
③ 48%　　　　　　　　　④ 50%
⑤ 52%

11 가로의 길이가 세로의 길이보다 4㎝ 더 긴 직사각형이 있다. 이 직사각형의 둘레가 28㎝일 때 세로의 길이는?

① 4㎝　　　　　　　　　② 5㎝
③ 6㎝　　　　　　　　　④ 7㎝
⑤ 8㎝

12 아버지의 나이는 자식의 나이보다 24세 많고, 지금부터 6년 전에는 아버지의 나이가 자식의 나이의 5배였다. 아버지와 자식의 현재의 나이는 각각 얼마인가?

① 36세, 12세　　　　　　② 37세, 13세
③ 39세, 15세　　　　　　④ 40세, 16세
⑤ 42세, 18세

13 50원 우표와 80원 우표를 합쳐서 27장 구입했다. 80원 우표의 비용이 50원 우표의 비용의 2배일 때 각각 몇 장씩 구입하였는가?

① 50원 우표 12개, 80원 우표 15개
② 50원 우표 11개, 80원 우표 16개
③ 50원 우표 10개, 80원 우표 17개
④ 50원 우표 9개, 80원 우표 18개
⑤ 50원 우표 8개, 80원 우표 19개

14 다음은 ○○발전회사의 연도별 발전량 및 신재생에너지 공급현황에 대한 자료이다. 이에 대한 설명으로 옳은 것만을 바르게 짝지은 것은?

○○발전회사의 연도별 발전량 및 신재생에너지 공급 현황

구분	연도	2021	2022	2023
발전량(GWh)		55,000	51,000	52,000
신재생에너지	공급의무율(%)	1.4	2.0	3.0
	자체공급량(GWh)	75	380	690
	인증서구입량(GWh)	15	70	160

※ 공급의무율 $= \dfrac{공급의무량}{발전량} \times 100$

※ 이행량(GWh)=자체공급량+인증서구입량

┌───┐
⊙ 공급의무량은 매년 증가한다.
ⓛ 2021년 대비 2023년 자체공급량의 증가율은 2021년 대비 2023년 인증서구입량의 증가율보다 작다.
ⓒ 공급의무량과 이행량의 차이는 매년 증가한다.
ⓔ 이행량에서 자체공급량이 차지하는 비중은 매년 감소한다.
└───┘

① ㉠㉡   ② ㉠㉢
③ ㉢㉣   ④ ㉠㉡㉣
⑤ ㉠㉡㉢㉣

15 다음은 매장별 에어컨 판매 조건과 판매가격 표이다. 이 표에 대한 설명으로 옳지 않은 것은?

매장	판매 조건	한 대당 판매 가격
A	10대 구매하면, 1대 무료로 추가 증정	1대당 100만 원
B	9대당 1대 50% 할인	1대당 100만 원
C	20대 구매하면, 1대 무료로 추가 증정	1대당 99만 원

① 50대를 구매하는 경우 C매장에서는 2대를 추가로 받을 수 있다.

② A매장에서는 3,000만 원에 33대를 구매할 수 있다.

③ 10대를 구매하는 경우 B매장이 C매장보다 저렴하다.

④ C매장에서는 42대를 3,960만 원에 구매할 수 있다.

⑤ 20대를 구매하려고 할 때 가장 저렴하게 구매할 수 있는 매장은 C매장이다.

16 다음은 일정한 규칙에 따라 배열한 수열이다. 빈칸에 알맞은 것은 무엇인가?

	8	13	21	34	55	89	( )

① 102   ② 119

③ 137   ④ 144

⑤ 152

17 다음은 일정한 규칙으로 나열된 문자이다. 빈칸에 들어갈 알맞은 문자를 고르시오.

ㄱ-ㅋ-ㄷ-ㅈ-ㅁ-ㅅ-( )

① ㅁ   ② ㅅ

③ ㅊ   ④ ㅋ

⑤ ㄴ

18 다음 기호의 규칙을 보고 빈칸에 알맞은 것을 고르시오.

$$4 \circ 8 = 5 \qquad 7 \circ 8 = 11 \qquad 9 \circ 5 = 9 \qquad 3 \circ (7 \circ 2) = (\qquad)$$

① 6
② 9
③ 11
④ 13
⑤ 15

19 다음에 제시된 명제가 모두 참일 때, 반드시 참이라고 할 수 있는 것은 어느 것인가?

- 배가 아픈 사람은 식욕이 좋지 않다.
- 배가 아프지 않은 사람은 홍차를 좋아하지 않는다.
- 웃음이 많은 사람은 식욕이 좋다.

① 식욕이 좋지 않은 사람은 배가 아프다.
② 배가 아프지 않은 사람은 웃음이 많다.
③ 배가 아픈 사람은 홍차를 좋아한다.
④ 홍차를 좋아하는 사람은 웃음이 많지 않다.
⑤ 식욕이 좋은 사람은 웃음이 많다.

20 주어진 결론을 반드시 참으로 하는 전제는 무엇인가?

> 전제 1 : _____
> 전제 2 : 어떤 고등학생은 S대학교에 입학했다.
> 결론 : 사교육을 받은 어떤 여자는 S대학교에 입학했다.

① 모든 고등학생은 사교육을 받았다.
② 모든 고등학생은 사교육을 받지 않았다.
③ 어떤 고등학생은 사교육을 받았다.
④ 어떤 고등학생은 사교육을 받지 않았다.
⑤ 어떤 고등학생은 S대학을 가지 않았다.

21 다음은 H도시철도가 운영하는 철도 1호선~5호선의 매출 순위를 나타내는 설명이다. 다음의 명제가 모두 참일 경우, 항상 참이 되는 것은 어느 것인가?

> • 1호선과 2호선의 매출 순위 차이는 3호선과 4호선의 매출 순위 차이와 같다.
> • 1호선은 가장 매출이 많다.
> • 5호선은 4호선보다 매출 순위가 더 높다.
> • 매출 순위가 같은 사업은 없다.

① 1호선과 5호선은 매출 순위가 연이어 있다.
② 5호선의 매출 순위 4위보다 높다.
③ 2호선과 3호선은 매출 순위가 연이어 있다.
④ 5호선과 4호선은 매출 순위가 연이어 있다.
⑤ 2호선은 매출 순위가 가장 높다.

22 다음 조건을 참고할 때, 5명이 입고 있는 옷의 색깔을 올바르게 설명하고 있는 것은 어느 것인가?

> • A, B, C, D, E 5명은 각기 빨간색, 파란색, 검은색, 흰색 옷을 입고 있으며 같은 색 옷을 입은 사람은 2명이다.
> • C와 D는 파란색과 검은색 옷을 입지 않았다.
> • B와 E는 흰색과 빨간색 옷을 입지 않았다.
> • A, B, C, D는 모두 다른 색 옷을 입고 있다.
> • B, C, D, E는 모두 다른 색 옷을 입고 있다.

① C와 D는 같은 색 옷을 입고 있다.

② D가 흰색 옷을 입고 있다면 C는 E와 같은 색 옷을 입고 있다.

③ E가 파란색 옷을 입고 있다면 A는 검은색 옷을 입고 있다.

④ C가 빨간색 옷을 입고 있다면 A는 흰색 옷을 입고 있다.

⑤ B가 검은색 옷을 입고 있다면 파란색 옷을 입은 사람이 2명이다.

23 다음 도형들의 일정한 규칙을 찾아 빈칸에 들어갈 알맞은 도형을 고르시오.

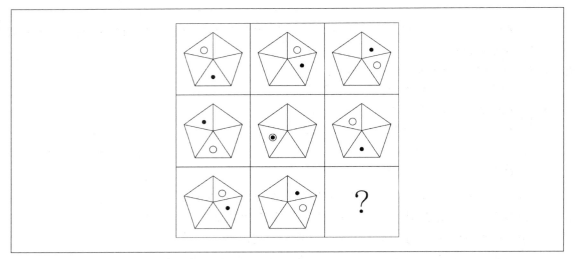

①

②

③

④

⑤

※ 다음 주어진 두 문자에서 다른 곳의 개수를 고르시오. 【24~25】

24

| 100101110101110101 | 101101111001110001 |

① 0개   ② 1개
③ 2개   ④ 3개
⑤ 4개

25

| 가☆재는✿계편✪이다✿   가☆재는✿계편✪이다✿ |

① 0개   ② 1개
③ 2개   ④ 3개
⑤ 4개

26 다음 중 제시된 보기와 다른 하나는 무엇인가?

| 111111001111101011001 |

① 111110001111101011001   ② 111111001111101011001
③ 111111001111101011001   ④ 111111001111101011001
⑤ 111111001111101011001

27 다음에 제시된 블록의 개수는 몇 개인가?

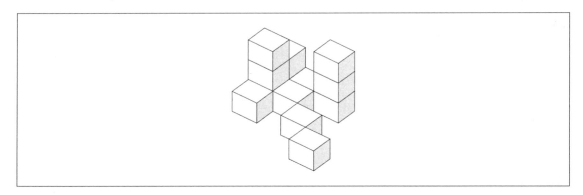

① 13개   ② 14개

③ 15개   ④ 16개

⑤ 17개

28 다음 중 직육면체의 전개도가 다른 하나는 무엇인가?

①

②

③

④

⑤

29 다음 제시된 도형을 축을 중심으로 회전시켰을 때 나타나는 회전체의 모양으로 옳은 것은 무엇인가?

①

②

③

④

⑤

30 다음과 같이 종이를 접은 후 구멍을 뚫고 펼친 뒤의 그림으로 옳은 것은 무엇인가?

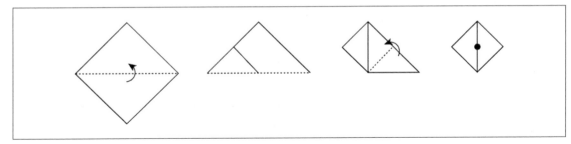

①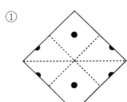

②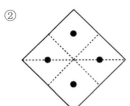

③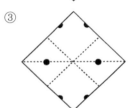

④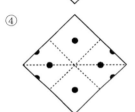

⑤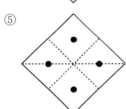

31 기아의 기업비전으로 옳은 것은?

① 지속가능한 에너지 혁신 리더
② 지속가능한 모빌리티 솔루션 프로바이더
③ 스마트 환경 솔루션 창출자
④ 친환경 스마트 모빌리티 선도기업
⑤ 혁신적인 친환경 이동 서비스 제공자

32 다음 설명에 해당하는 나라로 옳은 것은?

> 각 씨족마다 생활권이 정해져 있어 함부로 다른 지역을 침범해 경제 활동, 즉 주로 사냥, 고기 잡이, 농경 등을 영위할 수가 없었다. 따라서 다른 공동체 지역을 침범하지 않는다는 엄한 규율 이 있었으며 다른 읍락(邑落)을 침범하는 측에게는 생구(生口), 즉 노예와 우마(牛馬)로써 배상하 게 하였다.

① 삼한   ② 옥저
③ 동예   ④ 부여
⑤ 가야

33 권력분립제도를 발전시켜 입법·사법·행정의 3권분립을 정식화한 사람은?

① 로크(Locke)
② 루소(Rousseau)
③ 몽테스키외(Montesquieu)
④ 보댕(Bodin)
⑤ 칸트(Kant)

34 자녀에게 기대지 않고 부부끼리 여가생활을 즐기며 독립적인 생활을 하려는 노인세대를 일컫는 용어는?

① 텔테크족
② 키덜트족
③ 통크족
④ 예티족
⑤ 파이어족

35 뉴턴의 운동법칙에서 물체에 힘을 가할 때 나타나는 작용과 반작용은 크기가 같고 방향은 반대이며, 동일직선 상에서 작용하는 것과 관련성이 높은 것은?

① 제1법칙   ② 제2법칙
③ 제3법칙   ④ 제4법칙
⑤ 제5법칙

36 다음과 같은 내용을 특징으로 하는 것과 관련이 깊은 것은?

> 열대해양기단과 찬 대륙기단의 영향으로 여름철에는 비가 많고 고온다습하며 겨울철에는 춥고 맑은 날이 많으며 저온건조하다.

① 해양성 기후
② 계절풍 기후
③ 대륙성 기후
④ 열대우림 기후
⑤ 지중해성 기후

37 공자가 '從心所慾不踰矩(종심소욕불유구)'라 하여 마음먹은 대로 해도 법도에 벗어남이 없다고 한 나이는?

① 30세 　　　　　　　　　　② 40세
③ 50세 　　　　　　　　　　④ 60세
⑤ 70세

38 방송 화면을 합성하는 기술로, 색조 차이를 이용하는 것은?

① 크로마키 　　　　　　　　② 패닝
③ 핸드 헬드 　　　　　　　　④ 매트 페인팅
⑤ 스크린 숏

※ 밑줄 친 부분에 들어갈 표현으로 가장 적절한 것을 고르시오. 【39~40】

39

> Joe's statement _____ one interpretation only, that he was certainly aware of what he was doing.

① admits in 　　　　　　　　② allows to
③ admits of 　　　　　　　　④ allows for
⑤ makes up

40

> Those seven-year-old identical twin brothers are as like as two _____.

① peas 　　　　　　　　　　② balls
③ melons 　　　　　　　　　④ oranges
⑤ apples

PART

02

인성검사

인성검사의 개요

1 허구성 척도의 질문을 파악한다.

자인정성검사의 질문에는 허구성 척도를 측정하기 위한 질문이 숨어있음을 유념해야 한다. 예를 들어 '나는 지금까지 거짓말을 한 적이 없다.' '나는 한 번도 화를 낸 적이 없다.' '나는 남을 헐뜯거나 비난한 적이 한 번도 없다.' 이러한 질문이 있다고 가정해보자. 상식적으로 보통 누구나 태어나서 한번은 거짓말을 한 경험은 있을 것이며 화를 낸 경우도 있을 것이다. 또한 대부분의 구직자가 자신을 좋은 인상으로 포장하는 것도 자연스러운 일이다. 따라서 허구성을 측정하는 질문에 다소 거짓으로 '그렇다'라고 답하는 것은 전혀 문제가 되지 않는다. 하지만 지나치게 좋은 성격을 염두에 두고 허구성을 측정하는 질문에 전부 '그렇다'고 대답을 한다면 허구성 척도의 득점이 극단적으로 높아지며 이는 검사항목전체에서 구직자의 성격이나 특성이 반영되지 않았음을 나타내 불성실한 답변으로 신뢰성이 의심받게 되는 것이다. 다시 한 번 인성검사의 문항은 각 개인의 특성을 알아보고자 하는 것으로 절대적으로 옳거나 틀린 답이 없으므로 결과를 지나치게 의식하여 솔직하게 응답하지 않으면 과장 반응으로 분류될 수 있음을 기억하자!

2 '대체로', '가끔' 등의 수식어를 확인한다.

'대체로', '종종', '가끔', '항상', '대개' 등의 수식어는 대부분의 인성검사에서 자주 등장한다. 이러한 수식어가 붙은 질문을 접했을 때 구직자들은 조금 고민하게 된다. 하지만 아직 답해야 할 질문들이 많음을 기억해야 한다. 다만, 앞에서 '가끔', '때때로'라는 수식어가 붙은 질문이 나온다면 뒤에는 '항상', '대체로'의 수식어가 붙은 내용은 똑같은 질문이 이어지는 경우가 많다. 따라서 자주 사용되는 수식어를 적절히 구분할 줄 알아야 한다.

3 솔직하게 있는 그대로 표현한다.

인성검사는 평범한 일상생활 내용들을 다룬 짧은 문장과 어떤 대상이나 일에 대한 선호를 선택하는 문장으로 구성되었으므로 평소에 자신이 생각한 바를 너무 골똘히 생각하지 말고 문제를 보는 순간 떠오른 것을 표현한다. 또한 간혹 반복되는 문제들이 출제되기 때문에 일관성 있게 답하지 않으면 감점될 수 있으므로 유의한다.

4 모든 문제를 신속하게 대답한다.

인성검사는 시간제한이 없는 것이 원칙이지만 기업체들은 일정한 시간제한을 두고 있다. 인성검사는 개인의 성격과 자질을 알아보기 위한 검사이기 때문에 정답이 없다. 다만, 기업체에서 바람직하게 생각하거나 기대되는 결과가 있을 뿐이다. 따라서 시간에 쫓겨서 대충 대답을 하는 것은 바람직하지 못하다.

5 자신의 성향과 사고방식을 미리 정리한다.

기업의 인재상을 기초로 하여 일관성, 신뢰성, 진실성 있는 답변을 염두에 두고 꼼꼼히 풀다보면 분명 시간의 촉박함을 느낄 것이다. 따라서 각각의 질문을 너무 골똘히 생각하거나 고민하지 말자. 대신 시험 전에 여유 있게 자신의 성향이나 사고방식에 대해 정리해보는 것이 필요하다.

6 마지막까지 집중해서 검사에 임한다.

장시간 진행되는 검사에 지칠 수 있으므로 마지막까지 집중해서 정확히 답할 수 있도록 해야 한다.

실전 인성검사

▌1~280▌ 다음 제시된 문항이 당신에게 해당한다면 YES, 그렇지 않다면 NO를 선택하시오.

	YES	NO
1. 조금이라도 나쁜 소식은 절망의 시작이라고 생각해버린다.	( )	( )
2. 언제나 실패가 걱정이 되어 어쩔 줄 모른다.	( )	( )
3. 다수결의 의견에 따르는 편이다.	( )	( )
4. 혼자서 커피숍에 들어가는 것은 전혀 두려운 일이 아니다.	( )	( )
5. 승부근성이 강하다.	( )	( )
6. 자주 흥분해서 침착하지 못하다.	( )	( )
7. 지금까지 살면서 타인에게 폐를 끼친 적이 없다.	( )	( )
8. 소곤소곤 이야기하는 것을 보면 자기에 대해 험담하고 있는 것으로 생각된다.	( )	( )
9. 무엇이든지 자기가 나쁘다고 생각하는 편이다.	( )	( )
10. 자신을 변덕스러운 사람이라고 생각한다.	( )	( )
11. 고독을 즐기는 편이다.	( )	( )
12. 자존심이 강하다고 생각한다.	( )	( )
13. 금방 흥분하는 성격이다.	( )	( )
14. 거짓말을 한 적이 없다.	( )	( )
15. 신경질적인 편이다.	( )	( )
16. 끙끙대며 고민하는 타입이다.	( )	( )
17. 감정적인 사람이라고 생각한다.	( )	( )
18. 자신만의 신념을 가지고 있다.	( )	( )
19. 다른 사람을 바보 같다고 생각한 적이 있다.	( )	( )
20. 금방 말해버리는 편이다.	( )	( )
21. 싫어하는 사람이 없다.	( )	( )
22. 대재앙이 오지 않을까 항상 걱정을 한다.	( )	( )

YES NO

23. 쓸데없는 고생을 사서 하는 일이 많다. ··( )( )

24. 자주 생각이 바뀌는 편이다. ··( )( )

25. 문제점을 해결하기 위해 여러 사람과 상의한다. ··( )( )

26. 내 방식대로 일을 한다. ···( )( )

27. 영화를 보고 운 적이 많다. ··( )( )

28. 어떤 것에 대해서도 화낸 적이 없다. ··( )( )

29. 사소한 충고에도 걱정을 한다. ··( )( )

30. 자신은 도움이 안되는 사람이라고 생각한다. ··( )( )

31. 금방 싫증을 내는 편이다. ···( )( )

32. 개성적인 사람이라고 생각한다. ··( )( )

33. 자기 주장이 강한 편이다. ··( )( )

34. 산만하다는 말을 들은 적이 있다. ···( )( )

35. 학교를 쉬고 싶다고 생각한 적이 한 번도 없다. ··( )( )

36. 사람들과 관계맺는 것을 보면 잘하지 못한다. ··( )( )

37. 사려깊은 편이다. ··( )( )

38. 몸을 움직이는 것을 좋아한다. ··( )( )

39. 끈기가 있는 편이다. ··( )( )

40. 신중한 편이라고 생각한다. ··( )( )

41. 인생의 목표는 큰 것이 좋다. ···( )( )

42. 어떤 일이라도 바로 시작하는 타입이다. ··( )( )

43. 낯가림을 하는 편이다. ··( )( )

44. 생각하고 나서 행동하는 편이다. ···( )( )

45. 쉬는 날은 밖으로 나가는 경우가 많다. ···( )( )

46. 시작한 일은 반드시 완성시킨다. ···( )( )

47. 면밀한 계획을 세운 여행을 좋아한다. ···( )( )

48. 야망이 있는 편이라고 생각한다. ···( )( )

49. 활동력이 있는 편이다. ··( )( )

50. 많은 사람들과 왁자지껄하게 식사하는 것을 좋아하지 않는다. ···( )( )

51. 돈을 허비한 적이 없다. ···( )( )

		YES	NO

52. 운동회를 아주 좋아하고 기대했다. ···( )( )

53. 하나의 취미에 열중하는 타입이다. ···( )( )

54. 모임에서 회장에 어울린다고 생각한다. ·····································( )( )

55. 입신출세의 성공이야기를 좋아한다. ···( )( )

56. 어떠한 일도 의욕을 가지고 임하는 편이다. ······························( )( )

57. 학급에서는 존재가 희미했다. ···( )( )

58. 항상 무언가를 생각하고 있다. ···( )( )

59. 스포츠는 보는 것보다 하는 게 좋다. ··( )( )

60. '참 잘했네요'라는 말을 듣는다. ···( )( )

61. 흐린 날은 반드시 우산을 가지고 간다. ······································( )( )

62. 주연상을 받을 수 있는 배우를 좋아한다. ···································( )( )

63. 공격하는 타입이라고 생각한다. ···( )( )

64. 리드를 받는 편이다. ··( )( )

65. 너무 신중해서 기회를 놓친 적이 있다. ······································( )( )

66. 시원시원하게 움직이는 타입이다. ···( )( )

67. 야근을 해서라도 업무를 끝낸다. ···( )( )

68. 누군가를 방문할 때는 반드시 사전에 확인한다. ·························( )( )

69. 노력해도 결과가 따르지 않으면 의미가 없다. ····························( )( )

70. 무조건 행동해야 한다. ···( )( )

71. 유행에 둔감하다고 생각한다. ···( )( )

72. 정해진 대로 움직이는 것은 시시하다. ······································( )( )

73. 꿈을 계속 가지고 있고 싶다. ···( )( )

74. 질서보다 자유를 중요시하는 편이다. ··( )( )

75. 혼자서 취미에 몰두하는 것을 좋아한다. ···································( )( )

76. 직관적으로 판단하는 편이다. ···( )( )

77. 영화나 드라마를 보면 등장인물의 감정에 이입된다. ····················( )( )

78. 시대의 흐름에 역행해서라도 자신을 관철하고 싶다. ···················( )( )

79. 다른 사람의 소문에 관심이 없다. ···( )( )

80. 창조적인 편이다. ··( )( )

81. 비교적 눈물이 많은 편이다. ···( )( )

82. 융통성이 있다고 생각한다. ···( )( )

83. 친구의 휴대전화 번호를 잘 모른다. ···( )( )

84. 스스로 고안하는 것을 좋아한다. ···( )( )

85. 정이 두터운 사람으로 남고 싶다. ···( )( )

86. 조직의 일원으로 별로 안 어울린다. ···( )( )

87. 세상의 일에 별로 관심이 없다. ··( )( )

88. 변화를 추구하는 편이다. ··( )( )

89. 업무는 인간관계로 선택한다. ··( )( )

90. 환경이 변하는 것에 구애되지 않는다. ·······································( )( )

91. 불안감이 강한 편이다. ···( )( )

92. 인생은 살 가치가 없다고 생각한다. ···( )( )

93. 의지가 약한 편이다. ···( )( )

94. 다른 사람이 하는 일에 별로 관심이 없다. ································( )( )

95. 사람을 설득시키는 것은 어렵지 않다. ···( )( )

96. 심심한 것을 못 참는다. ···( )( )

97. 다른 사람을 욕한 적이 한 번도 없다. ·······································( )( )

98. 다른 사람에게 어떻게 보일지 신경을 쓴다. ································( )( )

99. 금방 낙심하는 편이다. ···( )( )

100. 다른 사람에게 의존하는 경향이 있다. ·······································( )( )

101. 그다지 융통성이 있는 편이 아니다. ···( )( )

102. 다른 사람이 내 의견에 간섭하는 것이 싫다. ······························( )( )

103. 낙천적인 편이다. ···( )( )

104. 숙제를 잊어버린 적이 한 번도 없다. ···( )( )

105. 밤길에는 발소리가 들리기만 해도 불안하다. ······························( )( )

106. 상냥하다는 말을 들은 적이 있다. ···( )( )

107. 자신은 유치한 사람이다. ··( )( )

108. 잡담을 하는 것보다 책을 읽는 게 낫다. ·····································( )( )

109. 나는 영업에 적합한 타입이라고 생각한다. ··································( )( )

110. 술자리에서 술을 마시지 않아도 흥을 돋울 수 있다. ·······························(   )(   )

111. 한 번도 병원에 간 적이 없다. ···(   )(   )

112. 나쁜 일은 걱정이 되어서 어쩔 줄을 모른다. ···(   )(   )

113. 금세 무기력해지는 편이다. ···(   )(   )

114. 비교적 고분고분한 편이라고 생각한다. ···(   )(   )

115. 독자적으로 행동하는 편이다. ···(   )(   )

116. 적극적으로 행동하는 편이다. ···(   )(   )

117. 금방 감격하는 편이다. ···(   )(   )

118. 어떤 것에 대해서는 불만을 가진 적이 없다. ···(   )(   )

119. 밤에 못 잘 때가 많다. ···(   )(   )

120. 자주 후회하는 편이다. ···(   )(   )

121. 뜨거워지기 쉽고 식기 쉽다. ···(   )(   )

122. 자신만의 세계를 가지고 있다. ···(   )(   )

123. 많은 사람 앞에서도 긴장하는 일은 없다. ···(   )(   )

124. 말하는 것을 아주 좋아한다. ···(   )(   )

125. 인생을 포기하는 마음을 가진 적이 한 번도 없다. ·································(   )(   )

126. 어두운 성격이다. ···(   )(   )

127. 금방 반성한다. ···(   )(   )

128. 활동범위가 넓은 편이다. ···(   )(   )

129. 자신을 끈기 있는 사람이라고 생각한다. ···(   )(   )

130. 좋다고 생각하더라도 좀 더 검토하고 나서 실행한다. ·····························(   )(   )

131. 위대한 인물이 되고 싶다. ···(   )(   )

132. 한 번에 많은 일을 떠맡아도 힘들지 않다. ···(   )(   )

133. 사람과 만날 약속은 부담스럽다. ···(   )(   )

134. 질문을 받으면 충분히 생각하고 나서 대답하는 편이다. ·························(   )(   )

135. 머리를 쓰는 것보다 땀을 흘리는 일이 좋다. ···(   )(   )

136. 결정한 것에는 철저히 구속받는다. ···(   )(   )

137. 외출 시 문을 잠갔는지 몇 번을 확인한다. ···(   )(   )

138. 이왕 할 거라면 일등이 되고 싶다. ···(   )(   )

139. 과감하게 도전하는 타입이다. ···(　)(　)

140. 자신은 사교적이 아니라고 생각한다. ···(　)(　)

141. 무심코 도리에 대해서 말하고 싶어진다. ·····································(　)(　)

142. '항상 건강하네요'라는 말을 듣는다. ···(　)(　)

143. 단념하면 끝이라고 생각한다. ···(　)(　)

144. 예상하지 못한 일은 하고 싶지 않다. ···(　)(　)

145. 파란만장하더라도 성공하는 인생을 걷고 싶다. ·····························(　)(　)

146. 활기찬 편이라고 생각한다. ···(　)(　)

147. 소극적인 편이라고 생각한다. ···(　)(　)

148. 무심코 평론가가 되어 버린다. ···(　)(　)

149. 자신은 성급하다고 생각한다. ···(　)(　)

150. 꾸준히 노력하는 타입이라고 생각한다. ·····································(　)(　)

151. 내일의 계획이라도 메모한다. ···(　)(　)

152. 리더십이 있는 사람이 되고 싶다. ···(　)(　)

153. 열정적인 사람이라고 생각한다. ···(　)(　)

154. 다른 사람 앞에서 이야기를 잘 하지 못한다. ·······························(　)(　)

155. 통찰력이 있는 편이다. ···(　)(　)

156. 엉덩이가 가벼운 편이다. ···(　)(　)

157. 여러 가지로 구애됨이 있다. ···(　)(　)

158. 돌다리도 두들겨 보고 건너는 쪽이 좋다. ···································(　)(　)

159. 자신에게는 권력욕이 있다. ···(　)(　)

160. 업무를 할당받으면 기쁘다. ···(　)(　)

161. 사색적인 사람이라고 생각한다. ···(　)(　)

162. 비교적 개혁적이다. ···(　)(　)

163. 좋고 싫음으로 정할 때가 많다. ···(　)(　)

164. 전통에 구애되는 것은 버리는 것이 적절하다. ·····························(　)(　)

165. 교제 범위가 좁은 편이다. ···(　)(　)

166. 발상의 전환을 할 수 있는 타입이라고 생각한다. ·······················(　)(　)

167. 너무 주관적이어서 실패한다. ···(　)(　)

168. 현실적이고 실용적인 면을 추구한다. ·······························(   )(   )

169. 내가 어떤 배우의 팬인지 아무도 모른다. ·······················(   )(   )

170. 현실보다 가능성이다. ···(   )(   )

171. 마음이 담겨 있으면 선물은 아무 것이나 좋다. ············(   )(   )

172. 여행은 마음대로 하는 것이 좋다. ··································(   )(   )

173. 추상적인 일에 관심이 있는 편이다. ····························(   )(   )

174. 일은 대담히 하는 편이다. ··(   )(   )

175. 괴로워하는 사람을 보면 우선 동정한다. ·····················(   )(   )

176. 가치기준은 자신의 안에 있다고 생각한다. ·················(   )(   )

177. 조용하고 조심스러운 편이다. ··(   )(   )

178. 상상력이 풍부한 편이라고 생각한다. ·························(   )(   )

179. 의리, 인정이 두터운 상사를 만나고 싶다. ·················(   )(   )

180. 인생의 앞날을 알 수 없어 재미있다. ·························(   )(   )

181. 밝은 성격이다. ···(   )(   )

182. 별로 반성하지 않는다. ···(   )(   )

183. 활동범위가 좁은 편이다. ···(   )(   )

184. 자신을 시원시원한 사람이라고 생각한다. ·················(   )(   )

185. 좋다고 생각하면 바로 행동한다. ··································(   )(   )

186. 좋은 사람이 되고 싶다. ··(   )(   )

187. 한 번에 많은 일을 떠맡는 것은 골칫거리라고 생각한다. ···(   )(   )

188. 사람과 만날 약속은 즐겁다. ··(   )(   )

189. 질문을 받으면 그때의 느낌으로 대답하는 편이다. ·····(   )(   )

190. 땀을 흘리는 것보다 머리를 쓰는 일이 좋다. ············(   )(   )

191. 결정한 것이라도 그다지 구속받지 않는다. ···············(   )(   )

192. 외출 시 문을 잠갔는지 별로 확인하지 않는다. ·········(   )(   )

193. 지위에 어울리면 된다. ···(   )(   )

194. 안전책을 고르는 타입이다. ···(   )(   )

195. 자신은 사교적이라고 생각한다. ··································(   )(   )

196. 도리는 상관없다. ··(   )(   )

	YES	NO

197. '침착하네요'라는 말을 듣는다. ··( )( )

198. 단념이 중요하다고 생각한다. ···( )( )

199. 예상하지 못한 일도 해보고 싶다. ···( )( )

200. 평범하고 평온하게 행복한 인생을 살고 싶다. ···························( )( )

201. 몹시 귀찮아하는 편이라고 생각한다. ···( )( )

202. 특별히 소극적이라고 생각하지 않는다. ·····································( )( )

203. 이것저것 평하는 것이 싫다. ···( )( )

204. 자신은 성급하지 않다고 생각한다. ···( )( )

205. 꾸준히 노력하는 것을 잘 하지 못한다. ·····································( )( )

206. 내일의 계획은 머릿속에 기억한다. ···( )( )

207. 협동성이 있는 사람이 되고 싶다. ···( )( )

208. 열정적인 사람이라고 생각하지 않는다. ·····································( )( )

209. 다른 사람 앞에서 이야기를 잘한다. ···( )( )

210. 행동력이 있는 편이다. ···( )( )

211. 엉덩이가 무거운 편이다. ··( )( )

212. 특별히 구애받는 것이 없다. ···( )( )

213. 돌다리는 두들겨 보지 않고 건너도 된다. ·································( )( )

214. 자신에게는 권력욕이 없다. ··( )( )

215. 업무를 할당받으면 부담스럽다. ···( )( )

216. 활동적인 사람이라고 생각한다. ···( )( )

217. 비교적 보수적이다. ··( )( )

218. 손해인지 이익인지로 정할 때가 많다. ·······································( )( )

219. 전통을 견실히 지키는 것이 적절하다. ·······································( )( )

220. 교제 범위가 넓은 편이다. ···( )( )

221. 상식적인 판단을 할 수 있는 타입이라고 생각한다. ···················( )( )

222. 너무 객관적이어서 실패한다. ··( )( )

223. 보수적인 면을 추구한다. ··( )( )

224. 내가 누구의 팬인지 주변의 사람들이 안다. ·····························( )( )

225. 가능성보다 현실이다. ···( )( )

226. 그 사람이 필요한 것을 선물하고 싶다. ································( )( )

227. 여행은 계획적으로 하는 것이 좋다. ································( )( )

228. 구체적인 일에 관심이 있는 편이다. ································( )( )

229. 일은 착실히 하는 편이다. ································( )( )

230. 괴로워하는 사람을 보면 우선 이유를 생각한다. ················( )( )

231. 가치기준은 자신의 밖에 있다고 생각한다. ····················( )( )

232. 밝고 개방적인 편이다. ································( )( )

233. 현실 인식을 잘하는 편이라고 생각한다. ····················( )( )

234. 공평하고 공적인 상사를 만나고 싶다. ······················( )( )

235. 시시해도 계획적인 인생이 좋다. ··························( )( )

236. 적극적으로 사람들과 관계를 맺는 편이다. ··················( )( )

237. 활동적인 편이다. ································( )( )

238. 몸을 움직이는 것을 좋아하지 않는다. ······················( )( )

239. 쉽게 질리는 편이다. ································( )( )

240. 경솔한 편이라고 생각한다. ································( )( )

241. 인생의 목표는 손이 닿을 정도면 된다. ····················( )( )

242. 무슨 일도 좀처럼 시작하지 못한다. ························( )( )

243. 초면인 사람과도 바로 친해질 수 있다. ····················( )( )

244. 행동하고 나서 생각하는 편이다. ··························( )( )

245. 쉬는 날은 집에 있는 경우가 많다. ························( )( )

246. 완성되기 전에 포기하는 경우가 많다. ······················( )( )

247. 계획 없는 여행을 좋아한다. ································( )( )

248. 욕심이 없는 편이라고 생각한다. ··························( )( )

249. 활동력이 별로 없다. ································( )( )

250. 많은 사람들과 왁자지껄하게 식사하는 것을 좋아한다. ········( )( )

251. '내가 안하면 누가 할 것인가!'라고 생각하는 편이다. ········( )( )

252. 계획한 일을 행동으로 옮기지 못하면 왠지 찜찜하다. ··········( )( )

253. 경우에 따라서는 상사에게 화를 낼 수도 있다. ··············( )( )

254. 아직 구체적인 인생 목표가 없다. ··························( )( )

255. 이성을 사귀는 주요 기준은 외모다. ································( )( )

256. 최선을 다해 좋은 결과를 얻은 적이 많다. ························( )( )

257. 나쁜 일을 해도 죄의식을 느끼지 않는 편이다. ················( )( )

258. 주변 사람의 대소사에 관심이 많다. ······························( )( )

259. 일은 절대로 즐거운 놀이가 될 수 없다. ························( )( )

260. 어떤 경우라도 시간을 지키기 위해 노력한다. ················( )( )

261. 거리낌 없이 마음을 나눌 수 있는 상대가 있다. ············( )( )

262. 실속 없이 시간을 보내는 자신에게 화가 난다. ··············( )( )

263. 자기계발을 위하여 하는 것이 많다. ····························( )( )

264. 불합격도 좋은 경험이라고 생각한다. ··························( )( )

265. 사회봉사활동에 관심이 많다. ····································( )( )

266. 자신을 공개적으로 망신주려는 사람이 있다. ················( )( )

267. 어디서든 일처리를 잘하다는 평을 주로 듣는다. ············( )( )

268. 돈 많고 잘생긴 친구가 부럽다. ·································( )( )

269. 철저히 분석하여 가능성 있는 일만 착수한다. ··············( )( )

270. 작은 경험이지만 성공한 적이 많다. ··························( )( )

271. 경쟁에서 뒤처지지 않기 위해 노력하고 있다. ··············( )( )

272. 세상에는 사랑보다 미움과 증오가 많다. ·····················( )( )

273. 전공과 관련된 인생의 장기목표가 있다. ·····················( )( )

274. 서로에게 발전적인 만남을 가지고 싶다. ·····················( )( )

275. 다수의 청중 앞에 선 경험이 많다. ···························( )( )

276. 억울한 일이 있어도 해명하지 않는 편이다. ················( )( )

277. 이유 없이 불안함을 느낀 적은 없다. ·························( )( )

278. 자신의 현재 모습에 비교적 만족한다. ·······················( )( )

279. 살아오는 동안 크게 잘못한 적이 없다. ·····················( )( )

280. 불가능해 보여도 필요하다면 도전해 본다. ················( )( )

PART

03

상식

01 회사상식

1 경영전략

(1) 방향성

친환경 AutoLand	지속가능한 생산 시스템	인간 친화적 근무환경
· 재생에너지 포트폴리오 구축 · 에너지 운영/관리 체계화 · 폐기물/오염 관리 시스템 구축	· 생산설비 관리체계 표준화 · 일하는 문화 개선 · 생산 데이터 관리 시스템 구축 · 품질 시스템 고도화	· 통합 안전 관리체계 확대 · 조직 다양성 확보 · 랜드마크 구축

(2) 경영철학

① **무한책임정신** : 고객의 안전과 행복에 대한 무한책임정신은 품질경영으로 구현되며, 우리 사회를 위한 무한가치 창조로 이어진다.

② **가능성의 실현** : 하나의 목표달성에 안주하지 않고 늘 새로운 목표를 향하여, 실패를 두려워하지 않는 도전정신으로 더 큰 미래를 창조한다.

③ **인류애의 구현** : 인류를 위한 가치, 더 좋은 제품과 서비스를 더 많은 사람에게, 더 신속하게 제공하여 인류의 생활을 보다 풍요롭게 한다.

(3) 경영전략

플랜 S(Plan S) – 지속가능한 모빌리티 생태계 구축

① 플랜 S의 알파벳 'S'는 '전환(Shift)'을 의미한다.

② 전통적 자동차 산업은 최근 엄청난 지각 변동을 겪고 있다. 세계 각국의 친환경 정책은 점점 강화되고, 모빌리티 서비스는 경계 없이 확장되며, 고객의 니즈 또한 다양해지고 있는 상황에서 기아가 근본적인 비즈니스 혁신을 통한 전환을 꾀하고 있는 구체적 대응 전략이다.

③ 내연기관 위주에서 전기차(EV), 다양한 목적 기반 차량(PBV), 친환경 모빌리티 서비스를 3대 핵심 전략으로 제시한다.

④ 새로운 사업 체제로의 전환, 선택과 집중을 통한 브랜드 혁신을 통해 고객의 기대를 충족시키고 지속가능한 사회적 가치를 창출하는 것이 플랜 S의 지향점이다.

   ㉠ EV(전기차 대중화) : 기아는 전기차 대중화를 이끌기 위해 전용 모델 출시 등 제품 차별화와 함께 생산, 판매, 서비스 채널에서 혁신을 도모하고 전기차 생태계를 구축하는 데 집중하고 있다.

   ㉡ PBV(다양한 목적 기반 차량) : 플랜 S의 중요한 전략 중 하나인 PBV는 한마디로 '고객 맞춤'이라 할 수 있다. 기아는 고객에 따라, 목적에 따라 다양한 콘셉트로 전기차 기반의 PBV를 개발하고 디자인하고 있다.

   ㉢ 모빌리티 솔루션(친환경 모빌리티 서비스) : 플랜 S의 또 다른 전략적 목표는 전동화와 자율주행 기술을 중심으로 친환경 모빌리티 서비스를 제공하여 사업을 다각화하기 위해 기아는 글로벌 모빌리티 솔루션 기업들과의 협업 및 파트너십을 강화하고 있으며 다양한 모빌리티 서비스를 개발하고 있다.

2 지속가능경영

(1) 지속가능경영 목적

기업비전	지속가능한 모빌리티 솔루션 프로바이더		
기업전략	Plan S		
	Planet	People	Profit
ESG 추진 로드맵	인프라/역량 강화	내부체질 개선	ESG경영 고도화
	2020~2022	2023~2025	2026~
	· ESG 조직 구축 (전담조직, 지속가능경영위원회 등) · 글로벌 주요 ESG 평가 중점 대응 및 수준 향상	· ESG 중장기 전략 수집 및 중점과제 추진 · ESG 데이터 관리 및 대외공시 강화	· 비즈니스 밸류체인별 ESG 가치 창출 · 2040 RE100 달성, 2045 탄소중립 달성 등 중장기 ESG 목표 실현

(2) 전략 과제 (7대 과제)

① 탄소중립 추진 체계 구축 : 밸류체인별 감축 목표 수립 및 전략 과제 추진

② 사업장 탄소 저감 추진 : RE100 달성 계획 구체화/온실가스 모니터링 시스템 구축

③ 안전 시스템 강화 : 통합 안전환경 관리시스템 구축, 국내외 전 사업장 동일 규격(ISO*) 인증 획득

④ 공급망 ESG 체계 정립 : 글로벌 1차 협력사 대상 ESG 수준 진단 및 개선방안 도출

⑤ 임직원 인권보호 강화 : 전 사업장 대상 인권영향평가 결과 공시 및 취약 영역 개선 추진

⑥ 이사회 투명성 개설 : 이사회 평가 시행 및 운영 개선/지배구조 공지 강화

⑦ 윤리경영 관리 강화 : 임직원 교육 강화(직장윤리, 반부패 등), 비윤리행위 제보건수 공시

3 고객 최우선

기아는 고객의 의견을 존중하고, 고객의 니즈를 이해하며, 고객의 신뢰를 높이는 소통 경영을 바탕으로 고객에게 최상의 가치와 경험을 제공한다.

고객만족	가치창출	신뢰에 기반한 고객 가치 창출
	최고의 품질	혁신을 통한 최고의 품질

4 인재상

젊은 심장을 가진 사람들 KIAN

① Kreate(창조) : 열린 상상력으로 세상에 없던 새로움을 만들어가는 창조가

② Innovate(혁신) : 기존의 정해진 질서에 도전해 대담한 변화를 이끌어내는 혁신가

③ Act(행동) : 생각에만 머무는 것이 아니라 생각을 적극적으로 현실에 반영하는 행동가

④ Navigate(탐험) : 호기심과 열정으로 미지의 영역을 개척하는 탐험가

일반상식

1 정치 · 법률 · 외교

✖ 뉴 거버넌스(New Governance) ◆◆

일반 시민사회를 정부의 영역에 포함시켜 파트너로 인정해줌으로써 정부 조직, 기업, 시민사회, 세계체제 등 이들 전부가 공공서비스와 관련해 신뢰를 통한 네트워크 구축을 강조하는 개념으로 협력 체제에 중점을 두는 것이다. 정부부문과 민간부문 및 비영리부문 간 협력적 네트워크를 통한 공공서비스 전달 과정의 효율성을 목표로 한다.

✖ 고노담화 ◆◆◆

1993년 8월 당시 관방장관이던 고노 요헤이가 일본군 위안부에 대해 사죄한 담화를 일컫는다. 주요 내용은 일본군 위안부 동원의 강제성을 인정한 것으로 1년 8개월 동안의 조사에 걸쳐 발표하였다.

✖ 중우정치(衆愚政治) ◆

다수의 비합리적인 판단은 선동과 군중 심리에서 나올 수 있다는 민주주의의 단점을 부각시킨 용어이다. 이에 대해 아리스토텔레스는 빈민정치, 플라톤은 폭민정치로 규정하였다. 대중에 의한 정치를 혐오하는 보수 정치가, 혹은 사상가들에 의해 민주주의를 멸시하는 의미로도 사용된다.

✖ 캐스팅보트(Casting Vote) ◆◆

2대 정당의 세력이 거의 같을 때 그 승패를 결정하는 제3당의 투표를 말한다. 우리나라 국회의 경우 가부동수일 때에는 부결된 것으로 간주한다. 가부동수인 경우에는 두 가지의 입법례가 있다. 하나는 부결된 것으로 보는 제도이고, 다른 하나는 의장이 캐스팅보트를 가지는 제도이다. 한국의 국회에서는 가부가 동수인 경우 그 의결은 부결된 것으로 본다(헌법 제49조).

✿ 대선거구제(大選擧區制) ◆◆

한 선거구에서 다수(보통 5인 이상)의 대표를 선출하는 제도이다. 이 제도는 전국적으로 큰 인물이 당선되기 쉬운 장점이 있으나, 선거구가 너무 넓어서 후보자의 인물 · 식견을 판단하기 어렵고 비용이 많이 드는 단점이 있다.

- 중선거구제(中選擧區制) : 한 선거구에서 2 ~ 4명의 대표자를 선출하는 제도이다. 우리나라는 자치구 · 시 · 군의원 선거에서 채택하고 있다.
- 소선거구제(小選擧區制) : 한 선거구에서 한 사람의 대표를 선출하는 제도이다. 선거구가 작기 때문에 선거관리와 투표가 간단하고 비용이 비교적 덜 들며, 선거인이 후보자를 잘 알 수 있는 동시에 정국이 안정되기 쉬운 장점이 있다. 우리나라는 지역구 국회의원 및 시 · 도의원 선거에서 채택하고 있다.

✿ 게리맨더링(Gerrymandering) ◆◆

선거구를 특정 정당이나 후보자에게 유리하게 인위적으로 획정하는 것을 말한다. 이것은 1812년 미국의 게리(Gerry)라는 매사추세츠 주지사가 자기의 소속 정당에 유리하게 선거구를 획정한 결과 샐러맨더(Salamander : 희랍신화 속의 도롱뇽)와 비슷한 기형의 선거구가 된 데서 유래되었다.

✿ 로그롤링(Log Rolling) ◆◆

선거를 도와주고 그 대가를 받거나 이권을 얻는 행위를 의미한다. 원래는 '통나무 굴리기'라는 뜻으로, 서로 협력하여 통나무를 모으거나 강물에 굴려 넣는 놀이에서 연유된 것이다.

✿ 원내교섭단체(院內交涉團體) ◆

국회에서 정당 소속 의원들이 개개인의 주장 혹은 소속 정당의 의견을 통합하여 국회가 개회되기 전 반대당과 교섭 · 의견조정을 하기 위하여 구성하는 의원단체를 말한다. 국회의원 20인 이상의 정당을 단위로 구성함이 원칙이나 다른 교섭단체에 속하지 않는 의원 20인 이상으로 구성할 수도 있다.

✿ 포퓰리즘(Populism) ◆◆

본래의 목적보다는 대중의 인기를 얻는 것을 목적으로 하는 정치의 행태로, 다수의 일반 대중을 정치의 전면에 내세워 집권세력의 권력을 유지하지만 실제로는 소수 집권세력의 권력을 공고히 하는 정치체제다. 포퓰리즘은 정치 지도자들의 정치적 편의주의(便宜主義) · 기회주의(機會主義)를 근본으로 하여 개혁을 내세우므로 대중을 위함이 아닌 지나친 인기 영합주의에 빠지기 쉽고, 합리적인 개혁이 아닌 집권세력의 권력유지나 비집권세력의 권력 획득 수단으로서 악용되기도 한다. 엘리트주의와 대립되는 개념이다.

✿ 주민자치(住民自治) ✦✦

중앙집권적이며 관료적인 지방자치를 배제하고 주민이 지방자치의 주권자가 되어 문제해결의 주체가
되어야 한다는 것으로, 주민의 자치능력을 중요시하는 민주적·지방분권적인 지방제도이다. 본래 영
국에서 형성되었으며 그 구체적인 제도는 단체자치보다 뒤떨어지지만, 영국에서 법제화되었고 미국에
도 도입되었다.

✿ 네이밍 법안 ✦✦✦

법의 명칭은 따로 있지만 법안을 발의한 사람이나 피해자 및 가해자 등 특정 인물의 이름을 붙인 법
안이다. 주목도나 홍보 효과가 높아 복잡한 법률명을 대신하여 사용된다. 네이밍 법안은 사건을 공론
화 시킬 수 있어 해당 사안을 확실하게 드러낼 수 있다는 이점이 있다. 그러나 피해자의 이름이 붙
은 법안은 실질적인 내용이 전달되지 않고 감정에 호소할 수 있다는 점과 안타까운 마음에 선입견을
갖게 되어 부작용을 야기할 수 있다. 또한 피해자의 이름을 붙이게 될 때에는 유가족에게 상처가 될
수 있으므로 신중해야 한다.

✿ 살찐 고양이법(Fat Cat Law) ✦✦✦

자치단체 산하 공공기관의 임원들이 지나치게 높은 연봉을 받는 것을 제한하기 위한 법령 또는 조례
를 말한다. 본래 '살찐 고양이'는 배부른 자본가를 뜻하는 말로, 1928년 저널리스트 프랭크 켄트가
발간한 도서 「정치적 행태」에서 처음 사용되었다. 2008년 글로벌 금융 위기 당시 미국 월가의 탐욕
스런 은행가와 기업인을 비난하는 말로 사용되었다. 직원들의 구조조정과 임금 삭감 등 어려운 상황
속에서도 거액의 연봉과 퇴직금, 각종 보너스 등을 누리는 경영진들의 도덕적 해이를 비꼬아 살찐
고양이라는 말로 비난하였다. 또한 당시 정치자금을 많이 내는 부자나 특혜를 입은 부자들을 살찐
고양이로 빗대어 표현하였는데 1960년 민주당 예비선거에서 부유층으로부터 많은 지원을 받는 존 케
네디 후보에, 휴버트 험프리 후보는 "나는 살찐 고양이의 지원을 받는 후보가 아니다."라는 말을 하
기도 하였다. 우리나라에서는 부산이 최초로 '살찐 고양이법'을 시행하였다. 「부산광역시 공공기관 임
원 보수기준에 관한 조례」는 부산시가 설립한 공사·공단 6곳, 출자·출연기관 19곳의 대표이사 연
봉은 법정 최저임금의 월 환산액에 12개월을 곱해 산출한 금액의 7배(이사, 감사 등은 6배)를 넘지
못하도록 되어있으며, 2019년 5월 8일 공포하면서 시행되었다. 이후 경기도에서 두 번째로 도입하였
고, 경기도가 설립한 공사·공단 및 출자·출연기관 임원의 연봉 상한선을 최저임금의 월 환산액에
12개월을 곱해 산출한 금액의 7배 이내로 정해 권고해야 한다고 규정되어있다.

스모킹 건(Smoking Gun) ✦✦✦

어떤 범죄나 사건을 해결할 때 나오는 확실하고 결정적인 증거를 일컫는다. 가설을 증명하는 과학적 근거라는 뜻으로도 쓰이며 살해 현장에 있는 용의자의 총에서 연기가 피어난다면 이는 틀림없이 명백한 증거가 된다는 의미에서 붙여진 이름이다. 과거에는 범죄 행위에 대한 결정적 증거로 사용되는 물건이나 사실을 '스모킹 건'이라 표현하였으나, 현재는 특정 현상이나 가설을 뒷받침하는 과학적 근거를 가리키는 말로도 쓰인다. 영국의 유명 추리소설 「셜록 홈즈」에서 유래되었다. 소설에서는 '연기 나는 총(Smoking Pistol)'이라는 표현을 사용했으나, 이후 '스모킹 건'이라는 표현으로 바뀌었다. 1974년 리처드 닉슨 대통령의 워터게이트 사건 당시 이 사건을 조사한 미 하원 사법위원회의 뉴욕주 하원의원 바버 코너블이 닉슨 대통령과 수석보좌관 사이에 오간 대화가 담긴 녹음테이프(증거물)를 가리켜 '스모킹 건'이라는 말을 쓰면서 이 용어가 일반적으로 사용되기 시작했다.

메리토크라시 ✦✦

출신이나 가문 등이 아닌 실적과 능력에 따라 지위 및 보수가 결정되는 체제를 말한다. 능력주의, 실력주의라고도 하며 1958년 영국의 정치가이자 사회학자 마이클 영이 「능력주의 사회의 부상」에서 아리스토크라시(aristocracy)에 상응하는 개념으로 만든 말이다.

국제연합(UN : United Nations) ✦✦✦

국제연맹을 계승한 국제평화기구로, 미국 대통령 프랭클린 루스벨트가 UN의 명칭을 고안하여 1945년 10월 24일에 공식 출범하였다. 매년 10월 24일을 국제 연합의 날로 기념하고 있으며, UN의 본부는 미국 뉴욕에 있다. 평화유지 · 군비축소 · 국제협력 등의 주요 활동을 하며, 주요기구 · 전문기구 · 보조기구로 구성되어 있다. 현재 회원국은 193개국이며, 공용어는 영어 · 불어 · 스페인어 · 러시아어 · 아랍어 · 중국어이다. 우리나라는 1991년 9월 17일 제46차 UN총회에서 북한 다음으로 161번째 회원국으로 가입하였다. 2001년 세계평화에 기여한 공로가 인정되어 전 UN사무총장 코피 아난과 공동으로 노벨평화상을 수상하였다. 우리나라에선 2006년 10월에 반기문이 UN 사무총장으로 임명되어 2007년 1월 1일부터 제8대 UN 사무총장으로서 업무를 수행하였다.

원샷법 ✦✦✦

기업들이 인수합병(M&A) 등 사업 재편을 쉽게 할 수 있도록 상법 · 세법 · 공정거래법 등의 관련 규제를 특별법으로 한 번에 풀어주는 법이다. 정식 명칭은 '기업활력제고를 위한 특별법'이다. 2015년 7월 9일 국회 산업통상자원위원회 소속 이헌재 새누리당 의원이 '기업활력제고를 위한 특별법'제정안을 대표 발의했다. 발의된 제정안은 그동안 지주회사의 선제적 구조조정을 가로막았던 계열사 출자제한 규정 등을 완화하는 내용을 담고 있다. 원샷법 지원 대상은 과잉공급 업종으로 제한된다.

백서 ✦✦

정부가 정치 · 외교 · 경제 등 각 분야에 대해 분석하고 전망하여 그 내용을 국민에게 알리기 위한 보고서이다. 1920년대에 영국 정부가 외교 정책을 알리는 보고서 표지 색에서 비롯되었다.

헌법재판소(憲法裁判所) ✦✦✦

헌법에 관한 분쟁 또는 의의(疑義)를 사법적으로 풀어나가는 재판소로, 1960년 제2공화국 헌법에 헌법재판소 설치가 규정되었으나 무산되고, 1987년 10월 말 공포된 개정 헌법에서 헌법위원회가 헌법재판소로 바뀌어 1988년 최초로 구성되었다. 헌법재판소는 대통령 · 국회 · 대법원장이 각각 3명의 위원을 선임해 9인의 재판관으로 구성되고 대통령이 국회의 동의를 얻어 재판관 중에서 위원장을 임명한다. 헌법재판소는 법원의 제청에 의한 법률의 위헌여부 심판, 탄핵의 심판, 정당의 해산 심판, 국가기관 상호 간과 국가기관과 지방자치단체 간 및 지방자치단체 상호 간의 권한쟁의에 관한 심판, 법률이 정하는 헌법소원에 관한 심판을 담당한다.

상고(上告) ✦

고등법원이나 지방법원 합의부의 제2심 판결에 대하여 억울하게 생각하는 당사자가 그 재판의 확정 전에 대법원에 다시 재판을 청구하는 것을 말한다. 상고심에서는 법심판의 법령위반만을 심사대상으로 하기 때문에 당사자는 법적 평가의 면에 한하여 불복을 신청할 수 있으므로 보통 상고심을 법률심이라고 한다. 상고를 할 수 있는 재판은 원칙적으로 항소심의 종국판결에 한하지만 불항소합의가 있을 때의 비약적 상고(민사소송법), 또는 특수한 사건에서 고등법원이 제1심이 되는 때(행정소송법)에는 예외가 인정되고 있다. 상고를 할 수 있는 자는 원판결의 파기로 이익이 있는 자에 한하며, 상고제소기간은 항소의 경우와 같은 제한이 있다.

PLUS
- 비상상고(非常上告) : 형사소송에서 판결이 확정된 후에 그 사건의 심리가 법령에 위반된 것을 발견한 경우에 한해 검찰총장이 대법원에 불복신청을 하는 제도이다. 이때 피고인의 구제를 주된 목적으로 하지 않으며, 다만 법령의 해석 · 적용의 시정이 주 목적이다.
- 비약상고(飛躍上告) : 형사 또는 민사소송에 있어서 제1심 판결에 대한 항소를 제기하지 않고 직접 상고법원인 대법원에 상소하는 것을 말한다.

인정사망제도(認定死亡制度) ✦✦

수재(水災)나 화재 등 사망확률이 높은 사고의 경우, 시신이 발견되지 않더라도 이를 조사한 관공서가 사망으로 인정하면 별도의 재판 없이 사망신고를 할 수 있도록 하는 제도이다.

데이터 3법 ✦

개인정보 보호법 · 정보통신망법(정보통신망 이용촉진 및 정보보호 등에 관한 법률) · 신용정보법(신용정보의 이용 및 보호에 관한 법률)개정안이다. 데이터 3법은 개인정보보호에 관한 법이 소관 부처별로 나뉘어 있기 때문에 생긴 불필요한 중복 규제를 없애 4차 산업혁명의 도래에 맞춰 개인과 기업이 정보를 활용할 수 있는 폭을 넓히기 위해 마련되었다. 빅 데이터 3법, 데이터경제 3법이라고도 부른다.

PLUS 데이터 3법의 주요 내용

- **개인정보보호법 개정안**: 개인정보 관련 개념을 개인정보, 가명정보, 익명정보로 구분한 후 가명정보를 통계 작성 연구, 공익적 기록보존 목적으로 처리할 수 있도록 허용한다. 가명정보 이용 시 안전장치 및 통제 수단을 마련한다. 행정안전부, 금융위원회, 방송통신위원회 등으로 분산된 개인정보보호 감독기관을 통합하기 위해 개인정보보호위원회로 일원화한다. 개인정보보호위원회는 국무총리 소속 중앙행정기관으로 격상한다.
- **정보통신망법 개정안**: 개인정보 관련 법령이 개인정보보호법, 정보통신망법 등 다수의 법에 중복되어 있고 감독 기구도 행정안전부, 방송통신위원회, 개인정보보호위원회 등으로 나눠져 있어 따른 혼란을 해결하기 위해 마련되었다. 정보통신망법에 규정된 개인정보보호 관련 사항을 개인정보보호법으로 이관한다. 온라인상 개인정보보호 관련 규제 및 감독 주체를 방송통신위원회에서 개인정보보호위원회로 변경한다.
- **신용정보보호법 개정안**: 은행, 카드사, 보험사 등 금융 분야에 축적된 방대한 데이터를 분석 및 이용해 금융상품을 개발하고 다른 산업 분야와의 융합을 통해 부가가치를 얻기 위해 마련되었다. 가명조치한 개인 신용정보로써 가명정보 개념을 도입해 빅 데이터 분석 및 이용의 법적 근거를 명확히 마련한다. 가명정보는 통계작성, 연구, 공익적 기록보존 등을 위해 신용정보 주체의 동의 없이도 이용, 제공할 수 있다.

근저당권 ✦✦

채권자와 채무자 사이에서 일정한 지속적 거래계약으로부터 발생하는 불특정 채권을 장래의 결산기에 있어서 채권 최고액까지 담보하기 위한 저당권을 말한다.

개헌저지선(改憲沮止線) ✦✦✦

국회에서 헌법개정안 통과를 막을 수 있는 정족수로 국회의원 전체의 1/3에 해당한다. 헌법개정안이 가결되려면 국회의원의 2/3 이상의 찬성이 필요하므로 '개헌저지선', 즉 재적의원 1/3이 반대하면 헌법개정안은 의결될 수 없다. 제21대 국회를 기준으로 국회의원 수가 약 300명(비례대표 포함)임을 감안하면 200명 이상이 찬성해야 개헌안을 국민투표에 부칠 수 있다. 따라서 101명이 반대하면 개헌안은 국회에서 부결되는 것이다.

2 경제 · 경영

G20 ✦✦✦

G7을 확대 개편한 세계정제협의기구로, 주요 국제 금융 현안을 비롯하여 특정 지역의 경제위기 재발 방지책 등을 논의하기 위한 선진 · 신흥경제 20개국의 재무장관 및 중앙은행 총재 회의의 모임을 말한다. G7과 한국, 중국, 러시아, 인도, 인도네시아, 호주, 브라질, 멕시코, 아르헨티나, 남아공, 사우디, 튀르키예, EU 의장국, IMF, IBRD, 유럽중앙은행, 국제통화금융위원회(IMFC) 등이 참가한다. G20 정상회의는 본래 경제위기 극복을 위한 한시적 협의기구라는 성격이 강했으나, 제3차 피츠버그 정상회의 이후 세계 경제 문제를 다루는 최상위 포럼으로 격상되었다.

PLUS
- G7 : 서방선진 7개국 간에 매년 정기적으로 개최되는 국제회담으로, 세계경제향방과 각국 간의 경제정책협조 · 조정문제를 논의한다. 1975년 당시 프랑스 대통령인 프랑수아 지스카르 데스탱의 주창으로 시작돼, 두 차례의 석유위기 타개와 냉전종식 후 세계질서 개편 등을 다루면서 국제사회의 최고정책기구로 자리 잡았다. 회원국은 미국 · 독일 · 영국 · 프랑스 · 이탈리아 · 캐나다 · 일본으로 총 7개국이다.
- G8 : G7 + 러시아

톱니 효과(Ratchet Effect) ✦✦✦

관성 효과라고도 부르며 소득이 높았을 때 굳어진 소비 성향이 소득이 낮아져도 변하지 않는 현상을 말한다. 관성 효과가 작용하면 소득이 감소하여 경기가 후퇴할 때 소비 성향이 일시에 상승한다. 소비는 현재의 소득뿐만 아니라 과거의 소득에도 영향을 받고 있어 소비자의 소비지출은 소득과 동반하여 변동하는 것이 아니라 안정적인 경향을 보여 경기후퇴 시에도 빠르게 변동을 보이진 않는다. 이처럼 소비의 상대적 안정성으로 경기가 후퇴하여도 소비가 소득의 감소와 같은 속도로 줄어들지 않게 되어 경기후퇴속도는 상당히 완화된다.

리카도 효과(Ricardo Effect) ✦

일반적으로 호경기 때에는 소비재 수요 증가와 더불어 상품의 가격 상승이 노동자의 화폐 임금보다 급격히 상승하게 되므로 노동자의 임금이 상대적으로 저렴해진다. 이 경우 기업은 기계를 대신하여 노동력을 사용하려는 경향이 발생하는데, 이를 리카도 효과라 한다.

⁂ 소비자 물가지수(CPI : Consumer Price Index) ✦

전국 도시의 일반소비자가구에서 소비 목적을 위해 구입한 각종 상품과 서비스에 대해 그 전반적인 물가수준동향을 측정하는 것이며, 이를 통해 일반소비자가구의 소비생활에 필요한 비용이 물가변동에 의해 어떻게 영향받는가를 나타내는 지표이다.

⁂ 생산자물가지수(PPI : Producer Price Index) ✦

대량 거래로 유통되는 모든 상품의 가격변동을 측정하기 위해 작성된 지수이다. 도매물가지수를 사용해 오다 1990년부터 생산자물가지수로 바뀌었다. 이 지수는 1차 거래단계가격을 대상으로 한다. 국내 생산품은 생산자 판매가격을, 수입품의 경우는 수입업자 판매가격을 기준으로 하고 이것이 불가능할 경우 다음 거래단계인 대량도매상 또는 중간도매상의 판매가격을 이용한다. 소비자 물가지수와 같은 특수목적지수와는 달리 상품의 전반적인 수급동향을 파악할 수 있고 포괄 범위가 넓기 때문에 국민경제의 물가수준측정에 대표성이 가장 큰 지수이다. 한편 생산자물가지수는 기업 간의 중간거래액을 포함한 총거래액을 모집단으로 하여 조사대상품목을 선정하였기 때문에 원재료, 중간재 및 최종재에 해당되는 품목이 혼재되어 있어 물가변동의 중복계상 가능성이 크다고 할 수 있다. 이러한 생산자물가지수의 한계를 보완하기 위하여 한국은행은 '가공단계별 물가지수' 또한 편제해 오고 있다.

⁂ 엥겔의 법칙(Engel's Law) ✦

독일의 통계학자 엥겔(E. Engel)은 가계지출에 대해 음식물비의 비율을 조사한 결과 그 비율의 크기가 생활정도를 나타내는 지표가 된다고 했다. 즉, 소득이 낮은 가정일수록 전체의 생계비에 대한 음식물비의 비율이 높고, 소득의 증가에 따라 음식물비의 비율이 감소하고 문화비의 비율이 증가한다는 것이다.

PLUS 엥겔계수 공식

$$\text{엥겔계수} = \frac{\text{음식물비}}{\text{총생계비}} \times 100$$

⁂ 경제협력개발기구(OECD : Organization for Economic Cooperation and Development) ✦

자유시장경제를 추구하는 나라들이 모여 세계경제의 주요 현안들을 협의해 해결방안을 도출하는 기구이다. 제2차 세계대전 후 유럽의 부흥 및 경제협력을 추진해 온 유럽경제협력기구(OEEC)를 개편하여 1961년 발족되었으며, 재정금융상의 안정 · 고용생활수준의 향상 · 개발도상국의 경제발전 도모 · 세계무역의 다각적 확대 등을 목적으로 한다. 의사결정은 모든 회원국의 만장일치로 하며, 최고기관인 이사회와 각료이사회 및 상주대표회의로 구성되어 있다. 우리나라는 1996년 7월 6일 심사를 통과해 10월 19일 29번째 회원국이 되었다.

✖ 헤지펀드(Hedge Fund) ✦✦✦

국제증권 및 외환시장에 투자해 단기이익을 올리는 민간투자기금을 말한다. 100명 미만의 투자가들을 결성한 후 조세회피 지역으로 위장거점을 두어 자금을 운영하는데, 대표적인 것으로는 소로스의 퀀텀펀드, 로버트슨의 타이거펀드 등이 있다. 모집은 물론이고 투자대상과 실적 등이 베일에 싸여 있어 언제 어디서 투기를 할지 모른다는 점에서 '복병'으로 인식된다.

✖ 다보스 포럼(Davos forum) ✦✦

세계경제포럼 연차총회의 통칭으로 민간 재단이 주최하지만 세계 각국의 정계(政界)·재계(財界)·관계(官界)의 유력 인사들이 모여 공식적인 의제 없이 참가자의 관심분야에 대한 각종 정보를 교환하고 세계경제 발전 방안에 대하여 논의한다. 매년 1 ~2월 스위스의 고급 휴양지인 다보스에서 회의를 하기 때문에 일명 '다보스 회의'라고도 한다. 1971년 독일 출신의 하버드대 경영학교수 클라우스 슈바브(K. Schwab)에 의해 만들어져 독립적 비영리재단 형태로 운영되고 있고 본부는 제네바에 있으며, 기관지 「월드링크(World Link)」를 격월간으로, 「세계경쟁력 보고서」를 매년 발간한다.

✖ 세이프가드(Safe Guard) ✦

수입이 급증해서 국내의 경쟁업계에 중대한 손해를 입히거나 입힐 우려가 있다고 판단되는 경우 발동할 수 있는 긴급 수입 제한 조치이다. GATT(관세 및 무역에 관한 일반 협정)는 원칙적으로 가맹국이 무역에 대한 제한을 가할 수 없다고 금지하고 있지만, 세이프가드는 특례로서 GATT협정 제19조에 규정되어 있다.

✖ 불마켓 ✦✦

황소가 뿔을 하늘을 향해 찌르는 모습처럼, 시장시세의 강세나 강세가 예상되는 경우를 말한다. 최근 저점 대비 20% 이상 상승했을 때를 의미하곤 한다. 강세시장을 예고하는 패턴으로는 장기하락 후의 상승 전환 등이 있다.

 베어마켓 … 곰이 앞발을 아래로 내려치는 모습처럼, 주식시장이 하락하거나 하락이 예상되는 경우를 말한다. 거래가 부진한 약세 시장을 의미한다. 최근 고점 대비 20% 이상 하락하는 경우를 의미한다. 장기간 베어마켓이 진행되는 가운데 일시적으로 단기간에 급상승이 일어나는 경우를 베어마켓랠리(Bear Market Rally)라고 하는데 그 기간은 길지 않은 편이다.

✿ 고객관계관리(CRM : Customer Relationship Management) ◆◆◆

기존 고객의 정보를 분석해서 고객의 특성에 맞는 마케팅을 전개하는 것으로 고객관계관리라고 한다. 전산시스템과 인터넷의 발달로 다양한 고객관리를 할 수 있게 되면서 새로운 마케팅 기법으로 각광 받고 있다. 기업이 고객의 성향과 욕구를 미리 파악해 이를 충족시켜 주고, 기업이 목표로 하는 수익 이나 광고 효과 등 원하는 바를 얻어내는 기법을 말한다. 영화관을 예로 들자면, 회원카드를 통하여 고객이 어떤 영화를 얼마나 자주 보고 언제 보는가를 CRM을 통해 고객의 취향을 파악해, 취향에 맞 는 영화가 개봉될 때를 맞춰 할인쿠폰이나 개봉정보를 알려줄 수 있다. 이 경우 무작위로 정보를 보 내는 것보다 비용과 효과면에서 유리하다.

✿ 고객경험관리(CEM : Customer Experience Management) ◆◆◆

고객은 단순히 가격과 품질만을 검토하여 이성적으로 제품을 구매하는 것이 아니라, 친절한 매장 직 원이나 편리한 주문시스템 같은 감성적 요인으로 구매를 하는 경향이 있다는 측면에서 등장한 고객 관리기법이다.

✿ 레인지 포워드 ◆

불리한 방향의 리스크를 헤지하기 위해 옵션을 매입하고 그에 따른 지급 프리미엄을 얻기 위해 유리한 방향의 옵션을 매도하여 환율변동에 따른 기회이익을 포기하는 전략이다. 환율 변동으로 인해 발생할 수 있는 이익과 손실을 모두 일정 수준으로 제한함으로써 환 리스크는 일정 범위 내로 제한된다.

✿ BCG매트릭스(BCG Matrix)

BCG매트릭스는 컨설팅 전문회사인 'Boston Consulting Group'에 의해 개발된 것으로 기업 경영 전략 수립의 분석도구로 활용된다. 이는 사업의 성격을 단순화, 유형화하여 어떤 방향으로 의사결정 을 해야 할지를 명쾌하게 얘기해 주지만, 사업의 평가요소가 상대적 시장점유율과 시장성장률뿐이어 서 지나친 단순화의 오류에 빠지기 쉽다는 단점이 있다. X축은 상대적 시장점유율, Y축은 시장성장 률을 놓고 각각 높음·낮음의 두 가지 기준을 정한 매트릭스로 구성하여 사업을 4가지로 분류했다.

 PLUS BCG매트릭스 사업의 분류
- Star사업 : 수익과 성장이 큰 성공사업으로 지속적인 투자가 필요하다.
- Cash Cow사업 : 기존 투자에 의해 수익이 지속적으로 실현되는 자금 원천사업으로 시장성장률이 낮아 투자금이 유지·보수에 들어 자금산출이 많다.
- Question Mark사업 : 상대적으로 낮은 시장 점유율과 높은 성장률을 가진 신규사업으로 시장점유율을 높이기 위 해 투자금액이 많이 필요하며, 경영에 따라 Star사업이 되거나 Dog사업으로 전락할 위치에 놓이게 된다.
- Dog사업 : 수익과 성장이 없는 사양사업으로 기존의 투자를 접고 사업철수를 해야 한다.

✖ 애그플레이션 ✦✦

곡물가격 상승이 사회 전반의 물가 상승으로 확산되어 경제위기를 초래할 우려가 있으며, 특히 곡물 자급률이 낮은 나라는 그 위험성이 더욱 커진다. 곡물가격이 상승하는 요인으로는 지구 온난화 등 기상이변으로 인한 공급 감소, 육류 소비 증가에 따른 사료용 곡물 수요 증가, 경작지 감소 등이 있다.

✖ 핀테크 ✦✦✦

금융을 뜻하는 '파이낸스(Finance)'와 기술을 뜻하는 '테크놀로지(Technology)'의 합성어이다. 예금, 대출, 자산관리, 결제, 송금 등 다양한 금융서비스가 IT와 모바일의 기술 발달과 더불어 새로운 형태로 진화하고 있으며, 넓은 의미에서 이러한 흐름에 해당하는 모든 서비스를 핀테크 서비스라고 할 수 있다. 서비스 외에 관련된 소프트웨어나 솔루션, 플랫폼을 개발하기 위한 기술과 의사결정, 위험 관리, 포트폴리오 재구성, 성과 관리, 시스템 통합 등 금융시스템의 개선을 위한 기술도 핀테크의 일부라 할 수 있다.

✖ 매스클루시버티(Massclusivity) ✦✦

대중을 의미하는 'Mass'와 특별함을 의미하는 'Exclusivity'가 합쳐진 개념으로, 자신만을 위한 차별화된 상품이나 서비스를 원하는 소비자의 니즈에 따라 생겨난 용어이다. '매스티지(Masstige)'란 비교적 가격이 저렴하고 대량생산이 가능한 고급 제품, 즉 브랜드 이미지를 갖추며 가치에 합리적인 가격으로 유통되는 것을 말한다. 매스티지가 확산되면서 대중화된 제품에 싫증을 느낀 일부 소비자들은 차별화되고 자신을 위한 특별한 제품이나 서비스를 원하게 되는데 이러한 형상을 '매스클루시버티'라고 한다. '매스클루시버티'는 VVIP 대상으로 1대1 고객상담을 통하여 주문제작하는 방식으로 극소수의 구매층을 공략한다. 고가이기는 하나, 자신만의 니즈를 반영한 개성있는 생산제품으로 주목받고 있는데 이는 패션에만 국한되는 것이 아니라 다른 산업으로까지 확대되고 있다. 고객이 원하는 가치를 중점으로 전자제품, 여행상품 등 다양한 산업분야에서도 활용되고 있다.

✖ M&A(Mergers And Acquisitions) ✦✦

둘 이상의 기업이 하나로 통합하는 기업합병과 기업의 자산이나 주식 획득을 통해 경영권을 확보하는 기업인수의 개념으로, M&A는 주로 주식 확보를 통해 이루어지며, 주식 확보에 쉬운 방법은 기존의 대주주가 가지고 있는 주식을 사들이는 것이다. 우리나라는 1997년 4월 1일부터 주식소유한도가 완전 폐지되어 본격적인 M&A시대로 접어들었다.

✂ 스튜어드십 코드(Stewardship Code) ✦✦✦

연기금과 자산운용사 등 주요 기관투자자들의 의결권 행사를 적극적으로 유도하기 위한 자율지침을 말한다. 기관들도 고객 재산을 선량하게 관리해야 할 의무가 있다는 필요성에 의해 생겨난 용어다. 주요 기관투자자가 주식을 보유하는 데에 그치지는 것이 아니라 투자 기업의 의사결정에 적극 참여해 주주와 기업의 이익을 추구하고, 지속 가능한 성장과 투명한 경영을 이끌어 내는 것이 목적이다.

 PLUS 스튜어드십 코드의 7원칙
- ㉠ 수탁자 책임정책 제정 및 공개
- ㉡ 이해상충 방지정책 제정 및 공개
- ㉢ 투자대상회사 주기적 점검
- ㉣ 수탁자 책임 활동을 위한 내부지침
- ㉤ 의결권 정책 및 행사 내역 공개
- ㉥ 수탁자 책임 활동 주기적 보고
- ㉦ 역량 및 전문성 확보

✂ 린 스타트업(Lean Startup) ✦✦

아이디어를 빠르게 최소요건제품(시제품)으로 제조한 뒤 시장의 반응을 통해 다음 제품 개선에 반영하는 전략이다. 단기간에 제품을 만들고 성과를 측정한 후, 다음 제품 개선에 반영하는 것을 반복하여 성공 확률을 높이는 경영 방법의 일종이다. 시제품을 제조하여 시장에 내놓고 반응을 살피며 수정하는 것이 핵심이다. 일본 도요타자동차의 린 제조(Lean Manufacturing) 방식을 본 뜬 것으로, 미국 실리콘밸리의 벤처기업가 에릭 리스가 개발했다. 린 스타트업은 만들기 → 측정 → 학습의 과정을 반복하면서 꾸준히 혁신해가는 것을 목표로 한다.

✂ 리걸테크(Legal-Tech) ✦

법률과 기술의 결합으로 새롭게 탄생되는 서비스이다. 변호사 검색, 상담 신청, 법령 검색, 업무 처리 등을 도와주는 기술로, 초기에는 법률 서비스를 제공하는 기술이나 소프트웨어를 뜻했지만 최근에는 새로운 법률 서비스를 제공하는 스타트업 · 산업 등으로도 그 의미가 확장되고 있다.

3 사회 · 노동

미닝아웃 ✦✦✦

정치 · 사회적 신념 및 가치관을 소비 행위 등을 통해 표출하는 것을 말한다. 대표적인 수단으로 SNS가 있으며 해시태그 기능을 통해 관심사를 공유하거나 옷이나 가방에 메시지를 담는 등 여러 형태로 나타난다. 서울대 소비트렌드 분석센터의 2018년 대한민국 소비 트렌드로 선정된 바 있다.

장발장 은행(Jeanvaljean Bank) ✦✦

벌금형을 선고받았지만 생활고로 벌금을 낼 수 없는 형편의 취약계층을 돕기 위해 설립된 은행이다. 장발장 은행은 신용조회 없이 무담보 무이자로 벌금을 빌려준다. 대상자는 소년소녀가장, 미성년자, 기초생활보장법상 수급권자와 차상위계층이 우선 대상이며 개인과 단체의 기부로 운영되고 있다.

도넛 현상(Doughnut Pattern) ✦

대도시의 거주지역과 업무의 일부가 외곽지역으로 집중되고 도심에는 상업기관 · 공공기관만 남게 되어 도심은 도넛모양으로 텅 비어버리는 현상이다. 이는 도시 내의 지가 상승 · 생활환경의 악화 · 교통혼잡 등이 원인이 되어 발생하는 현상으로 도심 공동화현상이라고도 한다.

고령사회(高齡社會) ✦✦✦

노령인구의 비율이 높은 수준에서 기복이 없는 안정된 사회를 말하며, 고령화사회(高齡化社會)는 노령인구의 비율이 현저히 높아져 가는 사회를 말한다. 인구의 고령화 요인은 출생률과 사망률의 저하에 있다. 사회가 발전함에 따라 선진국에서는 평균수명이 연장돼 장수하는 노령인구가 늘고 있어 고령에 따르는 질병 · 고독 · 빈곤 등의 사회경제적 대책이 시급한 상황에 이르고 있다. 고령에 대한 정의는 일정치 않는데, 우리나라의 경우 고령자고용법 시행령에서 55세 이상을 고령자, 50 ~ 55세 미만을 준고령자로 규정하고 있다. 우리나라는 지난 2018년 65세 이상 인구가 총인구의 14%를 넘어 고령사회로 진입했다.

PLUS UN이 분류한 고령에 대한 정의

- 고령사회(aged society) : 65세 이상 인구가 총인구를 차지하는 비율이 14% 이상
- 고령화사회(aging society) : 65세 이상 인구가 총인구를 차지하는 비율이 7% 이상
- 초고령사회(post aged society) : 65세 이상 인구가 총인구를 차지하는 비율이 20% 이상

스프롤 현상(Sprawl Phenomenon) ✦✦

도시의 급격한 팽창에 따라 대도시의 교외가 무질서·무계획적으로 주택화되는 현상을 말한다. 교외의 도시계획과는 무관하게 땅값이 싼 지역을 찾아 교외로 주택이 침식해 들어가는 현상으로 토지이용면에서나 도시시설정비면에서 극히 비경제적이다.

J턴 현상 ✦

대도시에 취직한 시골출신자가 고향으로 돌아가지 않고 지방도시로 직장을 옮기는 형태의 노동력 이동을 말한다. U턴 현상에 비해 이 현상은 출신지에서의 고용기회가 적을 경우 나타나는 현상이다.

체크 바캉스 ✦✦

정부와 기업이 직원들의 휴가비를 지원하는 제도를 의미한다. 정부가 발표한 '경제정책방향'에서 민생경제회복을 위한 방안 중 하나로 포함되었으며 이러한 체크 바캉스 제도는 노동자와 기업이 공동으로 여행 자금을 적립하고 정부가 추가 지원해주는 방식으로 운영된다.

어플루엔자(Affluenza) ✦✦

소비지상주의가 만들어낸 현대인의 소비 심리 관련 질병으로, 풍요로워질수록 더 많은 것을 추구하는 현대인의 소비 심리로 인하여 나타나는 스트레스이다. 갑자기 떼돈을 번 사람이 갑작스런 생활환경 변화에 적응하지 못하고 인생의 목표가 사라지면서 정신적인 공황상태에 빠지는 것을 말한다. 무력감, 권태감, 대인기피증 등의 증세를 보이며 낭비 증상까지 수반한다.

그림자 노동(Shadow Work) ✦✦

노동을 했음에도 보수를 받지 못하는 무급 노동을 말한다. 오스트리아 철학자 이반 일리치가 처음으로 언급한 개념으로, 직접 주유하는 셀프 주유소나 보다 저렴하게 상품을 구입하기 위해 정보를 찾는 행위 등이 그림자 노동에 해당한다. 비용을 아낄 수 있지만 자신의 시간을 소비해야 하는 단점이 있지만, 최근 기술 발달로 무인화 시스템이 보급화 되면서 점점 늘어가는 추세이다.

✿ 무리별 분류

구분	내용
슬로비족(Slobbie)	성실하고 안정적인 생활에 삶의 가치를 더 부여하는 사람들을 일컫는다.
니트족(Neet)	교육이나 훈련을 받지 않고 일도 하지 않으며 일할 의지도 없는 청년 무직자를 일컫는다.
좀비족(Zombie)	대기업·방대한 조직체에 묻혀 무사안일에 빠져있는 비정상적인 사람을 일컫는다.
딩크족(Dink)	정상적인 부부생활을 영위하면서 의도적으로 자녀를 갖지 않는 젊은 맞벌이 부부를 일컫는다.
듀크족(Dewks)	아이가 있는 맞벌이 부부를 일컫는다.
딘트족(Dint)	경제적으로 풍족하지만 바쁜 업무로 소비생활을 할 시간이 없는 신세대 맞벌이를 일컫는다.
네스팅족(Nesting)	단란한 가정을 가장 중시하고 집안을 가꾸는 신가정주의자들을 일컫는다.
싱커즈족(Thinkers)	젊은 남녀가 결혼 후 맞벌이를 하면서 아이를 낳지 않고 일찍 정년퇴직해 노후생활을 즐기는 신계층을 일컫는다.
통크족(Tonk)	자식은 있되 자식뒷바라지에 의존하지 않고 취미·운동·여행 등으로 부부만의 생활을 즐기는 계층을 일컫는다.
우피족(Woopie)	자식에게 의지하지 않고 경제적인 여유로 풍요롭게 사는 노년세대를 일컫는다.
예티족(Yettie)	젊고, 기업가적이며, 기술에 바탕을 둔, 인터넷 엘리트를 일컫는다. 20 ~ 30대인 예티족은 민첩하고 유연하며 오직 일에만 전념하여 자신의 상품성을 높이고자 끊임없이 자기 계발을 하는 것이 특징이다.
파이어족(Fire)	경제적 자립을 토대로 자발적 조기 은퇴를 추진하는 사람들을 말한다. 이들은 일반적인 은퇴연령인 50 ~ 60대가 아닌 30대 말이나 늦어도 40대 초반까지는 조기 은퇴의 목표를 가진다. 따라서 20대부터 소비를 줄이고 수입의 70 ~ 80% 이상을 저축하는 등의 극단적 절약을 선택하기도 한다. 파이어족들은 원하는 목표액을 달성해서 부자가 되는 것이 목표가 아니라, 조금 덜 쓰고 덜 먹더라도 자신이 하고 싶은 일을 하면서 사는 것을 목표로 한다.
나우족(Now)	40 ~ 50대에도 건강하고 경제력이 있는 여성들을 일컫는다.
어모털족(Amortal)	'영원히 늙지 않는' 뜻의 영어 단어로, 어모털족은 나이가 숫자에 불과하다고 생각하며 자신이 원하는 나이에 맞게 살아간다. 따라서 나이에 구애받지 않고 자신이 원하는 목표를 이루기 위해 끊임없이 도전하는 사람을 뜻한다. 실제로 시니어 모델이 늘어나며 젊은 사람만 모델을 할 수 있다는 편견이 사라지고 있다.
헬리콥터 엔젤족 (Helicopter Angel)	정년퇴임 후에 가족과의 '공생적 가치'를 중요하게 생각하는 중장년의 남성들 뜻하는 신조어이다. 젊었을 때 가정보다 일을 우선시하던 모습에서 퇴임 후 가족관계 개선을 위해 노력하는 모습을 보인다.
로하스족(LOHAS)	Lifestyles Of Health And Sustainability. 개인의 정신적·육체적 건강 뿐 아니라 환경까지 생각하는 친환경적인 소비를 하는 사람들을 말한다.
코쿠닝족 (Cocooning)	누에고치(cocoon)가 고치를 짓는 것처럼 자신의 활동반경을 축소시키는 현상을 코쿠닝(Cocooning)트렌드라고 하며, 자신만의 안식처에 숨어 여가시간과 휴식을 적극적으로 보내는 사람들을 말한다.
스마드족(smad)	각종 디지털 기기를 활용하여 정보를 신속하게 얻고, 분석하여 현명하게 구매하는 소비자를 말한다.

✷ 국제노동기구(ILO : International Labour Organization) ✦✦

사회정의의 실현과 노동조건의 개선을 목적으로 1919년 베르사유조약에 의해 국제연맹의 한 기관으로 제네바에서 창설되었으며 1946년 12월 유엔 최초의 전문기관으로 발족하였다. 각국의 노동입법, 적절한 노동시간, 임금노동자의 보건·위생에 관한 권고나 그 밖의 지도를 하고 있다. 우리나라는 1991년 12월 9일 151번째로 가입했다.

✷ 슬로 어답터(Slow Adopter) ✦

얼리 어답터와 대비되는 소비계층으로 사용하기 복잡한 제품, 전문성을 필요로 하는 기술을 꺼리며 편리하고 단순한 것을 선호하는 소비계층이다. 이들이 중점적으로 생각하는 것 '실용성'과 '편리성'으로 구매한 제품을 통하여 무엇을 할 수 있는지 생각한다.

✷ 레드 테이프(Red Tape) ✦✦

절차와 규칙을 지나치게 중시하여 번거롭고 불합리한 형식주의를 말한다. 이 용어는 17세기 영국 관청에서 공문서를 붉은 끈으로 묶었던 것에서 유래되었는데, 서류를 끈으로 묶어 보관하기 때문에 공간도 많이 차지할 뿐 아니라 다시 열람하기도 불편했다. 그럼에도 이러한 관행은 오랫동안 지속되어 업무의 효율성을 떨어트렸는데, 현재는 관료제적 일처리의 비효율성을 상징하는 말이 되었다.

✷ 유리천장 지수(Glass Ceiling Index) ✦✦

OECD 회원국을 대상으로 직장 내 여성차별 수준을 평가하여 발표하는 지수이다. 「이코노미스트」는 매년 3월 8일 여성의 날을 맞아 노동시장에서의 성평등 기준을 제공하기 위해 발표하고 있다. 10가지 지표를 가중 평균해 결과를 낸다. 지수가 낮을수록 직장 내 여성차별이 심하다는 의미이다.

✷ 캔슬 컬쳐 ✦✦✦

SNS상에서 자신의 생각과 다르거나 특히 공인이 논란을 불러일으키는 발언 및 행동을 했을 때 팔로우를 취소하고 외면하는 행동을 말한다. 최근 일론 머스크가 가상화폐와 관련하여 자극적인 발언을 하자 지지자들이 공격적으로 돌아선 경우가 그 예시이다. 캔슬 컬쳐는 당초 소수자 차별 문제와 함께 확산된 온라인 문화로, 소수자 차별 발언 혹은 행동을 저지른 이들에게 문제를 지적하고자 '당신은 삭제됐어(You're Canceled)'등의 메시지를 보내고 해시태그(#)를 다는 운동에서 시작됐다.

✿ 운동법칙(Law Of Motion) ✦✦✦

뉴턴이 1687년 「프린키피아」에 발표한 물체의 운동에 관한 기본법칙으로 물체의 질량과 힘의 개념이 세워지면서 고전역학의 기초가 확립되었다.

- 제1법칙(관성의 법칙) : 물체가 원래의 상태를 계속 유지하려는 성질을 관성이라 한다. 즉, 외부로부터 힘을 받지 않는 한 정지상태의 물질은 계속 정지하려 하고, 운동중인 물체는 계속 등속직선운동을 한다는 것이다. 관성의 크기는 질량에 비례한다.
- 제2법칙(가속도의 법칙) : 어떤 물체에 힘을 가하였을 때 생기는 가속도(a)의 크기는 작용하는 힘(F)의 크기에 비례하고 질량(m)에 반비례한다. 즉, $F = ma$이다.
- 제3법칙(작용 · 반작용의 법칙) : 물체에 힘을 작용시키면 원래 상태를 유지하기 위해 물체는 반대방향으로 힘을 작용(반작용)한다. 이와 같은 물체에 힘을 가할 때 나타나는 작용과 반작용은 크기가 같고 방향은 반대이며, 동일직선상에서 작용한다.

> 🪐 **PLUS** 운동법칙 예시
> ㉠ 관성의 법칙 : 정지하고 있던 버스가 갑자기 출발하면 서 있던 사람은 뒤로 넘어진다. 쌓아놓은 나무토막 중 하나를 망치로 치면 그 나무토막만 빠진다.
> ㉡ 가속도의 법칙 : 달리던 버스가 갑자기 정지하면 서 있던 승객은 앞으로 넘어진다. 뛰어가던 사람의 발이 돌부리에 걸리면 넘어진다.
> ㉢ 작용과 반작용의 예 : 포탄이 발사되면 포신이 뒤로 밀린다. 가스를 뒤로 분사하면서 로켓이 날아간다.

✿ 케플러의 법칙(Kepler's Laws) ✦✦

- 제1법칙(타원궤도의 법칙) : 모든 행성은 태양을 중심으로 타원궤도를 그리며 공전한다.
- 제2법칙(면적의 법칙) : 태양과 행성을 연결하는 선분(동경)이 같은 시간에 그리는 면적은 일정하며, 행성의 속도가 근지점에서는 빨라지고 원지점에서는 느려진다.
- 제3법칙(주기의 법칙) : 행성의 공전주기의 제곱은 타원궤도의 긴 반지름의 세제곱에 비례한다. 즉, 태양에 가까운 행성일수록 공전주기가 짧다.

✖ 열의 이동 ✦✦

열은 물체의 고온부에서 저온부로 흐른다. 열의 이동에는 세 가지가 있다.

- 대류(對流) : 열이 유체를 통하여 이동하는 현상으로, 이는 유체의 열팽창으로 인한 밀도변화에 의해 일어나는 물질의 순환운동이다.
- 전도(傳導) : 저온부와 고온부의 온도차에 의해 일어나는 열의 이동현상이다.
- 복사(輻射) : 열이 중간에 다른 물질을 통하지 않고 직접 이동하는 현상을 말한다.

✖ 반도체(半導體) ✦✦✦

물질은 크게 도체, 반도체, 부도체로 나뉜다. 반도체는 불순물의 첨가 유무에 따라 전기전도성이 늘기도 하고, 빛 또는 열에너지에 의한 일시적인 전기전도성을 갖기도 한다. 실리콘, 갈륨비소, 인듐인 등이 있으며 1948년 미국에서 트랜지스터가 개발됐고, 1958년에는 집적회로인 IC가 개발됐다. 전류를 한쪽 방향으로만 흐르게 하고, 그 반대 방향으로는 흐르는 못하게 하는 정류작용의 특성을 갖는 반도체 부품을 다이오드(Diode)라고 하며, 이것이 반도체 소자의 기본이 된다.

- 메모리반도체의 종류

구분	내용
D램	전기를 넣은 상태에서도 일정 주기마다 동작을 가하지 않으면 기억된 정보가 지워지는 휘발성메모리. 빠른 속도로 모바일기기나 PC의 시스템 메모리로 사용
S램	충전없이도 일정 기간 기억내용이 지워지지 않으므로 같은 집적도의 D램보다 고도화된 기술을 필요로 하는 반도체
플래시메모리	D램·S램과 달리 전원 꺼져도 저장정보가 지워지지 않는 비휘발성메모리. 디지털카메라, PDA, MP3플레이어 등에 사용
F램	D램(고집적도), S램(고속동작), 플래시메모리(비휘발성)의 장점만을 모아 제작된 통합메모리. PDA, 스마트폰, 스마트카드 등에 사용

- 집적회로(IC : Integrated Circuit) : 많은 전자회로 소자가 하나의 기판 위에 분리할 수 없는 상태로 결합되어 있는 초소형의 전자소자로 두께 1mm, 한 변이 5mm의 칩 위에 전자회로를 형성시켜 만들며 보통 마이크로칩이라 불린다.

✖ 애그테크(Ag-Tech) ✦

농업과 기술의 융합을 의미한다. 사물인터넷과 빅데이터 등 첨단기술을 이용해 1차 산업인 농업을 혁신한 기업을 '애그테크' 회사라고 하며 가장 큰 범위를 차지하고 있는 분야는 스마트팜이다. 구글 등 IT 대기업이 '애그테크'에 주목하고 있다.

✿ 소셜 커머스(Social Commerce) ✦✦✦

소셜 네트워크 서비스(SNS)를 이용한 전자상거래로, 일정 수 이상의 상품 구매자가 모이면 정해진 할인 가로 상품을 제공·판매하는 방식이다. 2005년 야후의 장바구니 공유서비스인 쇼퍼스피어 사이트를 통해 소개되어, 2008년 미국 시카고에서 설립된 온라인 할인쿠폰 업체인 그루폰(Groupon)이 소셜 커머스의 비즈니스 모델을 처음 만들어 성공을 거둔 바 있다. 일반적인 상품 판매는 광고의 의존도가 높지만 소셜 커머스의 경우 소비자들의 자발적인 참여로 홍보와 동시에 구매자를 모아 마케팅에 들어가는 비용이 최소화되므로, 판매자는 소셜 커머스 자체를 마케팅의 수단으로 보고 있다. 국내에 티켓 몬스터, 쿠팡 등의 업체가 있으며 최근 스마트폰 이용과 소셜 네트워크 서비스 이용이 대중화되면서 새로운 소비 형태로 주목받고 있다.

PLUS 소셜 네트워크 서비스(SNS : Social Network Service) … 웹에서 이용자들이 개인의 정보공유나 의사소통의 장을 만들어 폭넓은 인간관계를 형성할 수 있게 해주는 서비스로 싸이월드, 트위터, 페이스북 등이 있다.

✿ GPS(Global Positioning System) ✦✦✦

자동차·비행기·선박뿐만 아니라 세계 어느 곳에 있더라도 인공위성을 이용하여 자신의 위치를 정확히 파악할 수 있는 시스템으로 위성항법장치라고 한다. GPS수신기로 3개 이상의 위성으로부터 정확한 거리와 시간을 측정, 삼각 방법에 따라 3개의 각각 다른 거리를 계산해 현재의 위치를 나타낸다. 현재 3개의 위성으로부터 거리와 시간 정보를 얻어 1개 위성으로 오차를 수정하는 방법이 널리 쓰이고 있다. GPS는 처음 미국 국방성의 주도로 개발이 시작되었으며, 위성그룹과 위성을 감시·제어하는 지상관제그룹, 사용자그룹의 세 부분으로 구성돼 있다. 이는 단순한 위치정보 뿐만 아니라 항공기·선박의 자동항법 및 교통관제, 유조선의 충돌방지, 대형 토목공사의 정밀 측량 등 다양한 분야에 응용되고 있다.

PLUS 위치기반서비스(Location Based Service) … 위성항법장치나 이동통신망 등을 통해 얻은 위치정보를 기반으로 이용자에게 여러 가지 서비스를 제공하는 서비스 시스템을 말한다.

✿ 유비쿼터스(Ubiquitous) ✦✦

라틴어로 '언제 어디서나 존재한다'는 뜻의 유비쿼터스는 사용자가 네트워크나 컴퓨터를 의식하지 않고 장소에 구애없이 자유로이 네트워크에 접속할 수 있는 정보통신환경을 말한다. 1988년 제록스 팰러앨토연구소의 마크 와이저(M. Weiser)가 처음 제시한 '유비쿼터스 컴퓨팅'이 효시다. 컴퓨터에 어떤 기능을 추가하는 것이 아니라 냉장고·시계·자동차 등과 같이 어떤 기기나 사물에 컴퓨터를 집어넣어 커뮤니케이션이 가능하도록 해주는 정보기술환경을 의미한다.

인포데믹(Infodemic) ✦✦

21세기의 신흑사병이라 불리는 인포데믹은 정보(Information)와 전염병(Epidemic)의 합성어로, 잘못된 정보가 미디어·인터넷 등의 매체를 통해 급속하게 퍼져나가는 것이 전염병과 유사하다는 데서 생겨난 용어이다. 인포데믹은 단순히 소문이 퍼지는 것이 아니라 전문적이고 공식적인 매체는 물론 전화나 메시지 등 비공식 매체 등을 통해 확산된다. 전파되는 속도가 매우 빠르기 때문에 잘못을 바로잡기가 어렵고, 이에 경제 위기나 금융시장의 혼란을 키워 문제가 되고 있다. 속칭 '찌라시'라고 불리는 금융시장에 도는 출처불명의 소문 등이 인포데믹에 속한다.

디지털 워터마크 ✦✦

파일에 대한 저작권 정보(저자 및 권리 등)를 식별할 수 있도록 디지털 이미지나 오디오 및 비디오 파일에 삽입한 비트패턴이다. 워터마크는 편지지의 제작 회사를 나타내기 위하여 희미하게 프린트한 투명무늬를 말한다. 따라서 디지털 워터마크는 디지털 형식으로 되어 있는 지적 재산에 대한 저작권 보호를 제공하기 위한 목적으로 삽입한다. 의도적으로 어느 정도까지는 볼 수 있도록 만든 프린트 워터마크와는 달리, 디지털 워터마크는 완전히 안 보이게(저작물이 오디오인 경우에는 안 들리게) 설계된다. 게다가 워터마크를 나타내는 실제 비트들은 확인할 수 있거나 조작되지 않도록 파일 전체에 걸쳐 퍼져 있어야 한다.

베이퍼웨어(Vaporware) ✦✦

증기제품이라는 뜻으로 글자 그대로 증기처럼 발매 일자를 정확히 알 수 없거나 아직 개발되지 않은 가상의 제품을 말한다. 판매 계획이나 배포 계획은 발표되었으나 실제로 고객에게는 판매, 배포되지 않는 기존의 하드웨어, 소프트웨어가 아닌 미래의 제품을 따로 지칭하기 위해 만든 신조어이다. 베이퍼웨어는 사용자들이 경쟁사의 제품을 손쉽게 구입하지 못하도록 하기위해서 공식적으로 발표하기도 한다.

CPO ✦

개인정보 보호최고책임자·최고프라이버시책임자라고도 하며 사이버보안관이라는 별칭도 있다. 기업의 법률·인사·정보기술·영업·마케팅 부서 등에 개인정보를 관리하는 직책이 있지만, 인터넷의 발달로 개인정보 전담자가 필요해져 생겨난 신종 전문가이다. 정부의 사생활 보호규정과 법률에 위반되는 정책을 찾아내 수정하며, 해킹 등 사이버범죄로부터 회원정보를 지켜내기 위한 안전장치를 마련하는 등의 업무를 한다. 개인정보 보호를 위한 교육 자료를 제공하기도 하고 표준개발 작업에도 참여한다.

❇ 저전력 메쉬네트워크 ✦✦

관리가 쉽지 않은 열악한 환경에서 온도, 습도 등의 환경을 감지하는 수많은 센서의 정보를 비교적 가까운 거리에 전달하기 위한 통신기술을 말한다. 거리의 제약을 없애기 위해 디바이스가 다른 디바이스의 정보를 전달해 주는 기능을 가지고 있다.

❇ 하기아 소피아 ✦

비잔틴 제국의 유스티니아누스 황제가 537년 콘스탄티노플(이스탄불)에 건립한 대성당이다. 거대한 중앙부 돔은 지름이 약 32.6미터에 이르며, 돔의 높이는 약 54미터에 달한다. 돔 하단부에 40개의 창이 나 있어 햇빛이 들어오면 아래에서 볼 때에 마치 돔이 공중에 떠 있는 것처럼 보인다. 그리스어로 "신성한 지혜의 교회"라는 의미의 하기아 소피아는 본래는 교회였으나 1453년 모스크로, 1935년에는 박물관으로 개방되어 이스탄불의 주요 관광지 중 하나가 되었다. 그러나 2020년 7월 튀르키예 대통령 레제프 타이이프 에르도안이 하기아 소피아를 모스크로 전환하였고, 대통령 대변인은 하기아 소피아 내에 그려진 정교회 모자이크화는 예배 시간에는 가림막으로 일부 가려질 것이며, 예배 시간 외에는 온전히 공개될 것이라고 하였다. 1934년 이후 86년 만에 처음으로 이슬람교 금요 예배가 거행되었다.

❇ 데이터 댐 ✦✦

데이터 수집 · 가공 · 거래 · 활용기반을 강화하여 데이터 경제를 가속화하고 5세대 이동통신(5G) 전국망을 통해서 5세대 이동통신(5G) · 인공지능 융합 확산하는 것을 말한다. 데이터 경제 가속화와 5G와 인공지능의 융합을 확대시키는 계획이다.

 데이터 댐 주요 제도

- 분야별 빅데이터 플랫폼 확대, 공공데이터 14.2만 개 신속 개방, 인공지능 학습용 데이터 1,300종 구축 등 데이터 확충
- 5세대 이동통신(5G)망 조기구축을 위한 등록면허세 감면 · 투자 세액 공제 등 세제지원 추진
- 실감기술(VR, AR 등)을 적용한 교육 · 관광 · 문화 등 디지털콘텐츠 및 자율차 주행 기술 등 5세대 이동통신(5G) 융합서비스 개발
- 스마트공장 1.2만 개, 미세먼지 실내정화 등 인공지능 홈서비스 17종 보급, 생활밀접 분야 「AI+X 7대 프로젝트」추진
- 분산되어 있는 도서관 데이터베이스, 교육 콘텐츠, 박물관 · 미술관 실감콘텐츠 등을 연계하여 통합검색 · 활용 서비스 제공하는 디지털 집현전이 있다

❇ 6G ✦✦✦

5세대 이동통신 이후의 표준 무선통신 기술로, 현재 5G보다 최대 50배 빠른 차세대 통신기술이다. 6G 통신기술을 두고 미국을 포함한 세계 주요국들이 각축전을 벌이고 있는 가운데, 한국은 2020년 '6G 시대 선도를 위한 미래 이동통신 연구개발 추진전략'을 발표했다. 5년간 2,147억 원의 예산을 들여 지원하기로 했으며, 이에 SKT, KT, LG 등 이동통신사 3사를 비롯하여 삼성전자, KAIST 등 37개 공동연구기관이 '6G 핵심기술개발사업'에 참여한다.

PLUS 이동통신 세대별 비교

구분	1G(1세대)	2G(2세대)	3G(3세대)	4G(4세대)	5G(5세대)
주요 콘텐츠	음성통화	문자메시지	화상통화, 멀티미디어 문자	데이터 전송 및 실시간 동영상 스트리밍	VR, AR, 홀로그램, 자율주행
전송 속도	14.4kbps	144kbps	14Mbps	75Mbps ~ 1Gbps	20Gbps 이상
상용화	1984년	2000년	2006년	2011년	2019년
무선기술	AMPS	CDMA	WCDMA	WiMax/LTE	NR

✿ 필터버블 ✦✦✦

엘리 프레이저의 「생각 조종자들」에서 처음 등장한 단어이다. 이용자의 관심사에 맞춰져서 맞춤형 정보만이 제공되어 편향적인 정보에 갇히는 현상이다. 아마존에서는 이용자의 취향과 기호에 따라서 책을 추천하는 방식으로 호평을 받았다. 광고업체에서도 유용하게 사용하는 정보로 사용자가 관심을 가질 것 같은 광고를 선정하여 추천한다. 스마트폰에 담겨진 개인의 정보들로 데이터 분석이 가능해 지면서 추천이 개인화가 가능하다. 개인화된 정보를 통해 맞춤뉴스와 정보들을 서비스하면서 구입율 과 접근성을 높여준다. 최근에는 원하는 정보에만 접근하면서 다양한 의견을 확인하지 못하여 고정관 념과 편견을 강화시키는 위험성도 존재한다.

✿ 로맨스 스캠 ✦✦✦

위장한 신분이나 외모, 재력 등으로 이성에게 호감을 표시하고 신뢰감을 형성한 뒤에 각종 이유로 금전을 요구하는 이 로맨스 스캠은 2018년부터 본격적으로 성행하기 시작했다. 보통 상대방이 교제 하는 사람이 없는 것을 확인한 후 칭찬이나 관심으로 신뢰관계를 형성한 후 거절하기 어려운 부탁을 하여 금전을 요구한다. 전 세계적인 문제가 되어 미국 FBI도 직접 피해를 경고하고 나설 정도이며, 로맨스 스캠 피해자를 지원하는 단체 romancescam.org도 생겨났다. 미국 포브스에 따르면 이 단체 에 속한 회원(5만 9천명)가운데 1,813명이 보고한 손실액만 약 277억 원이라고 밝혔으며(2018년 기 준) FBI는 2016년 미국에서만 1만 5천여 명의 피해자 피해액이 2,500억 원 이상이라고 밝혔다.

PLUS 대전지방경찰청이 당부하는 로맨스 스캠 피해 예방법은 다음과 같다.
- SNS에서 무분별한 친구 추가 자제
- 해외 교포, 낯선 외국인과의 인터넷상에서 교제는 신중히
- 인터넷상만으로 교제(연락)하는 경우, 부탁을 가장한 요구에 입금 금지
- 상대방이 선물 발송 빙자로 인한 배송업체 사이트 URL 접속 지양

5 문화 · 예술 · 스포츠

세계문화유산목록(世界文化遺産目錄) +++

국제연합 교육과학문화기구(유네스코)가 보존활동을 벌이는 문화유산과 자연유산의 목록이다. 세계유산목록이 만들어지게 된 것은 1960년 이집트의 아스완댐 건설로 누비아유적이 수몰위기에 빠지자 세계적으로 인류유산보호에 대한 여론이 제기되면서부터이다. 유네스코는 1972년 세계유산협약을 채택, 세계의 문화유산과 자연유산을 보호하기 시작했다. 이 협약에 근거해 설립된 정부간 기구인 세계유산위원회는 세계유산목록을 만들어 이들 유산보존활동을 활발히 벌이고 있다.

PLUS
- 세계기록유산 : 유네스코가 세계적인 가치가 있다고 지정한 귀중한 기록유산으로, 1995년 선정기준 등을 마련하여 1997년부터 2년마다 국제자문위원회(IAC : International Advisory Committee)의 심의 · 추천을 받아 유네스코 사무총장이 선정한다. 기록유산은 단독 기록 또는 기록 모음일 수도 있으며, 기록을 담고 있는 정보나 그 기록을 전하는 매개물일 수도 있다. 세계유산 및 세계무형유산과는 구별되어 별도로 관리한다.
- 세계무형유산 : 2001년 인류 문화의 다양성과 창의성을 존중하기 위해 유네스코에서 제정한 제도로, 전 세계의 전통 춤, 연극, 음악, 놀이, 의식 등 구전(口傳)되는 문화재나 무형문화재 가운데 보존 가치가 있는 것을 선정한다. 정식명칭은 인류무형유산이다.
- 우리나라 유산 등록 현황

구분	내용
세계유산	해인사 장경판전(1995년), 종묘(1995년), 석굴암 · 불국사(1995년), 창덕궁(1997년), 수원 화성(1997년), 고창 · 화순 · 강화 고인돌 유적(2000년), 경주역사유적지구(2000년), 제주 화산섬과 용암동굴(2007년), 조선왕릉(2009년), 한국의 역사마을 : 하회와 양동(2010년), 남한산성(2014년), 백제역사유적지구(2015년), 산사, 한국의 산지승원(2018년), 한국의 서원(2019년), 한국의 갯벌(2021년), 가야고분군(2023년)
무형문화유산	종묘제례 및 종묘제례악(2001년), 판소리(2003년), 강릉단오제(2005년), 강강술래(2009년), 남사당놀이(2009년), 영산재(2009년), 제주칠머리당 영등굿(2009년), 처용무(2009년), 가곡(2010년), 대목장(2010년), 매사냥(2010년, 공동등재), 줄타기(2011년), 택견(2011년), 한산모시짜기(2011년), 아리랑(2012년), 김장문화(2013년), 농악(2014년), 줄다리기(2015년 공동등재), 제주해녀문화(2016년), 한국의 전통 레슬링(씨름)(2018년), 연등회(2020년), 한국의 탈춤(2022년), 한국의 장 담그기 문화(2024년)
세계기록유산	훈민정음(1997년), 조선왕조실록(1997년), 직지심체요절(2001년), 승정원일기(2001년), 해인사 대장경판 및 제경판(2007년), 조선왕조의궤(2007년), 동의보감(2009년), 일성록(2011년), 5.18 민주화운동 기록물(2011년), 난중일기(2013년), 새마을운동 기록물(2013년), 한국의 유교책판(2015년), KBS 특별생방송 '이산가족을 찾습니다'기록물(2015년), 조선왕실 어보와 어책(2017년), 국채보상운동기록물(2017년), 조선통신사 기록물(2017년), 4.19 혁명기록물(2023년), 동학농민혁명기록물(2023년)

�֍ 국보(國寶) · 보물(寶物) ✦

국가가 지정하는 문화재는 국보, 보물, 중요민속자료, 사적 및 명승, 천연기념물, 중요무형문화재로 분류할 수 있다. 보물은 유형문화재 중 중요도가 높은 것을 선정하는 것으로 문화재청장과 문화재위원회의 심의를 거친다. 보물에 해당하는 문화재 중 인류문화의 관점에서 볼 때 역사적, 학술적, 예술적 가치가 크고 그 시대를 대표하거나 제작기술이 특히 우수하여 그 유래가 드문 것을 국보로 정한다. 2021년부터는 「문화재보호법 시행령」과 「문화재보호법 시행규칙」의 개정으로 인하여 국가지정 · 국가등록문화재를 표기할 때 표기했던 지정번호를 표기하지 않는다.

구분	내용
국보	숭례문, 원각사지 십층석탑, 신라 진흥왕 순수비, 고달사지 승탑, 법주사 쌍사자 석등 등
보물	흥인지문, 보신각 동종, 대원각사비, 중초사지 담간지주, 고달사지 원종대사탑비 등
사적	포석정지, 봉황동 유적, 수원 화성, 부여 가림성, 부여 부소산성, 경주 황룡사지 등
천연기념물	측백나무 숲, 재동 백송, 조계사 백송, 크낙새 서식지, 노원리 왜가리 번식지 등

✖ 세계 3대 영화제 ✦✦✦

베니스, 칸, 베를린 영화제를 말하는 것으로 세계 4대 영화제라고 할 경우 모스크바영화제를 포함한다. 베니스영화제가 가장 오랜 역사를 지녔지만, 일반적으로 칸영화제를 가장 권위 있는 영화제로 생각한다.

✖ 맥거핀 효과(macGuffin effect) ✦

영화에서 중요한 것처럼 등장하지만 실제로는 줄거리에 영향을 미치지 않는 극적 장치를 뜻하는 말로, 영화의 전개와는 무관하지만 관객들의 시선을 집중시켜 의문이나 혼란을 유발하는 장치 또는 구성상의 속임수를 의미하며 연극이나 극에서의 복선과 반대되는 의미이다.

✖ 오페라(Opera) ✦✦✦

가극(歌劇)으로 음악적인 요소는 물론 대사를 통한 문학적 요소, 연극적 요소, 무대 · 의상 등의 미술적 요소들이 종합된 대규모의 종합무대예술이다. 레시터티브 · 아리아 · 중창 등으로 구성되어 있다. 관현악은 반주뿐만 아니라 서곡 · 간주곡 · 종곡 등을 연주한다. 대표적 작품으로는 모차르트의 피가로의 결혼 · 돈지오반니, 베르디의 아이다 · 리골레토 · 춘희, 푸치니의 토스카 · 라보엠, 비제의 카르멘 등을 들 수 있다.

> 🪐 PLUS
> • 오페라 부파(opera buffa) : 경쾌한 음악을 주로 하고 중창이 많으며, 익살과 풍자적인 줄거리를 가진 오페라이다.
> • 오페라 코미크(opera comique) : 대사를 넣은 가극으로, 비제의 카르멘과 같이 비극적인 계통도 포함된다.

✖ 마리아치(Mariachi) ✛

멕시코의 전통음악, 이를 연주하는 악단, 분위기, 춤 등을 가리키는 것으로 멕시코 문화의 근간을 이룬다. 전통적인 마리아치 그룹은 2인 이상으로 구성되며 지역의 전통의상, 차로(Charro)의상을 입고 연주한다. 현대적 마리아치 그룹은 보통 트럼펫과 바이올린, 기타, 비올라, 기타론으로 4명 이상의 연주자로 구성된다. 유래 지역의 정체성을 이루는 것으로 인정받고 있으며 마리아치의 레퍼토리도 매우 광범위하다. 코리도(전쟁 이야기, 업적, 사랑 등을 노래하는 멕시코 민요)와 전원생활을 묘사한 노래 외에도 하라베(Jarabe), 미뉴에트, 폴카 등 다양한 음악이 연주된다. 현대적 마리아치 음악은 란체라, 볼레로 란체로 등 다른 장르의 요소도 해석하여 연주하는데, 마리아치의 가사는 대지에 대한 사랑, 고향, 고국, 종교, 자연, 동포, 국력 등을 묘사한다. 직접 노래를 듣고 배우는 것이 전통적인 마라아치의 가장 중요한 전승 방법이다. 대개는 아버지로부터 그 아들에게로, 축제나 종교 · 민간 행사의 공연을 통해서 전승되고 있다. 해외에 거주하는 이주민 혹은 후손들은 물리적 거리와는 상관없이 자신들의 정체성을 대표하는 상징으로 삼고 있다. 마리아치 음악은 스페인어와 멕시코 서부의 다양한 원주민 언어로 전승하고 있으며, 2011년에 세계문화유산에 등재되었다.

✖ 빠르기 말 ✛✛

곡 전체 또는 한 부분을 얼마나 빠르게 연주해야 하는가를 나타내기 위하여 사용하는 문자이다. 이와 구분하여 빠르기를 숫자로 표현한 것을 빠르기 표 또는 메트로놈 기호라고 한다.

매우 느리게	느리게	조금 느리게	보통 빠르게	조금 빠르게	빠르게	매우 빠르게
largo (라르고)						vivo (비보)
lento (렌토)	andante (안단테)	andantino (안단티노)	moderato (모데라토)	allegretto (알레그레토)	allegro (알레그로)	vivace (비바체)
adagio (아다지오)						presto (프레스토)

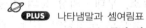

PLUS 나타냄말과 셈여림표

• **나타냄말** : 곡의 전체 또는 일부의 성격이나 표정을 표시하기 위하여 여러 가지 말을 이른다. affettuoso(애정을 담아), conanima(활기있게), appassionato(열정적으로), cantabile(노래하듯이), dolce(부드럽게), elegante(우아하게), energico(정력적으로) 등이 있다.

• **셈여림표** : 강약기호라고도 하며 악곡의 부분 또는 전반에 걸친 음의 셈과 여림의 정도를 나타낸다. 피아니시모(pp, 매우 여리게), 피아노(p, 여리게), 메조피아노(mp, 조금 여리게), 메조포르테(mf, 조금 세게), 포르테(f, 세게), 포르티시모(ff, 매우 세게), 크레셴도(Cresc, 점점 세게), 디크레셴도(Decresc, 점점 여리게), 스포르찬도(sf, 특히 세게), 포르테피아노(fp, 세게 곧 여리게) 등이 있다.

✽ 관현악(orchestra) ✦✦✦

현악기·관악기·타악기로 연주하는 규모가 가장 큰 연주형태로, 목관악기의 수에 따라 규모의 크기를 결정한다. 2관 편성 시 60 ~ 70명, 4관 편성 시에는 100명 정도가 필요하다.

• 악기의 분류

구분	정의	종류
금관악기	금속으로 만든 관악기	호른, 트럼펫, 트롬본, 튜바 등
목관악기	목질의 관으로 된 악기	플루트, 오보에, 클라리넷, 바순, 색소폰, 대금 · 중금 · 소금 · 피리 · 퉁소 · 단소 등
현악기	현을 활용하여 음을 내는 악기	바이올린, 비올라, 첼로, 콘트라베이스, 하프, 거문고, 가야금, 우쿨렐레, 만돌린 등
타악기	손이나 채 등으로 두드려서 소리를 내는 악기	음정이 있는 것 : 비브라폰, 실로폰, 마림바, 벨, 팀파니
		음정이 없는 것 : 큰북, 작은북, 심벌즈, 트라이앵글, 탬버린, 캐스터네츠 등
건반악기	건반을 지닌 악기의 총칭	피아노, 첼레스타, 오르간, 아코디언 등

• 기악의 연주 형태 : 독주는 혼자서 악기를 연주하는 것이고, 중주는 두 사람 이상이 각기 다른 종류의 악기를 연주하는 것이다.

구분	종류		구분	종류	
2중주	바이올린-피아노, 첼로-피아노, 플루트-피아노, 클라리넷-피아노 등		4중주	피아노 4중주	피아노, 바이올린, 비올라, 첼로
				현악 4중주	제1, 2바이올린, 비올라, 첼로
				목관 4중주	플루트, 오보에, 클라리넷, 바순
3중주	피아노 3중주	피아노, 바이올린, 첼로	5중주	피아노 5중주	피아노, 제1, 2바이올린, 비올라, 첼로
	현악 3중주	바이올린, 비올라, 첼로		현악 5중주	제1, 2바이올린, 비올라, 첼로, 더블베이스
	클라리넷 3중주	클라리넷, 바이올린, 피아노		목관 5중주	플루트, 오보에, 클라리넷, 바순, 호른

❈ 올림픽경기대회(Olympic Games) ✦ ✦ ✦

국제올림픽위원회(IOC)가 4년마다 개최하는 국제스포츠대회이다. 본래 올림픽 경기는 고대 그리스인들이 제우스신에게 바치는 제전(祭典) 성격의 경기로 종교, 예술, 군사훈련 등이 일체를 이룬 헬레니즘 문화의 결정체다. 고대올림픽은 정확히 언제부터 시작되었는지 알 수 없지만, 문헌상의 기록을 근거로 통상 B.C. 776년을 원년으로 본다. 이후 1,200여 년 동안 계속되다가 그리스가 로마인의 지배를 받으면서 약 1,500년 동안 중단되었던 고대올림픽 경기는 프랑스의 피에르 쿠베르탱의 노력으로 1894년 6월 23일 파리의 소르본 대학에서 열린 국제스포츠대회에서 근대올림픽으로 시작되었다. 1896년 '인류평화의 제전'이라는 거창한 구호를 걸고 그리스의 아테네에서 개최된 제1회 대회는 참가자가 13개국, 311명으로 매우 작은 규모였으며, 올림픽이 국제대회로서 면모를 갖춘 것은 1908년 제4회 런던대회 때부터라고 볼 수 있다. 런던 올림픽에서 각국이 처음으로 국기를 앞세우고 참가하였으며 경기규칙 제정, 본격적인 여자경기종목 채택, 마라톤 코스의 확정 등의 체계가 갖추어졌다. 오늘날 세계 각국의 스포츠인들은 근대올림픽이 창설된 6월 23일을 '올림픽의 날'로 정하여 기념하고 있다. 우리나라는 1988년 제24회 서울올림픽과 2018년 평창 동계올림픽이 개최된 바 있다.

 올림픽

- 올림픽 표어 : '보다 빠르게(Citius), 보다 높게(Altius), 보다 힘차게(Fortius)'로 프랑스의 디동 신부가 제창하고 1926년 IOC가 정식으로 채택하였다.
- 오륜기 : 흰 바탕에 왼쪽부터 파랑, 노랑, 검정, 초록, 빨강의 5색 고리를 위 3개, 아래 2개로 엮은 모양이다. 쿠베르탱이 창안하여 1914년의 IOC 창립 20주년 기념식전에 처음으로 선보였으며, 동그란 5개의 고리는 5개의 대륙을 상징한다.
- 동계올림픽 : 4년마다 개최되는 국제겨울스포츠대회로 1924년 프랑스 샤모니에서 최초로 열렸다. 겨울 스포츠가 눈 또는 얼음 위에서 열린다는 것이 특징이며, 그 종목으로 알파인 스키, 바이애슬론, 봅슬레이, 크로스컨트리, 컬링, 피겨 스케이팅, 프리스타일 스키, 아이스하키 등이 있다. 우리나라에서는 2018년 평창 동계올림픽이 개최되었다.
- 차기 올림픽 개최 예정지

구분	연도	개최 예정지
하계	2024	프랑스 파리
	2028	미국 LA
동계	2022	중국 베이징
	2026	이탈리아 밀라노, 코트리나담페초

❈ 4대 메이저대회 ✦ ✦ ✦

골프나 테니스 분야에서 세계적으로 권위를 인정받고 있으며 상금액수도 큰 4개의 국제대회를 일컫는 용어이다. 골프의 4대 메이저 대회는 마스터골프대회, US오픈골프선수권대회, 브리티시오픈, 미국PGA선수권대회를 말하며 여자골프 4대 메이저 대회는 크래프트나비스코챔피언십, 맥도날드LPGA 챔피언십, US여자오픈, 브리티시여자오픈이 해당한다. 4대 메이저 테니스 대회는 호주오픈, 프랑스오픈, 윔블던, US오픈을 포함한다.

메이저리그(MLB : Major League Baseball) ✦✦✦

미국 프로야구의 아메리칸리그(American League)와 내셔널리그(National League)를 합쳐서 부르는 말로, '빅 리그'라고도 한다. 아메리칸리그 소속 15개 팀과 내셔널리그 소속 15개 팀이 각각 동부·중부·서부지구로 나뉘어 정규 시즌을 치른다.

세계피겨스케이팅 선수권대회(World Figure Skating Championships) ✦✦

국제빙상경기연맹(ISU : International Skating Union)이 주관하는 피겨스케이팅의 국제대회이다. 이 대회는 피겨스케이팅에서 올림픽과 더불어 ISU가 주최하는 국제대회 중 가장 비중이 높은 대회이며 종목은 남녀 싱글, 페어, 아이스댄싱의 네 가지로 구성되어 있다. 매년 시즌이 마무리되는 3 ~ 4월경에 열리며 2025년 대회는 미국 보스턴에서 개최된다.

패럴림픽(Paralympic) ✦ ✦

신체장애자들의 국제경기대회로서 장애자 올림픽이라고도 한다. 'paraplegia'와 'olympic'의 합성어로, 정식으로는 1948년 휠체어 스포츠를 창시한 영국의 신체장애자의료센터 소재지의 이름을 따 국제 스토크 맨데빌 경기대회(International Stoke Mandeville Games for the Paralysed)라 한다. 1952년부터 국제경기대회로 발전하여 4년마다 올림픽 개최국에서 개최된다. 전 세계에 코로나 바이러스 전염으로 인한 팬데믹 사태로 2020 도쿄 올림픽이 1년 연기되면서 2020 도쿄 패럴림픽도 함께 1년 연기되며 2021년 8월 24일 개최되었다.

 차기 패럴림픽 개최 예정지

구분	연도	개최 예정지
하계	2024	17회 프랑스 파리
	2028	18회 미국 LA
동계	2022	13회 중국 베이징
	2026	14회 이탈리아 밀라노, 코트리나담페초

드래프트시스템(draft system) ✦✦

신인선수를 선발하는 제도로, 일정한 기준아래 입단할 선수들을 모은 뒤 각 팀의 대표가 선발회를 구성하여 일괄적으로 교섭하는 방법이다. 우수선수를 균형 있게 선발해 각 팀의 실력평준화와 팀 운영의 합리화를 꾀하는 데 목적이 있다.

✿ 선사시대의 비교 ✦✦✦

시대	구석기	신석기	청동기	철기
연대	약 70만 년 전	약 8000년 전	BC 15 ~ 13세기경	BC 4세기경
경제	수렵·채집·어로	농경 시작 조·피·수수 등	벼농사 시작 사유재산 발생	철제 농기구로 생산력 증대
사회	무리생활	씨족 단위의 부족사회 계급 없는 평등사회	군장사회의 출현 계급의 발생	연맹국가
유물	동물뼈, 석기류, 인골	간석기, 토기(이른민무늬토기, 덧무늬토기, 빗살무늬토기)	민무늬토기, 반달돌칼, 비파형동검 등	검은간토기, 덧띠토기, 거푸집, 세형동검, 잔무늬거울
유적	• 웅기 굴포리 • 상원 검은모루 • 공주 석장리 • 연천 전곡리 등	• 웅기 굴포리 • 부산 동삼동 • 서울 암사동 • 봉산 지탑리 등	고인돌, 돌무지무덤, 돌널무덤 등	돌무지무덤, 돌널무덤, 독무덤, 널무덤 등

✿ 8조법(八條法) ✦

고조선 사회의 기본법으로, 「한서지리지」에 기록되어 있다. 살인·상해·절도죄를 기본으로 하는 이 관습법은 족장들의 사회질서유지 수단이었으며, 동시에 가부장 중심의 계급사회로서 사유재산을 중히 여긴 당시의 사회상을 반영하고 있다. 그 내용 중 전하는 것은 '사람을 죽인 자는 사형에 처한다, 남에게 상해를 입힌 자는 곡물로 배상한다, 남의 물건을 훔친 자는 노비로 삼고 배상하려는 자는 50만 전을 내야 한다' 등 3조이다.

✖ 여러 부족의 성장 ✦

구분	부여	고구려	옥저 · 동예	삼한
정치	5부족 연맹체(왕 · 4출도), 1책 12법	5부족 연맹체(왕 · 대가), 제가회의(군장회의)	읍군 · 삼로(군장)	제정분리 : 군장(신지 · 견지 · 읍차 · 부례), 제사장(천군)
풍속	우제점법, 형사취수, 순장의 풍습	데릴사위제	• 옥저 : 민며느리제, 가족공동장 • 동예 : 책화, 족외혼	벼농사 발달(저수지 축조), 낙랑 · 일본 등에 철 수출
경제	반농반목, 말 · 주옥 · 모피 등의 특산물	약탈경제 → 부경(창고)	• 농경발달, 해산물 풍부 • 단궁, 과하마, 반어피 (동예)	두레조직을 통해 공동작업
제천행사	영고(12월)	동맹(10월)	무천(동예, 10월)	수릿날(5월), 절제(10월)

✖ 골품제도(骨品制度) ✦✦

신라의 신분제로, 성골 · 진골 · 6두품 등이 있었다. 성골은 양친 모두 왕족인 자로서 28대 진덕여왕까지 왕위를 독점 세습하였으며, 진골은 양친 중 한편이 왕족인 자로서 태종무열왕 때부터 왕위를 세습하였다. 골품은 가계의 존비를 나타내고 골품 등급에 따라 복장 · 가옥 · 수레 등에 여러 가지 제한을 두었다.

✖ 사심관제도(事審官制度) ✦✦✦

고려 태조의 민족융합정책의 하나로, 귀순한 왕족에게 그 지방정치의 자문관으로서 정치에 참여시킨 제도이다. 신라 경순왕을 경주의 사심관으로 임명한 것이 최초이다. 사심관은 부호장 이하의 향리를 임명할 수 있으며, 그 지방의 치안에 대해 연대책임을 져야 했다. 결국 지방세력가들을 견제하기 위한 제도라고 볼 수 있다.

✖ 장생고(長生庫) ✦

고려 때 사원에 설치한 서민금융기관이다. 사원전에서 수확된 대부분을 자본으로 하여 민간경제의 융통을 기하는 동시에 사원 자체의 유지 · 발전을 꾀하였으나, 점차 고리대금의 성격으로 변하였다. 이로 인하여 불교 자체의 질적 저하를 가져왔으며, 귀족들의 부를 증대시켰다.

묘청의 난 ✦✦✦

고려 인종 13년(1135)에 묘청이 풍수지리의 이상을 표방하고, 서경으로 천도할 것을 주장하였으나 유학자 김부식 등의 반대로 실패하자 일으킨 난이다. 관군에 토벌되어 1년 만에 평정되었다. 신채호는 '조선역사상 1천 년 내의 제1의 사건'이라 하여 자주성을 높이 평가하였다.

과전법(科田法) ✦✦

고려 말 이성계일파에 의하여 단행된 전제개혁으로 공양왕 3년(1391)에 전국의 토지를 몰수한 후 경기토지에 한하여 전직 · 현직 문무관에게 사전(私田)을 지급하였다. 이것은 세습할 수 없었고, 나머지는 모두 공전(公田)으로 하였다.

노비안검법(奴婢按檢法) ✦✦

고려 광종 7년(956) 원래 양인이었다가 노비가 된 자들을 조사하여 해방시켜 주고자 했던 법으로, 귀족세력을 꺾고 왕권을 강화하기 위한 정책적 목적으로 실시되었다. 그러나 후에 귀족들의 불평이 많아지고 혼란이 가중되어 노비환천법이 실시되었다.

PLUS 노비환천법(奴婢還賤法) … 노비안검법의 실시로 해방된 노비 중 본주인에게 불손한 자를 다시 노비로 환원시키기 위해 고려 성종 때 취해진 정책이다.

대동법(大同法) ✦✦

17세기 초 이원익, 한백겸의 주장으로 현물로 바치던 공물을 토지의 결수에 따라 쌀로 바치게 한 세법이다. 1결당 12두로 선조 때부터 경기지방에 실시되다가 숙종 때 함경 · 평안도를 제외하고 전국적으로 실시되었다. 이로써 방납의 폐해 근절, 국가재정의 증대, 농민부담의 감소, 지주부담의 증가, 공인의 등장, 상공업 · 화폐 · 교통의 발달 등의 결과를 가져왔다.

PLUS 선혜청 … 선조 때 이원익의 주창으로 설치되어 대동미와 베 · 돈의 출납 등을 맡아보던 관청이다.

4군 6진(四郡六鎭) ✦

세종 때 영토수복정책의 일환으로 최윤덕이 압록강 일대의 여진족을 정벌하고 여연 · 자성 · 무창 · 우예의 4군을, 김종서가 두만강 일대의 여진족을 몰아내고 종성 · 온성 · 회령 · 부령 · 경원 · 경흥의 6진을 설치하였다. 4군 6진의 개척결과 오늘날 우리나라의 국토경계선이 두만강에까지 이르게 되었다.

집현전(集賢殿) ✦

세종 2년(1420) 설치된 왕립학문연구소이다. 그 구성은 재주있는 연소학자로 되어 있어 각각 경연(왕의 학문지도)과 서연(세자의 학문지도), 각종 학술의 연구, 유교 · 지리 · 의학 등 국왕에 대한 학문상 고문과 정치적 자문, 각종 서적의 편찬과 저술 등을 수행하였다. 세조 때 폐지되었다가 성종 때 홍문관으로, 다시 정조 때 규장각으로 변천되었다.

탕평책(蕩平策) ✦✦✦

영조가 당쟁의 뿌리를 뽑아 일당전제의 폐단을 없애고, 양반의 세력균형을 취하여 왕권의 신장과 탕탕평평을 꾀한 정책이다. 이 정책은 정조 때까지 계승되어 당쟁의 피해를 막는 데 큰 성과를 거두었으나, 당쟁을 근절시키지는 못하였다.

4대 사화(四大士禍) ✦✦✦

조선시대 중앙관료들 간의 알력과 권력쟁탈로 인하여 많은 선비들이 화를 입었던 사건을 말한다. 4대 사화는 연산군 4년(1498)의 무오사화, 연산군 10년(1504)의 갑자사화, 중종 14년(1519)의 기묘사화, 명종 원년(1545)의 을사사화를 말한다.

4대 사화	내용
무오사화	사초(史草)가 발단이 되어 일어나 사화(史禍)라고도 하며, 김일손 등 신진사류가 유자광 중심의 훈구파에게 화를 입은 사건이다.
갑자사화	연산군의 어머니 윤씨(尹氏)의 복위문제에 얽혀서 일어난 사화로 윤씨 복위에 반대한 선비들을 처형한 사건이다.
기묘사화	남곤, 홍경주 등의 훈구파에 의해 조광조 등의 신진사류들이 숙청된 사건이다.
을사사화	왕실의 외척인 대윤(大尹)과 소윤(小尹)의 반목을 계기로 일어난 사화이다.

PLUS 조의제문(弔義帝文) … 조선 김종직이 초나라의 항우가 의제(義帝)를 죽여 폐위시킨 것을 조위하여 쓴 글이다. 이는 세조가 어린 단종을 죽이고 즉위한 것을 풍자한 글로서, 후에 무오사화(戊午士禍)의 원인이 되었다.

동사강목(東史綱目) ✦

조선 1778년(정조 2년) 순암(順菴) 안정복(安鼎福)이 저술한 역사서로 고조선부터 고려 말 공양왕까지의 역사를 기록하였다. 중국 송나라 주자(朱子)의 「통감강목(通鑑綱目)」의 체제에 따라 편찬한 강목체 · 편년체 사서로 본편 17권에 부록 3권이 덧붙여져 있다.

병인양요(丙寅洋擾) ✦

고종 3년(1866) 대원군이 천주교도를 탄압하자 리델(Ridel)신부가 탈출하여 천진에 와 있던 프랑스함대에 보고함으로써 일어난 사건이다. 그해에 프랑스 로즈(Rose)제독은 함선을 이끌고 강화도를 공격 · 점령했는데, 대원군이 이경하 등으로 하여금 싸우게 하여 40여일 만에 프랑스군을 격퇴시켰다.

강화도조약 ✦✦✦

운요호사건을 빌미로 고종 13년(1876) 일본과 맺은 최초의 근대적 조약으로, 일명 병자수호조약이라고도 한다. 부산 · 인천 · 원산 등 3항의 개항과 치외법권의 인정 등을 내용으로 하는 불평등한 조약이나, 이를 계기로 개국과 개화가 비롯되었다는 데 큰 의의가 있다.

임오군란(壬午軍亂) ✦✦

고종 19년(1882) 개화파와 보수파의 대립으로 일어난 사건으로, 신 · 구식 군대차별이 발단이 되었다. 이 결과 대원군이 재집권하게 되었으나, 민씨일파의 책동으로 청의 내정간섭이 시작되고 이로 인해 제물포조약이 체결되어 일본의 조선침략의 발판이 되었다.

갑신정변(甲申政變) ✦✦✦

고종 21년(1884) 개화당의 김옥균, 박영효 등이 중심이 되어 우정국 낙성식에서 민씨일파를 제거하고 개화정부를 세우려 했던 정변이다. 갑신정변은 청의 지나친 내정간섭과 민씨세력의 사대적 경향을 저지하고 자주독립국가를 세우려는 의도에서 일어났으나, 청의 개입과 일본의 배신으로 3일천하로 끝났다. 근대적 정치개혁에 대한 최초의 시도였다는 점에 큰 의의가 있다.

아관파천(俄館播遷) ✦✦

명성황후가 살해된 을미사변(乙未事變) 이후 신변에 위협을 느낀 고종과 왕세자가 1896년 2월부터 약 1년간 왕궁을 버리고 러시아 공관으로 옮겨 거처한 사건을 말한다. 조선의 보호국을 자처하게 된 러시아는 아관파천을 계기로 조선정부에 압력을 가하여 압록강 연안과 울릉도의 산림채벌권을 비롯하여 광산채굴권, 경원전신선(京元電信線)을 시베리아 전선에 연결하는 권리 등의 이권을 차지했다.

을사조약(乙巳條約) ✦✦✦

광무 9년(1905) 일본이 한국을 보호한다는 명목 아래 강제로 체결한 조약으로 제2차 한일협약이라고도 한다. 러일전쟁의 승리와 영일동맹조약 개정 등으로 한국에 대한 우월한 권익과 지위를 국제적으로 인정받은 일본은 이토 히로부미를 파견하여 강압적으로 조약을 체결하였다. 이 결과 우리나라는 주권을 상실하고 외교권을 박탈당했으며, 일본은 서울에 통감부를 두고 보호정치를 실시하였다.

PLUS 을사 5적(乙巳五賊) … 을사조약을 체결할 때 찬성 또는 묵인한 5인의 매국노로, 박제순 · 이완용 · 이근택 · 이지용 · 권중현을 말한다.

신민회(新民會) ✦

1907년 안창호 · 양기탁 · 이동녕 · 이동휘 · 신채호 등이 조직한 비밀결사단체로, 정치 · 교육 · 문화 등 계몽운동과 항일운동을 고취시켰다. 민족산업의 육성을 위해 평양에 자기회사를 설립 · 운영하는 한편, 대구에 태극서관 창설 · 해외에 독립운동기지 건설 등 구국운동의 인재를 양성하였으나, 1910년 105인 사건으로 해체되었다.

물산장려운동(物産奬勵運動) ✦

1922년 평양에 설립된 조선물산장려회가 계기가 되어 조만식을 중심으로 일어난 민족운동이다. 서울의 조선청년연합회가 주동이 되어 전국적 규모의 조선물산장려회를 조직, 국산품 애용 · 민족기업의 육성 등의 구호를 내걸고 강연회와 시위선전을 벌였으나, 일제의 탄압으로 유명무실해지고 1940년에는 총독부 명령으로 조선물산장려회가 강제 해산되었다.

신간회(新幹會) ✦

1927년 민족주의자와 사회주의자가 통합하여 조직한 최대 항일민족운동단체이다. 주요 활동으로는 아동의 수업료 면제 · 조선어교육 요구 · 착취기관 철폐 · 이민정책 반대 등을 제창하였고, 광주학생운동을 지원하기도 했다. 자매단체로는 여성단체인 근우회가 있었다.

인혁당사건 ✦

사건구분	내용
1차 인혁당사건 (1964.08.)	중앙정보부장이 기자회견을 통해 '북괴의 지령을 받은 대규모 지하조직인 인민혁명당이 국가변란을 획책하여 이를 적발, 일당 57명중 41명을 구속하고 16명을 수배 중에 있다.'고 발표한 사건
2차 인혁당사건 (1974.04.)	인민혁명당 재건위원회 사건이라고도 하며 유신반대 투쟁을 벌였던 민청학련(전국민주청년학생연맹)의 배후를 '인혁당재건위'로 지목, 이를 북한의 지령을 받은 남한 내 지하조직이라고 규정한 사건

PLUS 인혁당사건의 재심 판결 ··· 1975년 대법원은 인혁당 관련자 재판에서 8명에게 사형, 17명에게 무기징역 등을 선고했다. 유족들은 27년 만인 2002년 재심 개시를 청구했고 법원은 2005년 재심 개시를 결정했다. 이어 2007년 서울중앙지법에서 무죄가 선고됐으며 검찰이 항소하지 않아 무죄가 확정됐다.

CHAPTER 03 자동차 구조학

1 자동차 일반

1. 자동차의 개념과 구조

(1) 자동차의 개념

① **자동차의 정의** : 자동차라 함은 차체에 설치된 기관(엔진)의 동력을 이용하여, 레일이나 가선에 의하지 않고, 노상을 자유로이 운전·주행할 수 있는 차량을 말한다.

② **자동차의 범위** : 자동차의 범주에 포함되는 것은 승용차, 승합자동차(버스), 화물자동차(트럭), 특수자동차, 이륜자동차를 비롯하여 견인차에 의해 견인되는 차량, 트레일러트럭, 트레일러버스 등이 있다.

> **PLUS** 자동차의 범위에 들지 않는 것 … 궤도차와 같이 레일(Rail)을 사용하는 것. 예컨대 트롤리버스(Trolley bus)와 같이 트롤리 케이블(Trolley cable)을 사용하는 것은 포함되지 않는다.

(2) 자동차의 구조

① **보디(body)**

  ㉠ **개념** : 보디(차체)란 사람이나 화물을 싣는 객실과 적재함 부분 및 외피(外皮)를 말하는데, 용도에 따라 승용차·버스·화물차 등이 있다.

  ㉡ **모노코크 보디** : 최근 중소형 승용차의 보디는 위, 아래, 옆면이 일체로 된 상자 모양의 모노코크 보디가 일반적으로 사용된다. 이 형식은 프레임을 따로 두고 있지 않으므로 가볍고 견고하며 실내의 유효공간을 넓게 할 수 있는 장점이 있다.

② **섀시** : 섀시(차대)는 자동차의 보디를 제외한 부분으로서 엔진, 동력전달장치, 조향장치, 현가장치, 프레임 등을 포함한 자동차의 주행에 필요한 일체의 장치를 말한다.

  ㉠ **엔진** : 자동차를 주행시키는데 필요로 하는 동력발생장치로 가솔린엔진, 디젤엔진 등 주로 내연엔진이 사용된다. 엔진은 엔진본체, 윤활·연료·냉각·흡배기장치 등 여러 가지 부속장치로 구성된다.

> **PLUS** 엔진은 섀시의 한 부분에 해당하는 장치이지만 이론상 그 범위가 매우 광범위하기 때문에 엔진을 섀시장치에서 별도로 구분하는 것이 일반적이다.

ⓛ **동력전달장치** : 엔진에서 발생한 동력을 주행상태에 알맞도록 변화시켜 구동바퀴에 전달하는 장치로 클러치, 변속기, 드라이브 라인, 자동차기어, 종감속 기어, 차축 등으로 구성된다.

ⓒ **조향장치** : 자동차의 진행방향을 임의로 바꾸기 위한 장치로, 일반적으로 핸들을 돌려서 앞바퀴를 조향한다.

ⓔ **현가장치** : 프레임(또는 보디)과 차축 사이에 완충기구를 설치하여 노면으로부터의 진동이나 충격 등을 완화시킴으로서 승차감을 좋게 하며, 자동차 각 부분의 손상을 방지한다.

ⓜ **제동장치** : 주행중인 자동차의 속도를 감속·정지시키거나 또는 언덕길 등에서 자동차의 주차상태를 유지하기 위한 장치이다.

ⓗ **주행장치** : 섀시에서 동력발생, 동력전달, 조향, 현가, 제동장치를 제외한 것으로 프레임, 휠 등이 이에 해당한다.

🪐 **PLUS** 휠 및 타이어 프레임
ⓐ 휠 및 타이어 : 하중의 부담, 완충, 구동력과 제동력 등 주행시에 발생하는 여러 응력에 견디는 구조로 되어 있다.
ⓑ 프레임 : 섀시를 구성하는 각 장치와 보디를 설치하는 뼈대이다. 따라서 프레임은 자동차가 주행중에 받는 충격 등에 충분히 견딜 수 있는 강도와 강성을 가져야 하고 가벼워야 한다.

ⓢ **전기장치** : 엔진의 시동, 점화, 충전 등 지속적인 운전을 위한 전기장치와 안전을 위한 각종 등화 및 계기장치 등이 이에 해당한다.

🪐 **PLUS** 트렁크는 섀시에 해당되지 않는다.

2. 자동차의 분류

(1) 사용용도에 따른 분류

① **승용자동차** : 10인 이하를 운송하기에 적합하게 제작된 자동차를 말한다.

② **승합자동차(버스)** : 11인 이상을 운송하기에 적합하게 제작된 자동차를 말한다.

③ **화물자동차(트럭)** : 화물을 운송하기에 적합한 화물적재공간을 갖추고, 화물적재공간의 총적재화물의 무게가 운전자를 제외한 승객이 승차공간에 모두 탑승했을 때의 승객의 무게보다 많은 자동차를 말한다.

④ **스포츠카** : 스포츠카는 운전을 일종의 스포츠로서 즐기는데 목적을 둔 자동차를 말한다.

⑤ **특수자동차** : 다른 자동차를 견인하거나 구난작업 또는 특수한 용도로 사용하기에 적합하게 제작된 자동차로서 승용자동차나 승합자동차 또는 화물자동차가 아닌 자동차를 말한다.

⑥ **이륜자동차** : 총배기량 또는 정격출력의 크기와 관계없이 1인 또는 2인의 사람을 운송하기에 적합하게 제작된 이륜의 자동차 및 그와 유사한 구조로 되어 있는 자동차를 말한다.

(2) 형태에 따른 분류

① **세단** : 좌석이 앞·뒤 2열로 설계되어 있으며 4~6인승으로 4도어, 3도어, 2도어로 구분되나 4도어가 주종을 이룬다.

② **쿠페** : 세단보다 단조롭고 2인승 2도어가 주종을 이루는데, 스포츠카가 이에 속한다.

③ **리무진** : 보통승용차보다 고급용으로 쓰이고 운전석과 승객실 사이가 구분되어 있으며, 7~8인승이 주종을 이룬다.

④ **스테이션 왜건** : 승객과 화물을 겸용할 수 있는 형태로서 뒷좌석 후미를 늘려서 화물을 적재할 수 있도록 화물실과 뒷문이 달려 있다.

⑤ **코치버스** : 대부분의 버스가 이 부류에 속하며 엔진이 차체의 뒷부분에 설치되어 있다.

⑥ **코치·벤** : 적은 승객과 가벼운 화물을 나르는데 사용되며 뒷좌석은 의자를 접어서 화물실로 사용할 수 있도록 제작되어 있다.

⑦ **보닛형 트럭** : 운전대가 엔진실 뒤에 있는 형으로 엔진의 점검 등에 유리하다.

⑧ **캡 오버형 트럭** : 엔진이 운전석 아래에 위치하여 보닛형 트럭보다 화물실을 넓게 사용할 수 있으며, 현재 생산되는 트럭은 거의 캡 오버형이다.

⑨ **벤형 트럭** : 화물실을 밀폐시킨 형태로서 우편 배달트럭이 이에 속한다.

⑩ **픽업형 트럭** : 소형트럭으로 사용된다.

(3) 엔진과 구동방식에 따른 분류

① **앞 엔진 앞바퀴 구동식(FF구동식 : front engine front drive type)** : 기관, 클러치, 트랜스액슬(변속기+종감속기어 및 차동기어) 등이 앞쪽에 설치된 형식으로서, 앞바퀴가 구동 및 조향바퀴가 된다.
  ㉠ 장점
   • 추진축이 필요 없으므로 바닥이 편평하게 되어 거주성이 좋다.
   • 동력전달거리가 단축된다.
   • 선회 및 미끄러운 노면에서 주행 안전성이 크다.
   • 적차시 앞뒤 차축의 하중분포가 비교적 균일하다.
   • 뒤차축이 간단하다.
  ㉡ 단점
   • 앞차축의 구조가 복잡하다.

- 기계식 조향일 경우 핸들의 조작에 큰 힘이 필요하다.
- 브레이크 조작시 하중이 앞으로 쏠리므로 앞 타이어와 패드의 마모가 비교적 크다.
- 고속 선회에서 언더스티어링(U.S : under steering)현상이 발생된다.

② **앞 엔진 뒷바퀴 구동식(FR 구동식 : front engine rear drive type)** : 자동차의 앞쪽에 기관, 클러치, 변속기가 설치되고 뒤쪽에는 종감속기어 및 차동 기어장치, 차축, 구동바퀴를 두고 앞쪽과 뒤쪽 사이에 드라이브라인으로 연결한 방식이다.

   ㉠ **장점**
   - 앞차축의 구조가 간단하다.
   - 적차 상태에 따라 전후 차축의 하중분포의 편차가 적다.
   - FF방식보다 앞 타이어와 패드의 마모가 적다.

   ㉡ **단점**
   - 긴 추진축을 사용하므로 차실 내의 공간 이용도가 낮다.
   - 공차상태에서 빙판길이나 등판 주행시 뒷바퀴가 미끄러지는 경향이 있다.
   - 긴 추진축을 사용하므로 진동 발생(휠링 : whirling)과 에너지 소비량이 FF방식에 비하여 많다.

③ **뒤 엔진 뒷바퀴 구동식(RR구동식 : rear engine rear drive type)** : 기관과 동력전달장치가 뒤쪽에 설치된 형식으로서 뒷바퀴에 의해 구동된다.

   ㉠ **장점**
   - 앞차축의 구조가 간단하며 동력전달 경로가 짧다.
   - 언덕길 및 미끄러운 노면에서의 발진성이 용이하다.

   ㉡ **단점**
   - 변속 제어기구의 길이가 길어진다.
   - 기관 냉각이 불리하다.
   - 고속 선회시 오버 스티어링(over steering)이 발생된다.
   - 미끄러운 노면에서 가이드 포스(guide force)가 약하다.

④ **뒤 엔진 앞 구동식(RF구동식 : rear engine front drive type)** : 자동차의 뒷부분에 기관을 장착하고 앞바퀴를 구동하는 방식으로 이 방식은 거의 채용하지 않는다.

⑤ **전륜 구동방식(4WD : 4-wheel drive type)** : 자동차의 앞부분에 기관과 변속기를 장착하고 앞, 뒷바퀴를 구동시키는 방식으로 그 특징은 구동력이 커서 산악로, 진흙길, 험로 주행시 탁월한 효과를 발휘한다.

3. 자동차의 발달과 제원

(1) 자동차의 발달과 주요 역사

• 1480년경 레오나르도 다빈치가 태엽 자동차를 고안하였다.

• 1770년 프랑스의 N. J. 퀴뇨는 역사상 처음으로 기계의 힘에 의해 달리는 증기자동차를 제작했고, 1886년 고트리브 다임러가 세계 최초로 가솔린 4륜차를 발명했다.

• 1889년에는 세계 최초의 자동차 회사(파나르 르바소스)가 설립 되었고, 1898년 제1회 파리 모터쇼가 개최되었다.

• 1908년 미국의 헨리 포드가 처음으로 자동차의 대량 생산방식을 도입하였다.

• 1996년 제너럴모터스(GM)사가 세계 최초로 전기자동차(EV-1)를 시판하였다.

(2) 자동차의 제원

① 제원이란 자동차에 대한 전반적인 치수, 무게, 기계적인 구조, 성능 등을 일정한 기준에 의거하여 수치로 나타낸 것을 말한다.

② 전장 · 전폭 · 전고
  ㉠ 전장(옆면) : 자동차의 중심과 접지면이 서로 평행하게 하여 측정한 치수로서 앞뒤범퍼 및 후미전등과 같은 부속물이 포함되는 차량의 최대길이를 말한다.
  ㉡ 전폭(앞면) : 자동차의 가장 넓은 폭의 수평거리로서 사이드미러는 포함되지 않는다.
  ㉢ 전고(높이) : 자동차의 접지면에서 가장 높은 곳까지의 수직거리이다.

③ 축거와 윤거
  ㉠ 축거(축간거리) : 자동차의 앞차축 중심과 뒤차축 중심간의 수평거리로서 자동차의 회전반경을 결정한다.
  ㉡ 윤거(바퀴간의 거리) : 윤거는 바퀴 간의 거리로 트레드라고도 표현하며 좌우 타이어의 접지면 중심 사이의 거리이다. 좌우 타이어가 지면을 접촉하는 지점에서 좌우 두 개의 타이어 중심선 사이의 거리라고 할 수 있다.

④ 앞오버행과 뒤오버행
  ㉠ 앞오버행 : 앞바퀴 중심에서 자동차 앞부분까지의 수평거리를 말한다.
  ㉡ 뒤오버행 : 뒷바퀴 중심에서 자동차 뒷부분까지의 수평거리를 말한다.

⑤ 차량 중량

㉠ 정의 : 자동차의 공차상태에서 측정된 무게를 말한다.

　　㉡ 공차상태 : 자동차가 정상적으로 수행할 수 있는 상태, 즉 연료·오일·냉각수 등 운행에 필요한 제 규정량을 다 갖춘 상태를 말한다.

> PLUS 운전자·화물·예비공구·예비타이어 등 부속물은 포함되지 않는다.

⑥ 최대 적재량 : 자동차의 공차상태에서 적재할 수 있는 최대 적재량의 무게를 말하며, 안전운행에 지장을 주지 않는 한도 내로 규정되어 있다.

⑦ 차량 총 중량 : 탑승자와 화물 등 최대 적재량을 실었을 때 자동차의 총 무게를 말한다. 이때 법령으로 총 중량이 20t을 초과하지 못하도록 규정하고 있다.

4. 자동차의 상식

(1) 주요 용어

① 구동력과 주행저항

　　㉠ 구동력 : 자동차를 추진시키는 힘을 말한다.

　　㉡ 주행저항 : 자동차가 구동력을 받아서 주행할 때 주행을 방해하는 힘을 말한다.

② 제동거리와 공주거리

　　㉠ 제동거리 : 자동차가 주행 중 제동장치의 제동력을 받아 감속이 시작되는 시점부터 정지할 때까지의 거리를 말한다.

　　㉡ 공주거리 : 운전자가 자동차를 정지하려고 생각하고 브레이크를 걸려는 순간부터 실제로 브레이크가 걸리기 직전까지의 거리를 말한다.

　　㉢ 정지거리 : 제동거리에 공주거리를 합한 거리를 말한다.

③ 배기량과 마력

　　㉠ 배기량 : 엔진(기관)의 실린더 내에서 배출되는 용적을 말한다. 즉 실린더 내의 피스톤이 하사점에서 상사점까지 이동하면서 배출되는 동작을 말하며, 주로 엔진의 크기를 나타낸다.

　　㉡ 마력 : 마력은 일의 크기를 표시하는 것으로 일정한 시간 내에 얼마의 일을 할 수 있는가를 나타낸 것이다. 1초 동안에 $75kg \cdot m$의 일을 1마력이라 한다.

　　㉢ 회전력 : 자동차의 핸들을 돌리거나 볼트를 조이거나 회전시킬 때 필요한 힘을 말한다.

> PLUS 가속도 … 자동차가 주행을 시작한 후 계속 빨라지는 것과 같이 속도가 시간의 경과와 더불어 증가하는 비율을 말한다.

④ 연료 소비율(연비) : 연료 1리터(ℓ)로 주행할 수 있는 킬로미터 수를 말한다. 연료소비율은 열효율과 반비례하므로 이 값이 작을수록 열효율은 높아지는 특성이 있다.

⑤ **배기량** : 엔진의 크기를 나타내는 가장 일반적인 척도로 엔진 기관 실린더 내의 흡입 또는 배기된 혼합기의 용적을 말한다. 보통 cc로 나타내며 대한민국에서는 배기량이 자동차세의 과세 기준이 된다.

⑥ **최대출력** : 자동차 엔진의 성능을 나타내는 대표적인 수치로 엔진회전수가 몇 회전일 때 최고 몇 마력이 되는지를 나타낸다. 최대출력은 보통 자동차가 출발한 이후 가속을 하는 데 필요하다.

⑦ **토크** : 엔진이 회전하려는 힘으로 엔진회전력이라고도 하고, 자동차의 견인력, 등판력, 경제성 등을 의미하는 수치이다. 보통 토크는 자동차가 출발하면서 필요한 힘을 얻는 데 필요하다.

⑧ **에코드라이빙(eco driving)** : 연료를 절약하고 이산화탄소 배출을 줄이는 친환경 운전법을 말한다.

(2) 기본 상식

① 타이어 공기압 과다
    ㉠ 타이어 중앙부분이 빠르게 마모된다.
    ㉡ 높은 압력으로 접지면적이 줄어들어 그립이 감소한다.
    ㉢ 노면의 충격을 흡수하지 못해 승차감이 나빠진다.
    ㉣ 핸들이 가벼워진다.

② 타이어 공기압 과소
    ㉠ 타이어가 흡수하는 충격량이 많아져 승차감이 다소 좋아진다.
    ㉡ 타이어의 과다 운동으로 발열이 증가하고 심한 경우 타이어 형태를 잡아주는 코드와 고무 자체가 손상된다.
    ㉢ 접지면적이 넓어져 타이어의 구름저항이 커지므로 연비가 줄어든다.

③ 냄새로 차량 진단
    ㉠ 고무 녹는 냄새 : 전기 배선 이상
    ㉡ 기름 타는 냄새 : 엔진오일 누유
    ㉢ 달착지근한 냄새 : 냉각수 누출
    ㉣ 종이 타는 냄새 : 브레이크 페드 또는 라이닝의 비정상적 마모
    ㉤ 휘발유 냄새 : 연료 누출

④ **환경친화적 자동차** : 에너지 소비효율이 산업자원부에서 정한 기준에 적합하고, 대기환경보전법에 따른 무공해 및 저공해 자동차에 해당하는 자동차로서 전기자동차, 태양광자동차, 하이브리드자동차 또는 연료전지자동차 등을 말한다.

⑤ 하이브리드자동차 : 내연기관 엔진과 전기모터를 결합한 형태의 자동차로 이산화탄소 배출로 인한 공해와 석유자원고갈 문제에 대응하여 개발되고 있다. 하이브리드자동차는 가속 및 등판 시 엔진과 전기모터가 적절한 힘의 분배를 하여 연료 소모량을 줄이고, 감속 시 배터리를 자동으로 충전하여 전기에너지를 생산하며, 정차 시 엔진이 자동으로 정지되어 연료소모량을 줄이는 것을 원리로 하고 있다. 이러한 원리로 연비 효율이 뛰어나고 친환경적이라는 장점이 있지만, 차량에 탑재되는 엔진과 전기모터 및 대용량 배터리로 인하여 차체가 무겁다는 것과 가격이 비싸다는 단점이 있다.

2 엔진

1. 자동차 엔진 일반

(1) 엔진의 형식

① **엔진의 구성** : 엔진본체, 실린더, 실린더 헤드, 밸브

② **열 엔진** : 동력의 모체를 열에너지로 하며, 이 열에너지를 기계적 에너지(일)로 변화시켜 동력을 발생시키는 기계적 장치를 말한다.

(2) 내연엔진과 외연엔진

① 내연엔진
   ㉠ 연료와 공기를 실린더 내에서 연소시켜 여기서 발생한 연소가스로부터 직접 기계적 에너지(일)를 얻는 엔진을 말한다.
   ㉡ **종류** : 왕복형(가솔린엔진, 디젤엔진, 석유엔진, LPG엔진), 회전형(로터리엔진), 분사추진형(제로엔진)

② 외연엔진
   ㉠ 실린더 외부에 있는 연소장치에 연료가 공급되어 연소될 때 발생한 열에너지를 실린더 내부로 끌어들여 기계적 에너지를 얻는 엔진을 말한다.
   ㉡ **종류** : 왕복형(증기엔진), 회전형(증기터빈엔진)

(3) 내연엔진의 분류

① **사용연료에 따른 분류**

    ⊙ **가솔린엔진**: 가솔린과 공기를 기화기에서 혼합시켜 실린더 내로 흡입시킨 후 압축하여 점화플러그에서 전기적인 점화로 연소시켜 기계적 에너지를 얻는 엔진이다.

    ⓛ **디젤엔진**: 순수한 공기만을 흡입시켜 고압축비로 압축하고 연소실 내의 온도가 400 ~ 700℃인 상태에서 분사노즐로 연료를 분사하여 자기착화 시키면서 기계적 에너지를 얻는 엔진이다.

    ⓒ **LPG엔진**: 부탄이나 프로판가스를 사용하는 엔진으로, 가솔린엔진과 거의 같으나 연료장치만 다르다.

② **기계적 사이클에 따른 분류**

    ⊙ **4행정 사이클 엔진**: 피스톤의 4행정, 즉 크랭크축이 2회전하는 사이에 흡입, 압축, 동력(폭발), 배기의 1사이클을 완성하는 엔진이다.

    ⓛ **2행정 사이클 엔진**: 피스톤의 2행정, 즉 크랭크축이 1회전하는 사이에 흡입, 압축, 동력(폭발), 배기의 1사이클을 완성하는 엔진이다.

③ **밸브 배열에 따른 분류**

    ⊙ **I헤드형**: 흡·배기 밸브가 실린더 헤드에 설치, 압축비를 높일 수 있어 열효율이 높다.

    ⓛ **L헤드형**: 흡·배기 밸브가 실린더 블록에 설치, 구조가 간단하고 밸브소음이 적다.

    ⓒ **F헤드형**: 흡기밸브는 실린더 헤드에, 배기밸브는 실린더 블록에 설치된 형식으로 흡입밸브의 직경을 크게 할 수 있어 흡입효율이 좋다.

    ⓔ **T헤드형**: 흡기밸브, 배기밸브가 실린더의 양쪽에 배치된 형식이다.

④ **연소방식에 따른 분류**

    ⊙ **정적 사이클**: 일정한 용적 하에서 연소가 되는 것으로 가솔린엔진에 사용되며 오토 사이클이라 한다.

    ⓛ **정압 사이클**: 일정한 압력 하에서 연소가 되는 것으로 저속 디젤엔진에 사용되며 디젤 사이클이라 한다.

    ⓒ **합성 사이클**: 정적과 정압 사이클이 복합되어 일정한 용적과 일정한 압력 하에서 연소가 되는 것으로 고속 디젤엔진에 사용되며 사바테 사이클이라 한다.

[내연엔진의 장·단점]

장점	단점
• 출력에 비해 소형이고 가볍다.	• 왕복운동형의 경우에 진동과 소음이 많다.
• 열효율이 높다.	• 자체 시동을 할 수 없다.
• 운전 및 운반성이 좋다.	• 저렴하지 않다.
• 시동 및 정지가 우수하다.	• 저속회전이 어렵다.
• 부하의 변동에 따라 민감하게 작용한다.	• 왕복운동형의 경우에 대출력을 얻기가 용이하지 않다.
• 운전비용이 저렴하다.	
• 연료소비율이 낮다.	

2. 가솔린 엔진

(1) 엔진의 작동원리

① 4행정 사이클 엔진의 작동원리 : 흡입행정 → 압축행정 → 동력행정(폭발행정, 연소행정) → 배기행정

② 2행정 사이클 엔진의 작동원리 : 흡입 · 압축행정 → 동력 · 배기행정

③ 4행정과 2행정 사이클 엔진 비교

4행정 사이클 엔진	2행정 사이클 엔진
• 각 행정이 확실하게 독립적으로 이루어져 효율이 높다. • 기동이 쉽고 저속에서 고속까지 속도의 범위가 넓다. • 블로 바이와 실화가 적고 연료나 윤활유의 소비율이 낮다. • 실린더수가 적을 경우 회전이 원활하지 못하다. • 밸브기구가 복잡하고 밸브기구로 인한 소음이 생긴다. • 탄화수소의 배출은 적으나 질소산화물의 배출이 많다.	• 배기량에 대한 출력은 4행정 사이클보다 크지만 연료소 비율은 2배이며 출력은 1.2 ~ 1.5배 정도가 된다. • 흡기와 배기가 불완전하여 열손실이 많으며 탄화수소의 배출이 많다. • 연료와 윤활유의 소모율이 많으며 역화가 일어날 우려가 있다. • 밸브기구가 간단하여 마력당 엔진의 중량이 적다. • 크랭크축의 매 회전마다 동력을 얻음으로 회전력의 변동 이 크지 않다. • 배기가스 재순환 특성으로 질소산화물의 배출이 적다.

(2) 엔진의 부품

① 엔진의 구성 : 실린더, 커넥팅 로드, 크랭크축, 캠축, 밸브, 피스톤, 플라이휠 등

② 실린더 블록의 구성

　㉠ 실린더
- 기능 : 실린더는 원통형이며 피스톤 행정의 약 2배 정도의 길이로 되어 있다. 피스톤이 압축된 혼 합기나 연소가스가 새지 않도록 실린더와 기밀을 유지하며, 왕복운동을 하면서 열에너지를 기계적 에너지로 바꾸어 동력을 발생시키는 일을 한다.
- 종류 : 블록과 일체로 만든 일체식과 실린더를 별개로 제작하여 삽입하는 삽입식(라이너식)이 있다.
- 재질 : 실린더의 내벽은 마멸을 작게 하기 위하여 크롬도금을 하는 것도 있으나 크롬 도금한 실린 더에는 크롬도금 링을 사용하지 않는다.
- 실린더의 냉각 : 실린더는 작동 중에는 2,000℃ 이상의 고온에 노출되므로 기능이 저하되는 것을 방지하기 위해 실린더의 주위에 냉각장치를 갖추고 계속적으로 냉각시켜야 한다.

　㉡ 실린더 라이너
- 재질 : 일반적으로는 주철제의 실린더 블록에 특수 주철의 라이너를 끼워 넣지만, 엔진에 따라 중 량을 가볍게 하고 열전도율을 좋게 하기 위하여 실린더 블록을 알루미늄 합금(경합금)으로 주조하 고 실린더의 내벽에 주철로 된 라이너를 끼워 넣는 것도 있다.

• 종류
- 건식 라이너 : 실린더에서 발생된 열을 식히는 냉각수가 라이너와 직접 접촉하지 않고 실린더 블록을 통해 냉각하며, 주로 가솔린엔진에 사용된다.
- 습식 라이너 : 냉각수가 직접 라이너에 접촉하여 라이너와 실린더 블록이 물재킷(물 통로)을 이루어 직접 냉각수에 닿게 하는 형식이다. 습식 라이너는 라이너 상부에 플랜지가 있고, 하부에는 2 ~ 3개의 고무 시일링이 끼워져 있다. 일반적으로 디젤엔진에 주로 사용된다.

ⓒ **실린더 블록**
• 구조 : 4 ~ 6개의 실린더가 일체를 이루고 있는 블록구조이며 내부에 물 통로와 오일통로 등이 마련되어 있으며, 블록 위에는 실린더 헤드가 있다.
• 재질 : 내마모성과 내부식성이 좋고 가공이 용이한 주철을 주로 사용하고 있다.
• 종류 : 실린더의 내벽 재료가 실린더 블록과 동일한 일체형과 실린더의 내벽에 별도의 실린더 라이너를 끼워 넣은 라이너식이 있다.
• 실린더의 냉각 : 실린더의 냉각방식에는 건식과 습식이 있다. 건식은 대체로 폭발력이 작은 엔진에서 사용하며 냉각수가 라이너에 직접 접촉하지 않으나, 습식은 냉각수가 실린더에 직접 작용한다.

ⓔ **크랭크 케이스**
• 구조 : 크랭크축의 중심보다 조금 낮은 위치에서 상하로 나누어져 윗부분은 실린더 블록과 일체로 주조되어 있다.
• 재질 : 아랫부분은 강철판이나 경합금으로 만든 오일팬이 개스킷을 사이에 두고 결합되어 있다.

ⓜ **실린더행정 내경비**
• 장행정 엔진 : 행정이 내경보다 크다(행정 / 내경 ≥ 1).
• 단행정 엔진 : 행정이 내경보다 작다(행정 / 내경 ≤ 1).
• 정방행정 엔진 : 행정과 내경이 같다(행정 / 내경 = 1).

③ **실린더 헤드 구성**
ⓖ **구조** : 실린더 헤드는 실린더 블록 위에 실린더 헤드 개스킷을 사이에 두고 볼트로 고정·설치되며 실린더, 피스톤과 함께 연소실의 일부를 형성한다. 그 외부에는 밸브기구, 흡기 및 배기 다기관, 점화플러그 등이 장치되어 있다.
ⓛ **종류** : 전기 실린더 헤드 또는 몇 개의 실린더 헤드가 일체로 주조되고 내부에 냉각수를 흐르게 하는 물 통로를 두는 수냉식과, 실린더 별로 주조가 되며 냉각핀이 있는 공랭식이 있다.
ⓒ **재질** : 주철과 알루미늄 합금이 많이 사용되는데 알루미늄 합금은 열전도성이 좋아 연소실의 온도를 낮게 할 수 있고 조기점화(과조착화)의 원인이 되는 열점이 잘 생기지 않는다. 그러나 열에 의한 팽창이 커서 변형되기 쉽고 부식이나 내구성에 결함이 있다.
ⓔ **밸브의 위치와 연소실**
• 연소실 조건

- 혼합기를 효율적으로 연소시키는 형상으로 해야 한다.
- 화염전과 시간을 최소로 해야 한다.
- 연소실의 표면적이 최소가 되게 하여 열손실을 적게 해야 한다.
- 흡·배기밸브의 지름을 크게 하여 흡·배기작용을 신속하고 원활하게 해야 한다.
- 압축행정 시 혼합기 또는 공기가 와류를 일으킬 수 있는 형상이어야 한다.
- 가열되기 쉬운 돌출부가 없어야 한다.
- 연소실 종류
- 오버 헤드 밸브식 : 가장 이상적인 연소실이지만 실린더 헤드에 흡·배기밸브기구, 점화플러그 등과 흡·배기가스 통로, 냉각수 통로 등이 설치되어 있어 구조가 매우 복잡하다. 반구형, 지붕형, 쐐기형, 욕조형이 있다.
- 사이드 밸브식(L헤드형, T헤드형) : 실린더 블록의 한쪽에 흡·배기밸브가 설치되어 있고 밸브시트가 블록 윗면에 설치되어 있다.
- F헤드형 : 흡기밸브는 실린더 헤드에 배기밸브는 실린더 블록에 설치되어 있어 밸브구조가 간단하다.

㉢ 실린더 헤드 개스킷
- 기능 : 약 2mm 정도의 두께로 실린더 블록과 실린더 헤드를 밀착시켜 기밀을 유지하고 냉각수나 오일이 새는 것을 방지하는 것으로 내열성, 내압성 및 압축성을 필요로 한다.
- 재질 : 내열성과 내압성을 필요로 하기 때문에 보통 구리판이나 강판으로 감싼 것을 사용한다.
- 종류
- 보통 개스킷 : 동판이나 철판을 석면으로 싸서 만든 것으로 가장 많이 사용된다.
- 스틸 베스토 개스킷 : 강판의 양쪽 면에 돌출물을 만들어 여기에 흑연을 섞은 석면을 붙이고 흑연을 바른 것으로 주로 고속회전, 고출력엔진에 사용된다.
- 스틸 개스킷 : 얇은 강판에 물결 모양의 주름을 둔 것으로 주로 고급엔진에 사용된다.
- 설치 시 주의점
- 석면이 헤드방향으로 향하게 해야 한다.
- 접힌 부분이나 마크, 표식이 헤드방향으로 향하게 해야 한다.
- 오일 구멍을 확인하고 조립해야 한다.
- 접착제를 사용해야 한다.
- 재사용은 하지 않는다.

㉣ 피스톤
- 기능 : 피스톤은 실린더 내를 왕복운동하며 동력(폭발)행정에서 발생한 고온·고압의 팽창압력을 커넥팅 로드를 통해 크랭크축에 전달하여 회전력을 발생하게 하여 동력을 얻는다.
- 구조
- 피스톤은 헤드, 링지대, 보수부, 스커트부 등으로 이루어져 있다.

–피스톤 헤드는 연소실의 일부를 형성하며 고온에 노출되어 팽창하기 때문에 스커트부의 직경보다 약간 작다.

• 구비조건

–관성력이 적어야 하므로 가벼워야 한다.

–높은 온도와 폭발 압력에 강해야 한다.

–열전도성이 커서 방열효과가 우수해야 한다.

–마찰손실 등 기계적 손실을 최소로 해야 한다.

–열에 의한 재질, 강도의 변화와 열팽창성이 적어야 한다.

–가스 및 오일의 누출을 방지해야 한다.

ⓢ 커넥팅 로드

• 기능 : 피스톤과 크랭크축을 연결하는 막대로서 피스톤핀에 지지되는 부분을 소단부, 크랭크축과 연결되는 부분을 대단부라고 하는데, 대단부는 상하로 분할되며 분할형 평면 베어링을 끼우고 크랭크핀을 감싸서 볼트로 죈다.

• 재질 : 커넥팅 로드는 압축력, 인장력, 굽힘 등의 하중을 반복해서 받게 되므로 경량이고 충분한 강도가 요구되는 니켈–크롬강, 크롬–몰리브덴강 등의 특수강을 사용한다. 최근에는 두랄루민과 같은 경합금을 사용하기도 한다.

• 길이 : 소단부와 대단부의 중심 사이의 거리를 커넥팅 로드의 길이라 하며 보통 피스톤 행정의 1.5 ~ 2.3배 정도이다.

ⓞ 크랭크축

• 기능 : 크랭크 케이스 내에 설치된 메인 베어링으로 지지되며 각 실린더의 동력행정에서 얻어진 피스톤의 직선왕복운동을 커넥팅 로드를 통하여 전달받아 회전운동으로 바꾸고, 흡입 · 압축 · 배기행정에서는 피스톤의 운동을 도와주어 연속적인 동력이 발생하게 한다.

• 구조 : 크랭크핀, 크랭크암, 크랭크 저널 등은 일체로 되어 있고 크랭크축의 정적 · 동적 평형을 유지하기 위하여 밸런스 웨이트가 설치되어 있다.

• 재질 : 크랭크축은 큰 하중을 받고 고속회전을 하기 때문에 강도나 강성이 충분해야 하며 내마모성이 크고 정적 · 동적 평형이 잡혀 있어서 맥동이 없어 원활하게 회전하여야 하므로 고탄소강, 크롬강, 크롬–몰리브덴강 등이 사용된다.

• 점화조건

–연소의 시간 간격이 일정하여야 한다.

–혼합기가 각 실린더에 균일하게 분배되어야 한다.

–크랭크축에 진동이 일어나지 않아야 한다.

–하나의 메인 베어링에 연속하여 하중이 걸리지 않아야 한다.

–인접한 실린더에 연이어 점화되지 않아야 한다.

• 크랭크축의 점화순서

형식	크랭크핀의 위상차	점화순서
4기통	180°	1→3→4→2, 또는 1→2→4→3
6기통	120°	1→5→3→6→2→4(우수식) / 1→4→2→6→3→5(좌수식)
8기통	90°	1→6→2→5→8→3→7→4(직렬형)

PLUS 좌수식·우수식 ··· 1~6번 크랭크핀을 상사점의 위치로 하고 축을 앞에서 보았을 경우 3~4번 핀의 위치가 좌측에 있으면 좌수식, 우측에 있으면 우수식이 된다.

ⓩ **베어링**

• 베어링의 사용 : 피스톤과 커넥팅 로드, 커넥팅 로드와 크랭크핀 및 크랭크축 메인저널 사이에는 상호관계운동을 하므로 이러한 곳에 베어링을 사용한다.

• 베어링의 구비조건

  –내마멸성이 커야 한다.

  –내부식성이 커야 한다.

  –매몰성이 있어야 한다.

  –열전도성이 우수해야 한다.

  –길들임성이 우수해야 한다.

  –재질 : 배빗메탈(화이트메탈, 백메탈), 켈밋메탈(적메탈), 트리메탈, 알루미늄메탈

ⓩ **플라이휠(Fly wheel)**

• 기능 : 크랭크축의 주기적 파동을 막아 엔진의 회전속도를 고르게 하기 위해 플라이휠을 설치한다.

• 구조 : 회전 중 관성력이 크고 가벼워야 하므로 중심부의 두께는 얇게 하고 둘레는 두꺼운 원판으로 크랭크축의 후단에 플랜지 볼트로 고정되어 있다.

• 재질 : 재질은 주철 또는 강이며 그 뒷면은 클러치의 마찰판으로 사용하며 실린더 수가 적고 계속 회전인 엔진일수록 플라이휠의 중량은 커야 한다.

ⓩ **밸브**

• 기능 : 혼합기를 실린더 안으로 들여보내고 연소가스를 외부로 내보내는 일을 한다. 자동차에서는 포핏 밸브가 주로 사용되며 캠축 등으로 이루어진 밸브기구에 의해 작동한다.

• 밸브 회전기구 : 밸브가 작동 중에 카본의 쌓임과 편마모가 생기는 것을 방지하기 위해서는 밸브를 회전시켜야 한다. 릴리스 형식은 밸브가 열렸을 때 엔진의 진동으로 회전하고 포지티브 형식은 강제로 회전시키는 것이다.

• 밸브 간극 : 엔진이 작동 중에 열팽창을 고려하여 로커암과 밸브스템 사이에 간극을 두는 것을 말한다.

  –간극이 클 경우 : 밸브의 열림이 작아 흡배기의 효율이 저하되고 소음이 발생한다.

  –간극이 작을 경우 : 기밀유지가 안되고 푸시로드가 휘며 각 부분에 이상 마모가 생긴다.

ⓔ 밸브기구
- 밸브기구의 종류 : 오버헤드 밸브식, 오버헤드 캠축식
- 밸브 시트 : 밸브 시트는 밸브면과 밀착하는 실린더 블록이나 실린더 헤드의 면을 말하는 것으로 연소실의 기밀을 유지하는 역할을 하며 열을 냉각수의 통로로 방출한다.
- 밸브 스프링 : 밸브 스프링은 압축과 폭발행정 시 밸브면이 시트에 밀착되게 하여 기밀을 유지하게 하고, 밸브가 운동할 때에는 캠의 형상에 따라 확실하게 작동되도록 하는 작용을 한다.
- 캠(Cam) : 캠축의 회전에 의하여 밸브 리프트나 로커암을 밀어서 밸브를 개폐시키며 배전기와 연료펌프를 가동시키는 역할을 한다.

(3) 윤활장치

① 윤활장치 : 엔진의 섭동에서 금속간의 고체마찰에 의한 동력의 손실을 방지하고 부품의 마모와 마멸을 방지하기 위하여 섭동부에 오일을 주입하는 일련의 장치이다.

② 윤활작용 : 부식방지, 방청, 응력분산, 세척, 냉각, 밀봉, 마찰감소 및 마멸방지

③ 윤활방식

  ㉠ 혼합식 : 가솔린과 윤활유를 혼합하여 소기 시 윤활하는 방식으로 농기구 등에 사용된다.

  ㉡ 비산식 : 커넥팅 로드의 대단부에 부착되어 있는 주걱으로서 엔진회전 시 오일을 베어링이나 실린더 벽 등 각 섭동부에 뿌려서 윤활하는 방식이다. 이 방식은 단기통이나 2기통의 소형엔진에서만 사용된다.

  ㉢ 압송식 : 오일팬에 있는 오일을 오일펌프를 구동시켜 엔진의 각 섭동부에 압송하여 윤활하는 방식이다.

  ㉣ 비산압송식 : 커넥팅 로드에 비산구멍을 설치하여 커넥팅 로드 끝에서 오일을 비산하고, 오일펌프에 의한 압송식과 병용하여 윤활하는 방식으로 가장 많이 사용된다.

④ 윤활장치의 구성

　　㉠ **오일펌프** : 크랭크축이나 캠축에 의하여 구동되며 오일팬의 오일을 흡입·가압하여 윤활부로 보낸다. 종류로는 기어식 펌프, 로터리식 펌프, 플런저식 펌프, 베인식 펌프가 있다.

　　㉡ **오일펌프 스트레이너** : 오일펌프에 흡입되는 오일의 커다란 불순물을 여과한다.

　　㉢ **유압조절 밸브** : 윤활회로 내의 압력이 과도하게 상승하는 것을 방지하여 일정한 유압이 유지되도록 하는 것으로, 유압이 스프링의 힘보다 커지면 유압조절 밸브가 열려 과잉의 오일은 오일팬으로 되돌아가게 된다.

　　㉣ **오일 여과기**

　　　• 여과기의 종류 : 여과지식, 적층 금속판식, 원심식

　　　• 여과방식 : 분류식, 전류식, 샨트식

　　　• 유면 표시기 : 유면 표시기는 크랭크 케이스 내의 유면의 높이를 점검할 때 사용하는 금속막대이며, 그 끝부분에 풀(Full)과 로우(Low)의 표시가 새겨져 있다. 크랭크 케이스 내의 오일의 높이는 언제나 풀(Full) 눈금 가까이 있어야 한다.

> **PLUS** 오일의 오염정도
> –검은색인 경우 : 심한 오염
> –붉은색인 경우 : 가솔린의 유입
> –회색인 경우 : 연소 생성물의 유입
> –우유색인 경우 : 냉각수의 유입도 점검

⑤ **윤활유** : 내연엔진에는 주로 석유계 윤활유가 사용된다. 윤활유의 분류에는 SAE분류, API분류, MIL분류 등이 있었으나 요즘에는 SAE신분류가 제정되어 이것만을 사용하고 있다.

　　㉠ **구비조건**

　　　• 응고점이 낮고, 청정력이 좋아야 한다.

　　　• 점도가 적당하고, 열전도성이 좋아야 한다.

　　　• 적당한 비중이 있어야 하고, 산에 대한 안정성이 커야 한다.

　　　• 카본 및 회분생성이 적어야 하고, 유막을 형성해야 한다.

　　㉡ **점도와 점도지수**

　　　• 점도 : 유체가 흐를 때 나타나는 오일의 끈끈한 정도를 말한다. 점도가 낮은 것을 작은 번호로, 높은 것은 큰 번호로 표시하며, 번호가 클수록 온도에 의한 점도의 변화가 적은 것이다. 점도가 높으면 윤활유의 내부저항이 커서 동력의 손실이 많아지고, 점도가 낮으면 마찰작용이 이루어지지 않는다.

　　　• 점도지수 : 온도가 상승함에 따라 점도가 저하되며 온도에 대한 점도의 변화정도를 표시한 것을 말한다. 점도의 측정방법에는 레드우드, 엥글러, 세이볼트 등이 있다.

(4) 냉각장치

① 냉각장치 : 엔진의 과열 및 과냉을 방지하여 엔진의 손상을 예방하는 장치를 말하며, 냉각장치에 의해 흡수되는 열량은 엔진에 공급된 총열량의 약 30 ~ 35%가 된다.

[엔진의 과열 · 과냉]

구분		원인
엔진과열	원인	• 수온조절기가 닫힌 채 고장이거나 작동온도가 너무 높을 경우 • 라디에이터의 코어의 막힘이 과도하거나 오손 및 파손이 되었을 경우 • 팬벨트의 장력이 약하거나 이완 절손이 되었을 경우 • 물펌프의 작용이 불량할 경우 • 냉각수의 부족, 누출이 생길 경우 • 물재킷 내의 스케일이 과다할 경우 • 라디에이터 호스가 손상되었을 경우
	영향	• 각 부품의 변형이 생긴다. •조기점화, 노킹이 일어난다. • 출력이 저하된다. • 윤활유의 유막파괴나 소비량이 증대된다.
엔진과냉	원인	수온조절기가 열린 채 고장 나거나 열리는 온도가 너무 낮을 경우
	영향	• 출력이 저하된다. • 연료 소비율이 증대된다. • 오일이 희석된다. • 베어링이나 각 부가 마멸된다.

② 냉각방식

㉠ 공냉식 : 엔진을 직접 대기에 접촉시켜 냉각하는 방식으로, 자연 냉각식과 강제 냉각식이 있다. 수냉식에 비해 구조가 간단하지만 온도의 제어가 곤란하며 소음이 크다. 일반적으로 실린더 수가 많지 않은 소형엔진과 항공기용 엔진에 주로 사용된다.

㉡ 수냉식 : 라디에이터에서 냉각된 냉각수를 이용하여 엔진을 냉각하는 방법이다. 펌프로 냉각수를 실린더 블록과 실린더 헤드의 물재킷을 순환시키고, 가열된 냉각수를 라디에이터에서 방열하여 냉각한 후 다시 물펌프로 순환시키는 강제순환 방식이 이용된다. 자동차는 대부분 수냉식을 채택하고 있다.

③ 수냉식의 주요 부품 및 작용

ㄱ 주요 부품 : 물재킷, 물펌프, 벨트, 냉각팬, 시라우드, 방열기, 수온조절기(정온기)

ㄴ 냉각수와 부동액

- 냉각수 : 연수(증류수, 수돗물, 빗물 등)를 사용한다. 경수(지하수)를 사용하면 산과 염분이 포함되어 있으므로 물재킷 내의 스케일이 생겨 열전도를 저하시키고, 심하면 냉각수의 흐름 저항이 커지게 된다.
- 부동액 : 냉각수의 동결을 방지하는 역할을 하며 메탄올, 에틸렌글리콜, 글리세린 등이 있다.
- 냉각수와 부동액을 혼합할 경우 : 그 지방의 최저온도의 −5 ~ 10℃ 정도로 낮게 기준을 정한다.
- 혼합비율(영구부동액)

동결온도	물(%)	부동액 원액(%)
−10℃	80	20
−20℃	65	35
−30℃	55	45
−40℃	50	50

(5) 연료장치

① 연료장치 – 가솔린

ㄱ **연료장치** : 엔진이 필요로 하는 연료와 공기를 적당한 비율로 혼합하여 공급하는 장치로서 엔진의 성능, 특히 출력이나 경제성을 좌우하는 장치이다.

ㄴ **연료장치의 구성** : 연료탱크, 연료파이프, 연료여과기, 연료펌프, 기화기(Carburetor), 피드백 기화기(Feed back carburetor)

ㄷ **가솔린** : 탄화수소로 비중이 0.69 ~ 0.76, 발화점이 265 ~ 280℃, 저발열량이 11,000 ~ 11,500kcal/kg이다.

ㄹ **연소**

- 정상연소 : 엔진이 원활하게 운전되는 경우의 연소로서 연소속도는 20 ~ 30m/s 정도이다(단, 대기압 속에서는 2 ~ 3m/s 정도).
- 이상연소 : 노킹과 조기점화가 있으면 연소속도는 200 ~ 300m/s 정도이다.

PLUS 노킹은 점화 후에 일어나는 현상, 조기점화는 점화 전에 자연발화 하는 현상이다.

노킹의 원인	노킹 방지대책
• 압축비가 너무 높을 경우 • 점화가 빠를 경우 • 부하가 클 경우 • 엔진이 과열되었을 경우 • 연료의 옥탄가가 낮을 경우 • 혼합비가 맞지 않을 경우	• 압축비나 흡입공기의 온도, 엔진의 회전속도를 낮춘다. • 점화시기를 조정한다. • 옥탄가가 높은 연료를 사용한다.

- 노킹이 엔진에 미치는 영향 : 열효율, 엔진의 출력이 저하되고 엔진이 과열되어 피스톤, 밸브, 베어링 등이 소손되거나 고착된다.
- 조기점화(과조 착화) : 점화플러그에 의해 점화되기 전에 실린더 내의 돌출부, 열점 등 과열된 부분의 열로 인해 자연발화하는 현상이다.

ⓔ 옥탄가 : 연소의 억제성(안티노크성)의 정도를 수치로 나타낸 것이다.
- 옥탄가 = 이소옥탄/(노말헵탄 + 이소옥탄) × 100
- 이소옥탄 : 노킹을 잘 일으키지 않으려는 성질을 가진 물질
- 노킹 노말헵탄 : 정헵탄이라고도 하며, 노킹을 일으키기 쉬운 성질을 가진 물질

② 연료장치 – LPG

㉠ LPG의 성질과 장·단점
- 성질
- 순수한 LPG는 색깔과 냄새가 없고, 많은 양을 들이켜면 마취된다.
- 자동차용 연료로 사용되는 LPG는 가스누출의 위험을 방지하기 위하여 착취제(유기황, 질소, 산소 화합물 등)를 첨가하여 특이한 냄새가 나도록 하고 있다.
- 냉각·가압에 의해 쉽게 액화하고, 가압·감압에 의해 기화한다. 기화된 LPG는 공기의 약 1.5~2.0배 정도 무겁고, 액체상태에서는 물보다 0.5배 가볍다.
- 장·단점

장점	단점
- 연소 효율이 좋으며, 기관이 정숙하다. - 경제성이 좋다. - 기관 오일의 수명이 길다. - 대기 오염이 적고 위생적이다. - 퍼컬레이션이나 베이퍼 록 현상이 없다. - 연소실에 카본의 부착이 없어 점화플러그의 수명이 길다. - 황 성분이 적어 연소 후 배기가스에 의한 금속의 부식 및 기관, 머플러의 손상이 적다.	- 겨울철 기관의 시동이 어렵다. - 베이퍼라이저 내의 타르나 고무와 같은 물질을 수시로 배출해야 한다. - 연료의 취급과 절차가 번거롭다. - 장기간 정차 후 기관 시동이 어렵다.

ⓛ **LPG의 연료장치** : 봄베(bombe : 연료탱크)에서 액체 LPG로 나와 여과기에서 여과된 후 솔레노이드 밸브를 거쳐 베이퍼라이저(vaporizer)로 들어간다. 여기서 압력이 감소된 후 기체 LPG(liquefied petroleum gas)로 되어 가스믹서(mixer)에서 공기와 혼합되어 실린더 내로 들어간다.

ⓒ **LPI 연료장치**

* LPG를 고압의 액체상태(5~15bar)로 유지하면서 기관 ECU(컴퓨터)에 의해 제어되는 인젝터를 통하여 각 실린더로 분사하는 방식이다.

* 장점
  - 겨울철 시동성능이 향상된다.
  - 정밀한 LPG 공급량의 제어로 배출가스 규제 대응에 유리하다.
  - 고압 액체 상태로 연료가 인젝터에서 분사되므로 타르 생성 및 역화발생의 문제점을 개선할 수 있다.
  - 가솔린기관과 같은 수준의 출력성능을 발휘한다.

* 구성과 작용
  - 봄베(bombe) : 봄베(연료탱크), 연료펌프 드라이버, 멀티 밸브, 충전 밸브, 유량계
  - 연료펌프 : 봄베 내의 액체상태의 LPG를 인젝터로 압송하는 작용을 한다.
  - 연료차단 솔레노이드 밸브 : 멀티 밸브에 설치되어 있으며, 기관 시동을 ON/OFF할 때 작동하는 ON/OFF 방식이며, 시동을 OFF로 하면 봄베와 인젝터 사이의 연료라인을 차단하는 작용을 한다.
  - 과류 방지 밸브 : 자동차 사고 등으로 인하여 LPG 공급라인이 파손되었을 때 봄베로부터 LPG 송출을 차단하여 LPG 방출로 인한 위험을 방지하는 작용을 한다.
  - 수동 밸브(액체상태 LPG 송출 밸브) : 장기간 동안 자동차를 운행하지 않을 경우 수동으로 LPG 공급라인을 차단할 수 있도록 한다.
  - 릴리프 밸브 : LPG 공급라인의 압력을 액체 상태로 유지시켜, 열간 재시동 성능을 개선시키는 작용을 하며, 입구에 연결되는 판과 스프링장력에 의해 LPG 압력이 20±2bar에 도달하면 봄베로 LPG를 복귀시킨다.
  - 인젝터(injector) : 인젝터 니들 밸브가 열리면 연료압력 조절기를 통하여 공급된 높은 압력의 LPG는 연료 파이프의 압력에 의해 분사된다. 이때 분사량 조절은 인젝터의 출구 면적이 일정하기 때문에 인젝터 통전시간 제어를 통하여 이루어진다.
  - 아이싱 팁(icing tip) : LPG 분사 후 발생하는 기화 잠열로 인하여 주위 수분이 빙결을 형성하는데 이로 인한 기관 성능 저하를 방지하기 위해, 재질의 차이를 이용하여 얼음의 결속력을 저하시켜 얼음의 생성을 방지하는 작용
  - 연료압력 조절기 : 봄베에서 송출된 높은 압력의 LPG를 다이어프램과 스프링의 균형을 이용하여 LPG 공급라인 내의 압력을 항상 5bar로 유지시키는 작용을 한다. 또 가스 압력 측정 센서, 가스 온도 측정 센서 및 연료차단 솔레노이드 밸브를 내장하고 있어 LPG 공급라인의 공급 및 차단을 제어하는 작용을 한다.
  - 연료필터 : 연료중의 슬러지를 걸러 준다.

③ 연료장치 – CNG

㉠ 가스 충전 밸브(가스 주입구) : 가스 충전 시 사용하는 밸브로 충전 밸브에는 체크 밸브가 연결되어 고압가스 충전 시 역류를 방지하는 기능을 한다.

㉡ 가스 압력계 : 가스탱크 내의 연료량을 압력으로 표시하며 탱크 잔류압력 1MPa 이하에서는 기관 출력부족 현상이 발생하며 3.0MPa 이하에서는 재충전을 실시하여야 한다.

㉢ 체크 밸브 : 가스 충전 밸브 연결부 뒤쪽에 설치되어 고압가스 충전 시 역류를 방지한다.

㉣ GFI 솔레노이드 밸브(용기 밸브) : 시동 KEY ON/OFF 상태에 따라 가스용기에서 기관으로 공급되는 가스를 공급 및 차단하는 역할을 한다.

㉤ 기계식 수동 밸브(용기밸브) : 가스용기에서 기관으로 공급되는 가스를 공급 및 차단하는 밸브로 각각의 용기에 설치되고, 수동으로 밸브를 열고 닫는다.

㉥ PRD(pressure relief device) 밸브 : 화재로 인해 용기의 파열이 발생할 우려가 있을 경우 PRD 밸브의 가용전(연납)이 녹으면서 가스를 방출하여 용기의 파열을 예방한다.

㉦ 수동 차단 밸브 : 기관 정비 시 기관 배관에 남아있는 가스를 제거할 때 사용한다.

㉧ 가스 필터 : 수동 차단 밸브의 파이프라인에 설치되며, 가스 내의 불순물을 여과하여 불순물이 기관에 공급되는 것을 방지한다.

㉨ CNG탱크 온도 센서(NGTTS : natural gas tank temperature sensor) : 부특성 서미스터로 탱크 위에 설치되어 있으며 탱크 속의 연료 온도를 측정한다. 연료온도는 연료를 구동하기 위해 탱크 내의 압력 센서와 함께 사용된다.

㉩ 고압 차단 밸브(high pressure lock-off valve) : 가스 필터와 가스 압력조정기 사이에 설치되며 가스탱크에서 기관에 공급되는 압축 천연가스를 과다한 압력 및 누기 발생 시 차량과 기관을 보호하기 위하여 고압 가스라인을 차단하는 안전밸브이다.

㉪ 가스 압력 조정기(gas pressure regulator) : 압력 조정기의 가스 출구 측에는 과도압력조절장치(PRD)가 장착되어 있어 가스 출구압력이 1.1MPa 이상일 경우에는 가스를 대기로 방출시킨다. 또한 가스 압력 조정기에는 흡기관 압력보상 장치가 있어 흡기압력에 따라 가스의 토출압력이 변하게 되어 있다.

㉫ 가스열 교환기(heat exchanger) : 가스 압력 조정기와 가스 온도 조절기 사이 프레임 상단에 설치되어 가스탱크에 압축된 가스는 가스 압력 조정기를 통과하면서 압력이 팽창하여 가스 온도저하 및 동파방지를 위하여 상대적으로 따뜻한 냉각수를 공급하여 가스의 온도를 상승시키는 역할을 한다.

㉬ 가스 온도 조절기(gas thermostat) : 기관 냉각수의 유입을 자동적으로 조절하여 가스의 과냉 및 과열을 방지한다.

ⓗ 연료 미터링 밸브 : 8개의 인젝터가 개별적 또는 간헐적으로 유로를 개폐하여 연료의 압력을 조정해서 기관에 필요한 연료가스를 공급하며, 가속페달의 밟힘량 및 기관 회전수 신호 등을 ECU에서 펄스 신호로 제어하여 인젝터를 개방(인젝터의 개방시간으로 연료량을 제어)한다.

ⓐ 가스 혼합기(gas mixer) : 연료 미터링 밸브에서 공급된 가스와 압축공기를 혼합시킨다.

ⓑ 스로틀 밸브(throttle valve) : 기관 흡기 매니폴드 파이프에 장착되어 가스 혼합기를 통과한 혼합가스가 기관 실린더로 들어가는 양을 조절한다.

(6) 전자제어 연료분사 방식

① 개념 및 특징

㉠ 개념 : 각종 센서(sensor)를 부착하고 이 센서에 보내준 정보를 받아서 기관의 작동상태에 따라 연료 분사량을 컴퓨터(ECU : electronic control unit)로 제어하여 인젝터(injector : 분사기구)를 통하여 흡기다기관에 분사하는 방식이다.

㉡ 특징
- 공기흐름에 따른 관성질량이 작아 응답성이 향상된다.
- 기관의 출력이 증대되고, 연료소비율이 감소한다.
- 배출가스 감소로 인한 유해물질 배출감소 효과가 크다.
- 연료의 베이퍼 록(vapor lock), 퍼컬레이션(percolation), 빙결 등의 고장이 적으므로 운전성능이 향상된다.
- 이상적인 흡기다기관을 설계할 수 있어 기관의 효율이 향상된다.
- 각 실린더에 동일한 양의 연료 공급이 가능하다.
- 전자부품의 사용으로 구조가 복잡하고 값이 비싸다.
- 흡입계통의 공기누설이 기관에 큰 영향을 준다.

② 분류

㉠ 인젝터 설치 수에 따른 분류 : TBI(throttle body injection)방식, MPI(multi point injection), 실린더 내 가솔린 직접 분사방식

㉡ 제어방식에 의한 분류 : 기계 제어방식(mechanical control injection), 전자 제어방식(electronic control injection)

㉢ 분사방식에 의한 분류 : 연속 분사방식(continuous injection type), 간헐 분사방식(pulse timed injection type)

㉣ 흡입 공기량 계측방식에 의한 분류 : 매스플로방식(mass flow type : 질량 유량방식), 스피드 덴시티방식(speed density type : 속도 밀도방식)

③ 구조와 작용

　㉠ **흡입계통** : 공기청정기로 들어온 공기가 공기유량 센서(airflow sensor)로 들어와 흡입 공기량이 계측되면, 스로틀보디의 스로틀밸브의 열림 정도에 따라 서지탱크(surge tank)로 유입된다. 서지탱크로 유입된 공기는 각 실린더의 흡기다기관으로 분배되어 인젝터에서 분사된 연료와 혼합되어 실린더로 들어간다.

　　• 공기유량 센서 : 실린더로 들어가는 흡입 공기량을 검출하여 컴퓨터로 전달하는 일을 한다. 컴퓨터(ECU)는 이 센서에서 보내준 신호를 연산하여 연료 분사량을 결정하고, 분사신호를 인젝터에 보내어 연료를 분사시킨다.

　　• 스로틀보디 : 에어클리너와 서지탱크 사이에 설치되어 흡입공기 통로의 일부를 형성한다. 구조는 가속페달의 조작에 연동하여 흡입공기 통로의 단면적을 변화시켜 주는 스로틀밸브, 스로틀밸브 축 일부에는 스로틀밸브의 열림 정도를 검출하여 컴퓨터로 입력시키는 스로틀위치 센서가 있다.

　㉡ **연료계통** : 연료탱크의 연료는 연료펌프에 의하여 송출되며 연료필터, 연료 분배기로 공급된다. 연료 분배기에는 인젝터가 장착되고, 한 쪽 끝에는 연료압력 조절기가 장착된다. 연료압력 조절기는 연료압력을 흡기관 부압에 대하여 일정하게 유지시키는 작용을 하는 일종의 연료압력 조절밸브이다. 기관에 분사하는 연료량은 인젝터의 통전시간에 의하여 제어된다.

　　• 연료탱크(fuel tank) : 주행에 소요되는 연료를 저장한다.

　　• 연료 파이프(fuel pipe) : 연료장치의 각 부품을 연결하는 통로이다.

　　• 연료펌프(fuel pump) : 전자력으로 구동되는 전동기를 사용하며, 연료탱크 내에 들어 있다. 연료계통 내의 압력을 일정한 수준으로 유지시켜서 어떤 운전조건에서도 연료의 공급부족현상이 일어나지 않도록 한다.

　　• 연료 분배 파이프(delivery pipe) : 각 인젝터에 동일한 분사압력이 되도록 하며, 연료저장 기능을 지니고 있다.

　　• 연료 압력조절기(fuel pressure regulator) : 흡기다기관의 부압을 이용하여 연료계통 내의 압력을 조절해준다.

　　• 인젝터(injector) : 각 실린더에 연료를 분사하는 솔레노이드 밸브이다. 전류공급과정은 축전지→컨트롤 딜레이→ECU→파워TR→인젝터의 순이다.

　㉢ **제어계통**

　　• 컴퓨터(ECU)의 구성 : 기억장치, 중앙처리장치, 입력 및 출력장치, A/D변환기, 연산부분으로 구성되어 있다.

　　• 기관 컴퓨터(ECU)의 제어 : 컴퓨터에 의한 제어는 분사시기 제어와 분사량 제어로 나누어진다.

　　－분사시기 제어 : 동기분사(점화순서에 따라 각 실린더의 흡입행정(배기행정 말)에 맞추어 연료를 분사), 그룹분사(흡입행정이 서로 이웃하고 있는 실린더를 그룹별로 묶어서 연료를 분사), 동시분사(전 실린더에 대하여 크랭크축 매 회전마다 1회씩 일제히 분사)

─일반적으로 6실린더 기관에 적용하며 2실린더씩 묶어서 분사하면 3그룹 분사, 3실린더씩 묶어서 분사하면 2그룹 분사방식이 된다.

─연료 분사량 제어, 피드백 제어(feed back control), 점화시기 제어, 연료펌프 제어, 공전속도 제어, 노크(Knock) 제어장치, 자기진단 기능

ⓔ 기관 제어용 센서
- 기관의 기본적인 입력은 공기와 연료이며, 출력은 기계적 구동력과 배기가스의 배출이 된다. 센서는 기관에서 발생하는 물리변수를 측정하고, 그 값은 신호처리기를 통하여 제어기(ECU)에 전기적 신호로 보내진다.
- 종류 : 온도 검출용 센서, 압력 검출용 센서, 위치 및 회전각 센서, 산소 센서, 노크 센서, 차속 센서

(7) 흡 · 배기장치 및 배출가스

① 흡 · 배기장치
- ㉠ 개념 : 기관이 작동을 하기 위해서는 실린더 안으로 혼합가스(가솔린기관, LPI기관)나 공기(디젤기관)를 흡입한 후 연소시켜 그 연소가스를 밖으로 배출시켜야 하는데 이 작용을 하는 것이 흡 · 배기장치이다.
- ㉡ 공기청정기(air cleaner)
  - 엔진 시동 시 공기 속의 불순물을 제거하고, 흡기소음을 감소시킨다.
  - 종류 : 건식 · 습식이 있으며 건식 공기청정기는 케이스와 여과 엘리먼트로 구성되며, 습식 공기청정기는 엘리먼트가 스틸 울(steel wool)이나 천(gauze)이며 기관오일이 케이스 속에 들어 있다.
- ㉢ 흡기다기관(intake manifold) : 각 실린더에 혼합가스가 균일하게 분배되도록 하여야 하며, 공기 충돌을 방지하여 흡입효율이 떨어지지 않도록 굴곡이 있어서는 안 되며 연소가 촉진되도록 혼합가스에 와류를 일으키도록 하여야 한다. 혼합가스를 실린더 내로 안내하는 통로이며, 실린더헤드 측면에 설치되어 있다.
- ㉣ 가변 흡입장치(VICS : variable induction control system) : 저속과 고속에서 동시에 체적효율을 향상시키기 위해서는 흡기다기관의 길이나 체적을 기관 운전조건에 따라 가변시키는 것이 필요하며, 이러한 목적으로 사용되는 것이 가변 흡입장치이다.
- ㉤ 배기다기관(exhaust manifold) : 실린더에서 배출되는 배기가스를 모아서 소음기로 보낸다.
- ㉥ 촉매장치(catalytic converter) : 연소 후에 발생되는 배기가스의 유해물질을 산화 또는 환원반응을 통해 유해물질을 무해물질로 변환하는 장치를 말한다.
- ㉦ 소음기(muffler) : 고온의 배기가스를 실린더에서 그대로 방출시키면 급격히 팽창하여 격렬한 폭음을 낸다. 이 폭음을 막아주는 장치가 소음기이며, 음압과 음파를 억제시키는 구조로 되어 있다.

② 배출가스

　㉠ 개념 : 자동차에서 배출되는 가스에는 배기 파이프로부터의 배기가스, 기관 크랭크 케이스(crank case)로부터의 블로바이가스 및 연료계통으로부터의 증발가스 등 3가지가 있다.

　㉡ 배기가스의 종류와 특성

　　• 일산화탄소(CO) : 인체에 흡입하면 혈액 속에서 산소를 운반하는 세포인 헤모글로빈과 결합하여 신체 각부에 산소의 공급이 부족하게 되어 어느 한계에 도달하면 중독 증상을 일으킨다.

　　• 탄화수소(HC) : 농도가 낮은 탄화수소는 호흡기계통에 자극을 줄 정도이지만 심하면 점막이나 눈을 자극하게 된다.

　　• 질소산화물(NOx) : 광화학스모그(smog)는 대기 중에서 강한 태양광선(자외선)을 받아 광화학반응을 반복하여 일어나며, 눈이나 호흡기계통에 자극을 주는 물질이 2차적으로 형성되어 스모그가 된다.

　　• 입자상 물질(PM ; particulate matter) : 입자상 물질은 우리가 눈으로 볼 수 있는 입자성을 띠고 있다. 입자상 물질의 입자는 75% 이상이 직경 $1\mu\mathrm{m}$ 이하의 미세입자이기 때문에 기관지 등에 침투하여 장기간 잠재하며 특히 폐암의 원인으로 판명되고 있어 위해성에 대한 논란이 가중되고 있다.

③ 배출가스 제어장치

　㉠ 블로바이가스 제어장치 : 엔진은 운전 중에 연소실로부터 크랭크 케이스 내로 어느 정도의 배기가스나 혼합기가 들어온다. 이 가스 중에는 다량의 탄화수소(HC)가 포함되어 있으므로 대기 중에 방출하지 않고 이를 강제로 연소실로 보내 연소시키는 장치이다.

　㉡ 연료증발가스 제어장치 : 연료탱크와 기화기에서 발생된 증발가스는 대기를 오염시키므로 이것이 대기 중으로 방출되는 것을 막고 연소실로 유도하여 연소시키기 위한 장치이다.

　　• 캐니스터(canister) : 기관이 작동하지 않을 때 연료탱크에서 발생한 증발가스를 캐니스터 내에 흡수 저장(포집)하였다가 기관이 작동되면 PCSV를 통하여 서지탱크로 유입한다.

　　• PCSV(purge control solenoid valve) : 캐니스터에 포집된 연료 증발가스를 조절하는 장치이며, 컴퓨터에 의하여 작동된다.

　㉢ 배기가스 재순환장치(EGR ; exhaust gas recirculation) : 질소산화물의 배출을 저감시키기 위하여 흡기 부압에 의하여 열려 배기가스 중의 일부(혼합가스의 약 15%)를 배기다기관에서 빼내어 흡기다기관으로 순환시켜 연소실로 다시 유입시킨다.

　㉣ 제트에어장치 : 연소실에 흡기밸브와 밸기밸브 외에 제트밸브를 설치하여 흡입밸브와 같이 개폐되면서 흡입 공기에 강한 와류를 형성하여 잔류 가스를 배출시키고 연소를 촉진시킨다.

　㉤ 촉매 변환장치(컨버터) : 배기 다기관과 소음기 사이에 설치된 촉매 변환기의 작용으로 일산화탄소, 탄화수소, 질소산화물을 인체에 해가 없는 이산화탄소, 수소, 산소 등으로 환원·전환시키는 작용을 한다.

3. 디젤 엔진

(1) 디젤엔진 일반

① 개념 : 실린더 내에 공기만을 흡입·압축하여 공기의 온도가 높아졌을 때 연료를 안개모양으로 분사시켜, 이 안개모양의 연료가 압축열에 의해 자기착화 및 연소하여 작동을 계속하는 압축착화 엔진이다.

② 가솔린엔진과 비교
 ㉠ 같은 점 : 디젤엔진은 본체와 이에 부속된 윤활, 냉각, 연료, 흡배기, 전기장치 등 기본적인 구조는 가솔린엔진과 거의 비슷하다.
 ㉡ 다른 점 : 디젤엔진은 전기점화장치가 필요하지 않고 대신 연료분사장치가 필요하다. 그리고 연료는 자기착화가 잘되는 저유황경유를 사용한다.

[가솔린엔진과 디젤엔진의 비교]

비교항목	가솔린엔진	디젤엔진
압축비	7 ~ 10 : 1	16 ~ 20 : 1
공기와 연료의 혼합	균일혼합	불균일혼합
연료소비량	230 ~ 280g/ps-h	160 ~ 230g/ps-h
착화	전기점화	자기착화
열효율	25 ~ 30%	32 ~ 38%
연소형태	화염전파에 의한 연소	혼합연소 + 확산연소
부하제어원리	혼합기 양의 가감	연료분사기의 가감
부하제어방식	기화기의 스로틀 밸브의 개도	연료분사펌프의 제어

(2) 디젤엔진의 연소

① 디젤엔진의 연소
 ㉠ 디젤엔진은 압축된 고온의 공기에 경유 등의 연료를 미세하게 분사하여 착화시킨 다음에 연소과정으로 진행한다.
 ㉡ 노즐에서 실린더 내에 분사된 연소의 입자는 고압의 공기에 의해서 가열되며, 표면온도가 올라가고 증발을 시작하며, 적당한 온도와 공기 혼합비가 된 상태에서 착화하여 연소가 일어난다.
 ㉢ 착화할 때는 가솔린엔진과 같이 극히 특정한 장소에서 발화하는 것이 아니다.

ㄹ 연소과정
  • 착화지연기간(A → B) : 연료분사 후 착화될 때까지의 기간(연소준비기간)
  • 화염전파기간(B → C) : 착화지연기간 동안 만들어진 혼합기가 착화되는 기간(폭발적 연소기간)
  • 직접연소기간(C → D) : 화염 속에서 연료가 분사되고 분사와 동시에 연소하는 기간(제어연소기간)
  • 후기연소기간(D → E) : 연료 분사가 끝난 후 미연소 가스가 연소되는 기간(후연소기간)

② 디젤엔진 연소실
  ㉠ 구비조건
    • 분사된 연료를 가능한 짧은 시간에 완전 연소를 시켜야 한다.
    • 평균 유효압력이 높아야 한다.
    • 연료 소비율이 적어야 한다.
    • 고속회전에서 연소상태가 좋아야 한다.
    • 기동이 쉬우며 디젤 노크가 적어야 한다.
    • 진동이나 소음이 적고 모양이 간단해야 한다.
  ㉡ **종류** : 직접분사식, 예연소실식, 와류실식, 공기실식

(3) 엔진의 작동

① 4행정 사이클 디젤엔진
  ㉠ **흡입행정** : 피스톤의 하강운동에 의해 공기가 실린더 안으로 들어오는 행정이다. 배기밸브는 닫혀 있고, 흡기밸브만 열려있다.
  ㉡ **압축행정** : 피스톤의 상승운동으로 흡입행정에서 흡입한 공기를 착화온도(500 ~ 550℃) 이상으로 될 때까지 압축시키는 행정이다. 피스톤이 하사점에서 다시 상승하기 시작하면 흡기밸브를 닫아 공기의 출입문을 막는다.
  ㉢ **폭발(동력)행정** : 압축행정의 끝 부근에서 분사노즐을 거쳐 $100 \sim 200 \text{kg/cm}^2$의 압력으로 연료를 분사한다. 이때 분사된 연료가 공기의 압축열로 발화 연소되어 피스톤을 밀어 내린다. 이 힘이 동력이 되어 크랭크축에 회전력이 발생한다.
  ㉣ **배기행정** : 폭발행정에서 일을 한 연소가스를 피스톤이 올라감에 따라 배기밸브를 거쳐 밖으로 보내는 행정이다. 피스톤이 하사점까지 내려가면 배기밸브가 열린다.
  ㉤ 4행정 사이클 디젤엔진은 피스톤의 흡입, 압축, 동력 및 배기의 4행정, 즉 크랭크축의 2회전으로 1 사이클이 완료된다. 디젤엔진에서는 공기만을 흡입, 압축하여 고온이 되게 한다.

② 2행정 사이클 디젤엔진

　　㉠ **소기행정** : 연소가스의 압력으로 피스톤이 하강하여 실린더 벽면에 있는 소기구멍이 열리면 과급기(루츠 블로어)에서 압송된 신선한 공기가 실린더 안으로 들어가 배기가스를 밀어냄과 동시에 다음 연소에 필요한 공기가 흡입된다. 이 소제(掃除) 공기는 피스톤이 하사점까지 내려갔다가 다시 상승하여 소기구멍을 닫을 때까지 계속된다.

　　㉡ **압축행정** : 피스톤이 상승하여 소기구멍을 닫으면 바로 배기밸브도 닫혀 공기가 압축된다. 압축행정이 끝나는 시기에 실린더 안의 압축공기의 온도는 연료의 착화온도 이상이 된다(약 500℃ 정도).

　　㉢ **동력행정** : 압축공기가 연료의 착화온도 이상으로 압축되면 분사노즐에서 연료를 무기분사한다. 이 연료는 공기의 압축열에 의해 착화 연소하여 높은 압력이 생기는데, 이 연소압력에 의해 피스톤이 밀려 내려가 크랭크축에 회전력을 주는 동력이 발생한다.

　　㉣ **배기행정** : 피스톤이 하강하여 소기구멍을 열기 전에 먼저 배기밸브가 열려서 연소가스는 자신의 압력으로 배기 구멍을 통해 대기 속으로 배출된다.

　　㉤ **2행정 사이클 디젤엔진의 소기방식** : 횡단 소기식(클로스식), 루프 소기식, 단류 소기식(유니플로식)

(4) 엔진의 연료

① 경유

　　㉠ 디젤엔진의 연료로는 원유를 정제하여 경유를 쓰게 된다. 발화점은 200 ~ 350℃, 1kg을 완전연소시키는데 필요한 공기량은 14.4kg(약 11.2m³) 정도이다.

　　㉡ 구비조건
　　• 착화성이 양호하고, 적당한 점도를 가져야 한다.
　　• 인화점이 가솔린보다 높아야 한다.
　　• 불순물이나 유황분이 없어야 한다.
　　• 적당한 휘발성이 있어야 한다.
　　• 잔류탄소가 없으며, 발열량이 높아야 한다.

　　㉢ 규격
　　• ASTM 규격
　　• SAE 규격
　　　-1-D : 큰 휘발성의 증류유, 고속엔진에 적합
　　　-2-D : 중간 정도의 휘발성, 고무엔진에 적합
　　　-3-D : 적은 휘발성의 증류유, 중속엔진에 적합
　　　-4-D : 보일러용, 유황분 2% 정도, 저속엔진에 적합

(5) 분사펌프

① 분사펌프(인젝션 펌프)의 개념과 구조
  ㉠ 개념 : 연료를 연소실 내로 분사하는데 필요한 압력을 줌과 동시에 엔진의 부하나 회전수의 변화에 따라 각 실린더에 적량의 균일하게, 또 최적인 분사시기에 분사하기 위한 장치이다.
  ㉡ 구조 : 펌프 몸체, 조속기(거버너), 분사시기 조정장치, 연료공급펌프 등으로 구성된다.
  ㉢ 종류 : 연료의 최대 분사량에 따라 A형, B형, P형이 있고, 대표적인 것은 보시(Bosch)형의 열형 인젝션 펌프(A형)이다.

② 연료분사펌프의 기능
  ㉠ 펌프 하우징 : 일반적으로 경합금으로 만들어져 있으며, 연료에 분사압력을 주는 기능을 하는 것이다.
  ㉡ 캠축 : 엔진 크랭크축으로부터 타이밍기어를 거쳐서 작동되며, 플런저를 작동시키는 캠과 연료공급펌프를 구동하는 편심 캠으로 구성된다.
  ㉢ 태핏 : 캠과 접촉되는 부분에 롤러가 설치되어 있고, 펌프 하우징의 가이드 흠에 설치되어 있다. 태핏은 회전하지는 않으나 캠축에 의해 상하운동하며 이 운동을 플런저에 전달한다.
  ㉣ 태핏 간극(톱 간극) : 플런저가 캠에 의해 최고 위치까지 밀어 올려졌을 때 플런저 헤드부와 밸럴 윗면과의 간극을 말하며, 태핏 간극은 0.5mm 정도 둔다.
  ㉤ 펌프 엘리먼트 : 플런저와 플런저 배럴로 구성되며, 펌프 하우징에 고정되어 있는 플런저 배럴 속을 플런저가 상하운동을 하여 연료를 압축하는 일을 한다.

(6) 조속기

① 디젤엔진에서는 최고 회전을 제어하고 엔진에 무리가 걸리는 것을 방지함과 동시에 저속시의 회전을 안정시키기 위하여 조속기를 설치하고 있다.

② 필요성 : 운전사가 가속 페달을 조작하여 연료 분사량을 증감해서 엔진의 회전속도나 출력을 조정할 수 있으나, 특히 공회전 등을 할 때는 부하에 약간의 변동이 있어도 회전속도는 크게 변동한다. 그리고 엔진의 오버런을 방지하기 위해 일정한 회전속도 이상으로 되지 않도록 항상 조정하여야 하는데, 이와 같은 경우에 부하에 따라 분사량의 증감을 자동적으로 조정하여 제어 래크에 전달하는 장치가 필요하며 이것이 조속기이다.

③ 종류
  ㉠ 공기식 조속기 : 공기식 조속기는 연료의 분사량을 스로틀 밸브의 개도(開度)와 엔진의 회전속도에 따른 부압의 변화를 이용하여 자동적으로 조속(調速)하는 것이다.

ⓒ 기계식 조속기 : 기계식 조속기는 분사펌프의 회전속도의 변화에 따른 플라이 웨이트(추)의 원심력을 이용한 것이다.

④ 앵글라이히 장치와 타이머

ⓐ 앵글라이히 장치 : 엔진의 고속 회전시의 공기량(공기 과잉율이 큼)과 저속 회전시의 공기량(공기 과잉율이 적음)이 달라지는 모순을 해결하기 위해 운전 시 모든 회전범위에 걸쳐 흡입공기를 유효하게 이용할 수 있게 분사량을 바꿔 공기와 연료의 비율이 일정하게 되도록 한 장치이다.

ⓑ 타이머(분사시기 조정장치)
- 기능 : 노즐에서 분사된 실린더 내의 연료는 착화지연기간을 거친 후 발화 연소한다. 이 착화지연기간은 거의 일정하다고 보아도 좋기 때문에 엔진의 부하 및 회전속도에 따라 분사시기를 변화시켜야 하는데, 이를 위한 것이 분사시기 조정 장치이다.
- 종류 : 분사시기 조정 장치에는 수동식과 자동식의 두 종류가 있으며, 자동차용으로는 자동식이 많이 사용되고 있다.

(7) 연료장치

① 연료분사장치

ⓐ 연료분사장치의 종류 : 독립식(펌프 제어식), 분배식, 유닛분사식, 공동식
ⓑ 독립식 연료분사장치 : 연료파이프, 연료여과기, 연료공급펌프(피드펌프)

② 분배형 연료분사펌프

ⓐ 작동원리
- 분배형 분사펌프는 소형 고속 디젤엔진의 발전과 함께 개발된 것이며, 하나의 펌프 엘리먼트로 각 실린더에 연료를 공급하게 되어 있다.
- 분배형 분사펌프의 작동은 플런저가 회전하면 흡입구멍이 닫혀, 분배구멍이 하나의 출구통로로서 개방된다.
- 플런저가 더 회전하면 페이스 캠이 롤러 위에 올라가고, 플런저가 상승하여 연료를 압송하기 시작하며, 딜리버리 스프링을 밀어 올려 노즐에서 연료가 분사된다.

ⓑ 특징
- 소형이고 경량이다.
- 부품수가 적다.
- 캠의 양정이 아주 작기 때문에 엔진의 고속회전을 얻을 수 있다(엔진 회전수 6,000rpm까지).
- 펌프 윤활을 위해 특별한 윤활유를 필요로 하지 않는다.
- 플런저가 왕복운동과 함께 회전운동도 하므로 편마멸이 적다.
- 플런저의 작동회수가 실린더 수에 비례해서 증가되므로 실린더 수와 최고 회전속도의 제한을 받는다.
- 연료 분사량이 균일하고, 엔진 시동이 쉽다.

③ 분사노즐과 노즐 홀더

　　㉠ 분사노즐 : 실린더 헤드에 설치되어 있으며 분사펌프에서 압송되는 고압의 연료를 분사노즐을 통하여 안개모양으로 무화하여 연소실 안으로 분사하는 역할을 하고 있다. 분사노즐은 연료분사펌프의 성능과도 직결되며 엔진의 성능을 발휘하기 위하여 매우 중요한 부분이다.

　　㉡ 분류
　　　• 개방형 노즐 : 노즐의 끝부분이 니들밸브 없이 항상 열려있는 노즐이다.
　　　• 폐지형 노즐 : 자동차용 디젤엔진에서는 폐지형 노즐이 사용되고 있으며, 분사형상에 따라 스로틀형, 핀틀형, 홀형이 있다. 현재 자동차용으로 사용되고 있는 노즐은 스로틀형 또는 홀형이다.

　　㉢ 노즐 홀더 : 노즐을 실린더 헤드에 장치함과 동시에 노즐까지 연료를 보내는 통로의 역할을 하며, 또한 노즐의 분사개시 압력을 조정하는 것이다. 노즐 홀더의 상단부에는 캡 너트가 있으며, 캡 너트에는 오버플로우 파이프가 장치되어 있다.

　　㉣ 분사노즐의 점검 : 노즐의 고장은 주로 연료중의 불순물로 인해 발생하며 노즐의 과열, 취급불량 및 조립불량 등이 그 원인이 된다. 연료분무의 형상이 약 40°의 각도로 끝이 열린 정확한 원뿔형인지, 분사 전·후에 노즐구멍에 후적이 없는지, 분무의 안개입자가 균일한지를 점검한다.

(8) 예열장치

① 예열장치의 필요성 : 디젤엔진은 압축착화 엔진이므로 한랭 시에는 잘 착화되지 않는다. 따라서 시동을 걸기 전에 흡기 다기관 내의 공기를 미리 가열해 주는 장치가 필요하다.

② 기능 : 예열플러그는 겨울철에 외기의 기온이 낮거나, 엔진이 냉각되어 있을 때, 압축열이 실린더나 실린더 헤드 및 피스톤에 흡수되어 연료가 착화할 수 없을 때 연소실 내의 공기를 미리 가열하여 시동이 용이하게 하는 장치이다.

③ 종류

　　㉠ 예열플러그식 : 예연소실식과 와류실식의 엔진에 사용하며, 연소실내의 압축공기를 직접 예열한다.
　　　• 실드형 : 병렬로 결선되며 보호금속관 안에 있는 히트 코일을 결합한 것이다.
　　　• 코일형 : 직렬로 결선되는 것으로 히트 코일 밖으로 노출되어 있다. 현재는 내구성이 좋은 실드형이 많이 사용된다.

　　㉡ 흡기가열식 : 직접분사식 엔진에 사용하며 실린더에 흡입되는 공기를 가열한다.

④ 예열장치 점검

　　㉠ 정격에 맞지 않는 용량의 플러그를 혼용할 때
　　㉡ 엔진의 진동, 과열, 연소가스의 블로바이현상이 발생할 때

ⓒ 저항값이 작아졌을 때

ⓓ 예열기간이 너무 길 때

(9) 과급기

① 과급 : 대기압보다 높은 압력으로 엔진에 공기를 압송하는 것을 과급이라 한다.

② 기능 : 과급을 하면 엔진의 충전효율을 높여 엔진의 축력, 회전력, 연료 소비율의 향상과 착화지연을 짧게 할 수 있다. 특히 2행정 사이클 엔진은 소기작용을 하기 위해 과급이 반드시 필요하다.

③ 구비조건 : 과급기는 엔진의 전 회전범위에 걸쳐 배출압력이 균일하고 효율이 높으며, 과급량에 대한 무게가 가벼워야 한다.

④ 종류

ⓐ 터보식 과급기
- 구조 : 배기가스에 의해 회전하는 터빈과 실린더에 공기를 압송하는 임펠러가 하나의 축에 회전자로 결합되어 이것이 터빈 케이스 안에 들어있다.
- 작동 : 엔진의 배기가스가 배기 다기관에서 터빈 케이스로 들어가 터빈을 고속회전(50,000rpm 이상)시킨다. 이때 터빈과 같은 층에 부착되어 있는 임펠러도 동시에 고속 회전하여 공기를 가압 실린더로 보낸다.
- 효과 : 터보식 과급기를 설치하면 엔진의 중량은 10 ~ 15% 증가하는데 반해, 엔진의 출력은 35 ~ 45% 정도 증가한다.

ⓑ 송풍기
- 구조 : 회전하는 2개의 로우터가 하우징 안에 들어있고, 양 끝은 베어링으로 지지되어 있다.
- 작동 : 엔진 뒤쪽에 있는 크랭크축 기어의 회전이 아이들 기어를 통해 블로어 기어, 세레이션, 로우터 기어, 로우터의 순으로 구동된다.

(10) 커먼레일방식의 연료장치

① 커먼레일방식의 개요 : 커먼레일방식에서는 연료 분사압력 발생과정과 분사과정이 서로 분리되어 있다. 연료분사 압력은 기관 회전속도와 분사된 연료량에 독립적으로 생성되고 각각의 분사과정에서 커먼레일에 저장된다. 분사개시와 연료 분사량은 컴퓨터에서 계측되고, 분사유닛을 경유하여 인젝터를 통해 각 실린더에 공급된다.

② 커먼레일방식의 주요 구성부품 : 고압의 연료를 저장하는 어큐뮬레이터(accumulate : 축압기)인 커먼레일을 비롯하여 초고압 연료 공급장치, 인젝터(injector), 전기적인 입·출력요소, 컴퓨터(ECU) 등으로 되어 있다.

③ 장점
  ㉠ 유해 배기가스의 배출을 감소시킬 수 있다.
  ㉡ 연료 소비율을 향상시킬 수 있다.
  ㉢ 기관의 성능을 향상시킬 수 있다.
  ㉣ 운전성능을 향상시킬 수 있다.
  ㉤ 콤팩트(compact)한 설계와 경량화가 가능하다.

④ 연료장치의 전자제어

⑤ 연료장치의 구성
  ㉠ 연료장치의 구성요소들은 높은 압력의 연료를 형성 분배할 수 있도록 되어 있으며, 컴퓨터에 의
     해 제어된다. 따라서 연료장치는 기존의 분사펌프에 의한 연료 공급방식과는 완전히 다르다.
  ㉡ 커먼레일방식은 저압 연료라인, 고압 연료라인, 컴퓨터 등으로 구성되며 연료 공급과정은 저압
     연료펌프 → 연료여과기 → 고압 연료펌프 → 커먼레일 → 인젝터이다.

⑥ 연료분사(fuel injection)
  ㉠ 제1단계, 착화분사(pilot injection) : 주 분사가 이루어지기 전에 적은 양의 연료를 분사하여 연소
     가 잘 이루어지도록 하기 위한 것이다. 착화분사 실시 여부에 따라 기관의 소음과 진동을 감소
     시키기 위한 목적을 두고 있다.
  ㉡ 제2단계, 주 분사(main injection) : 기관의 출력에 대한 에너지는 주 분사로부터 나온다. 주 분사
     는 착화분사가 실행되었는지를 고려하여 연료량을 계측한다. 주 분사의 기본값으로 사용되는 것
     은 기관 회전력(가속페달 위치 센서의 값), 기관 회전속도, 냉각수 온도, 대기압력 등이다.
  ㉢ 제3단계, 사후분사(post injection) : 연료(탄화수소)를 촉매컨버터에 공급하기 위한 것이며, 이것
     은 배기가스에서 질소산화물을 감소시키기 위한 것이다. 사후분사의 계측은 20ms 간격으로 동
     시에 실행되며, 최소 연료량과 작동시간을 계산한다.
  ㉣ 연료의 압력과 온도에 따라서 분사량과 분사시기가 보정된다.

3 섀시

1. 동력전달장치

(1) 개념

동력전달장치(Power train system)는 엔진에서 발생한 동력을 구동바퀴까지 전달하기 위한 장치를 말한다.

(2) 동력전달장치의 구성

① 구성 : 동력전달장치는 클러치, 변속기, 추진축, 종감속 기어, 차동장치, 액슬축 등으로 이루어졌다.

② 클러치 : 엔진의 동력을 변속기에 전달하거나 차단하는 장치이다.

  ㉠ 구비조건
  - 동력차단이 신속하고 확실하게 이루어져야 한다.
  - 회전관성이 적어야 한다.
  - 방열이 양호하여 과열되지 않아야 한다.
  - 회전부분의 평형이 좋아야 한다.
  - 구조가 간단하고 고장이 적어야 한다.

  ㉡ 작동원리
  - 동력의 전달 : 클러치 페달을 놓으면 클러치 스프링이 압력판을 강하게 밀게 되어 압력판과 디스크가 플라이휠에 밀착되고 엔진에서 발생한 동력이 변속기의 압력축에 전달된다.
  - 동력의 차단 : 클러치 페달을 밟으면 연결된 릴리스 포크가 릴리스 베어링에 압력을 가하고 릴리스 베어링은 릴리스 레버를 밀어서 클러치 스프링에 의하여 플라이휠에 밀착되어 있는 압력판이 클러치판으로부터 떨어져 차단된다.

  ㉢ 조작 기구
  - 기계식 클러치 : 로드나 와이어를 통하여 릴리스 포크를 움직이는 것으로 구조가 간단하고 작동이 확실하여 가장 많이 사용되고 있다.
  - 유압식 클러치 : 페달을 밟으면 유압이 발생하여 릴리스 포크를 움직이는 것으로 마스터 실린더에서 발생되는 유압으로 릴리스 포크를 움직이게 하며, 그 사이에 오일파이프와 플렉시블 호스가 유압을 연결한다.

[유압식 클러치의 장·단점]

장점	단점
• 마찰부분이 적어 페달을 밟는 힘이 적어도 된다. • 압력이 빠르게 전달되기 때문에 클러치 조작이 신속하다.	• 조작기구가 복잡하다. • 오일이 새거나 공기가 유입되면 조작이 잘 안 된다. • 기계식에 비하여 가격이 비싸다.

② 클러치 페달의 자유간극 : 페달이 움직이기 시작하여 릴리스 레버에 힘이 작용할 때까지 움직인 거리를 페달의 자유간극이라 하는데, 클러치의 미끄럼 방지, 클러치판과 릴리스 베어링의 마멸 감소를 위해 둔다. 일반적인 클러치 페달 자유간극은 20~30mm정도로, 자유간극이 너무 작으면 릴리스 베어링이 조기 마모되고 미끄럼 현상이 발생하며, 간극이 너무 크면 클러치의 단속이 불확실하여 클러치 변속이 잘 안 된다.

⑩ 클러치의 고장진단 및 점검
  • 클러치가 미끄러지는 원인
  - 클러치 페달의 유격이 너무 작을 때
  - 페이싱의 마모나 오일이 부착되었을 때
  - 클러치 스프링이 불량일 때
  - 플라이휠이나 압력판이 불량일 때
  • 클러치의 소음원인
  - 플라이휠의 볼트가 헐겁거나 클러치 하우징에 접촉되었을 때(페달을 밟았을 때)
  - 릴리스 레버의 스프링이 노후나 마모되었을 때(페달을 놓았을 때)
  - 릴리스 베어링의 과대마멸이나 급유부족이 되었을 때(클러치 차단 시)
  - 릴리스 레버 상호간에 높이의 차이가 날 때
  • 클러치의 세척방법 : 유압클러치의 마스터 실린더, 릴리스 실린더 등은 알코올이나 브레이크 오일로 닦아낸다.

③ 변속기 : 자동차의 주행상태에 따라 기어의 물림을 변환시켜 구동력을 증감시키고 전진과 후진 및 중립상태로 할 수 있는 장치이다.

  ㉠ 수동식 변속기 : 엔진과 추진축 사이에 설치되어 있으며 엔진의 동력을 주행상태에 알맞게 회전력과 회전속도를 바꾸어 구동바퀴에 전달하는 변속기이다.
  • 필요성 : 회전력의 증대와 후진 그리고 엔진에 대한 무부하상태를 유지하는데 필요하다.
  • 구비조건
  - 연속적인 변속조작이 가능해야 한다.
  - 변속이 쉽고 확실하며 안정적이어야 한다.
  - 전달효율이 좋아야 한다.
  - 소형이고 경량이어야 한다.

- 종류 : 수동식 변속기에는 섭동기어식과 상시물림식(상시치합식), 동기물림식, 유성기어식 등

ⓛ **자동식 변속기** : 자동차의 주행상태에 따라 클러치 작용과 변속기의 작용이 자동적으로 이루어지며 유체 클러치 또는 토크 변환기 중 하나와 유성기어 유닛 및 제어장치의 3주요부로 구성된다.

[자동식 변속기의 장 · 단점]

장점	단점
• 엔진이 멈추는 일이 적어 운전하기가 편리하다. • 발진 · 가속 · 감속이 원활하게 되어 승차감이 좋다. • 유체가 댐퍼의 역할을 하여 충격을 흡수한다.	• 구조가 복잡하고 값이 비싸다. • 연료소비가 10% 정도 많아진다. • 밀거나 끌어서 시동할 수 없다.

- 유체 클러치 : 동력을 유체운동 에너지로 바꾸고 이 에너지를 다시 동력으로 바꾸어서 변속기로 전달하는 클러치이다.
- 토크 컨버터 : 토크 컨버터(변환기)는 유체 클러치와 근본적인 원리는 같으며 유체의 운동에너지를 이용하여 회전력(토크)을 자동으로 변환하는 동시에 유체 클러치의 역할을 한다.
- 자동변속 기어부 : 토크 컨버터의 뒷부분에 있는 유성기어와 다판 클러치, 브레이크 밴드, 일방향 클러치 및 유압제어기구로 구성되어 있으며 유성기어 장치를 사용한다.

④ **드라이브 라인(구동장치)**

㉠ **추진축** : 변속기로부터의 동력을 종감속 기어에 전달하는 장치이다.
- 추진축의 구조 : 축은 강한 비틀림 하중을 받으며 고속으로 회전을 하기 때문에 강도를 지닌 속이 비어있는 강관으로 되어 있다.
- 자재이음 요크 : 추진축의 양쪽 끝에 설치되고 어느 한쪽에 이음용의 스플라인축이 설치되어 있다.
- 추진축의 길이 : 길이가 너무 길어지게 되면 비틀림 진동과 굽음 진동이 일어나 위험하게 되므로 축을 둘로 하고 중간에 베어링을 두고 프레임에 설치한다.
- 평형추 : 기하학적 중심과 질량적 중심이 일치되지 않으면 진동을 일으키게 되므로 무게의 평형을 맞추어 주는 것이다.
- 추진축의 고장원인 : 축의 휨이나 마모, 베어링의 파손, 스플라인의 마모

㉡ **자재 이음** : 각도를 가지고 동력을 전달하는 추진축이나 앞차축 등에 설치되어 자유로이 동력을 전달하기 위한 장치이다. 플렉시블 이음, 등속 이음(CV자재 이음), 트러니언 이음, 십자형 이음 방식이 있다.

⑤ **종감속 기어** : 추진축에서 전달되는 동력을 직각으로 뒤차축에 전달하여 일정한 감속(구동력 증대)을 얻어내기 위한 장치이다.

㉠ **웜 기어** : 큰 감속비를 얻을 수 있고 구동축의 높이를 낮출 수 있으나 전동효율이 낮고 열의 발생을 크게 할 수 있다.

㉡ **스파이럴 베벨 기어** : 톱니의 형태가 매우 경사지며 구동피니언의 중심과 링기어의 중심을 일치시킨 구조이다.

ⓒ 하이포이드 기어 : 구동피니언과 스파이럴 베벨 기어를 편심시킨 것이다.

⑥ 차동기어 장치 : 커브길 또는 굴곡 노면에서의 양쪽바퀴의 회전수 차이를 자동적으로 조절해주는 장치이다.

⑦ 차축

　ⓒ 구동륜 차축 : 엔진에서 변속기, 종감속 기어를 통하여 전달된 구동력을 바퀴에 전달하는 역할과 노면에서 받는 상하, 전후, 좌우방향의 힘을 지지하는 역할을 하는 것으로, 앞바퀴 구동차는 앞차축이, 뒷바퀴 구동차에서는 뒤차축이, 전륜(全輪) 구동차에서는 앞·뒤차축이 여기에 해당된다.

　ⓛ 유동륜 차축 : 차의 무게만 지지하고 구동력을 전달하지 않는 관계로 구동륜 차축에 비하여 구조가 비교적 간단하고 뒷바퀴 구동차의 앞바퀴와 앞바퀴 구동차의 뒷바퀴가 이에 해당된다.

　ⓒ 차축 하우징
　　• 차축 하우징은 종감속 기어, 차동기어 및 차축을 포함하는 튜브모양의 고정축이다.
　　• 양 끝은 스프링의 지지부가 마련되어 있으며, 벤조형, 분할형, 빌드업형으로 나누어진다.

2. 현가장치

(1) 개념 및 구성

① 개념 : 차축과 프레임을 연결하여 주행 중 노면으로부터 받는 진동이나 충격을 흡수 또는 완화하여 차체나 승차자를 보호하고 화물의 손상을 방지하며 안정성을 향상시키는 장치를 말한다.

② 구성 : 스프링(판스프링, 코일스프링, 토션바 스프링, 공기 스프링), 쇼크업소버(쇽업쇼바), 스태빌라이저

(2) 현가장치의 종류

① 독립 현가장치 : 독립 현가장치는 승차감이나 안정성을 높이기 위하여 양쪽 바퀴를 분할하여 서로 관계없이 움직이는 구조로 되어 있어 승차감이 좋아야 하는 승용차에 많이 사용되고 있다.

　ⓒ 위시본 형식 : 2개의 상·하 서스펜션암과 프레임 사이에 설치된 완충장치로서, 2개의 상·하 볼조인트와 연결된 조향너클 등으로 구성되어 있으며 가장 많이 사용되는 형식이다.

　ⓛ 맥퍼슨 형식 : 현가장치와 조향장치가 하나로 되어 있으며 쇼크업소버가 내장된 스트러트와 볼조인트, 컨트롤암, 스프링 등으로 구성된다. 스트러트의 윗부분은 서스펜션 서포트를 통해 차체에 결합되고 조향할 때는 너클과 함께 스트러트가 회전한다.

② 일체차축 현가장치 : 일체로 된 차축에 양 바퀴가 설치되고 이 차축이 스프링을 거쳐 차체에 설치된 구조로 버스, 트럭의 앞뒤차축, 승용차의 뒤차축 등에 많이 사용된다.

③ 뒤 독립 현가장치 : 뒤 현가장치를 독립 현가장치로 하면 승차감이 향상되고 차체의 밑판을 낮출 수 있으므로 실내의 유효면적이 넓어지기 때문에 승용차에 많이 사용되고 있다.

④ 구동형식

　　㉠ 호치키스 구동 : 판스프링을 사용할 때 이용되는 형식으로 구동력은 스프링의 끝을 거쳐 차체에 전달되며 리어 앤드 토크나 출발·정지할 때의 비틀림도 스프링에 의하여 흡수된다.

　　㉡ 토크튜브 구동 : 코일 스프링을 사용할 때 이용하는 형식으로 토크튜브 안에 추진축을 설치하며, 구동력은 컨트롤암을 거쳐 차체에 전달되고 리어 앤드 토크튜브가 흡수한다.

　　㉢ 레이디어스암 구동 : 코일 스프링을 이용하는 형식으로 구동력은 차축과 차체를 연결한 레이디어스암이 전달되며 리어 앤드 토크도 레이디어스암이 흡수한다.

(3) 전자제어 현가장치(ECS : Electronic control suspension)

전자제어 현가장치는 자동차의 각 부에 설치된 센서에서 감지한 자동차의 주행조건, 노면상태, 운전자의 스위치 선택 등을 종합하여 ECU가 작동부를 제어하여 차의 높이와 현가장치를 자동 조정하여 주행 중 승차감과 조향성을 향상시켜 주는 장치이다.

① ECS의 특성

　　㉠ 스프링의 상수와 완충력 선택
　　　• HARD : 조향성이 안정된다.
　　　• SOFT : 승차감이 향상된다.
　　　• AUTO : 주행조건에 따라 자동으로 HARD, SOFT를 스스로 선택한다.

　　㉡ 조향휠의 감도 선택 : ECS 패널 스위치의 조작으로 조향휠의 감도를 선택할 수 있다.

　　㉢ 차고 조정 : AUTO모드에서는 노면과 주행조건에 따라 표준(NORMAL), 낮음(LOW), 높음(HIGH)이 자동 조정되며 운전자가 조정을 선택할 수도 있다.

　　㉣ ECS 패널 스위치 램프 : 운전자의 선택모드가 컨트롤 유닛에 전달되는 동시에 차고상태 및 현가장치의 상태가 램프나 버저에 의해 표시된다.

　　㉤ 자가진단 : 입력신호나 출력신호가 비정상일 경우에 경고등이 점등되며 운전자에게 알리고 전자 통제가 자동적으로 작동하며 비정상 기능의 형태에 따라 자기진단 점검 터미널로 고장출력 신호를 보낸다. 또한 이 신호는 기억이 되어 점화스위치가 OFF되더라도 소멸되지 않는다.

② 주요 부품의 구조 및 작동

　　㉠ 정보 입력 장치 : 헤드라이트 릴레이, 발전기 L단자, 제동등 스위치, 도어 스위치, 스로틀 위치 센서(TPS), 차속 센서, 조향휠 각속도 센서, 차고 센서

ⓛ 제어장치(컨트롤 유닛) : 각종 센서에서 받은 신호를 감지·판단하여 차고와 스프링상수, 감쇠력 등을 제어한다.

ⓒ 작동장치 : 공기 액추에이터, 공기압축기와 공기압축기 릴레이, 리저브 탱크, 공기 공급 솔레노이드 밸브, 앞·뒤 솔레노이드 밸브

3. 조향장치

(1) 개념과 원리

① 개념 : 조향장치는 자동차의 진행방향을 운전자가 의도하는 바에 따라서 임의로 조작할 수 있는 장치이며 조향핸들을 조작하면 조향 기어에 그 회전력이 전달되며 조향 기어에 의해 감속하여 앞바퀴의 방향을 바꿀 수 있도록 되어 있다.

② 원리
　　ⓣ 작동원리 : 자동차가 선회할 경우에 모든 바퀴가 미끄러지거나 저항이 있으면 안 되기 때문에 선회 시에는 좌우 앞바퀴의 조향각에 차이를 두어야 한다.
　　ⓛ 애커먼-장토식(ackerman-jantoud type) 조향장치 : 조향 각도를 최대로 하고 선회할 때 선회하는 안쪽 바퀴의 조향 각도가 바깥쪽 바퀴의 조향 각도보다 크게 되며, 뒷차축 연장선상의 한 점을 중심으로 동심원을 그리면서 선회하여 사이드슬립 방지와 조향핸들 조작에 따른 저항을 감소시킬 수 있는 방식이다.

③ 구비조건
　　ⓣ 조향 조작이 주행 중의 충격에 영향을 받지 않을 것
　　ⓛ 조작이 쉽고, 방향 변환이 원활하게 행해질 것
　　ⓒ 회전반지름이 작아서 좁은 곳에서도 방향 변환을 할 수 있을 것
　　ⓔ 진행방향을 바꿀 때 섀시 및 보디 각 부에 무리한 힘이 작용되지 않을 것
　　ⓜ 고속주행에서도 조향핸들이 안정될 것
　　ⓗ 조향핸들의 회전과 바퀴 선회 차이가 크지 않을 것
　　ⓢ 수명이 길고 다루기나 정비하기가 쉬울 것

(2) 조향장치의 구성과 기능

① 조향조작 기구 : 운전자가 직접 조향조작을 하여 각 기구로 전달하는 부분이며 조향휠, 조향축 및 칼럼 등으로 이루어진다.

② 조향기어 기구 : 조향기어는 조향휠의 움직임을 감속함과 동시에 운동의 방향을 바꾸어 링크기구로 전달하는 부분이며 프레임에 고정된 기어기구이다.

③ 조향링크 기구 : 기어기구의 움직임을 앞바퀴에 전달함과 동시에 좌우바퀴의 관계위치를 올바르게 유지하는 부분이며 피트먼암, 드래그 링크, 너클암 및 타이로드 등으로 구성되어 있다.

(3) 동력 조향장치(power steering system)

① 개요 : 가볍고 원활한 조향조작을 위해 기관의 동력으로 오일펌프를 구동하여 발생한 유압을 이용하는 동력 조향장치를 설치하여 조향핸들의 조작력을 경감시키는 장치이다.

② 장ㆍ단점

장점	단점
• 조향 조작력이 작아도 된다. • 조향 조작력에 관계없이 조향 기어비를 선정할 수 있다. • 노면으로부터의 충격 및 진동을 흡수한다. • 앞바퀴의 시미현상을 방지할 수 있다. • 조향 조작이 경쾌하고 신속하다.	• 구조가 복잡하고 값이 비싸다. • 고장이 발생한 경우에는 정비가 어렵다. • 오일펌프 구동에 기관의 출력이 일부 소비된다.

③ 분류 및 구조

ㄱ 분류 : 제어밸브와 실린더의 형상, 배치에 따라 여러 가지 형식이 있으며 각각의 차량의 용도에 따라 사용한다. 링키지형(조합형, 분리형), 일체형(인라인형, 오프셋 형)으로 구분한다.

ㄴ 구조 : 동력 조향장치는 작동부분(동력실린더), 제어부분(제어밸브), 동력부분(오일펌프)의 3주요부와 유량 제어밸브 및 유압 제어밸브와 안전 체크밸브 등으로 구성되어 있다.

(4) 전자제어 동력 조향장치(ECPS ; electronic control power steering)

① 차속 감음형 유량 제어방식의 작동 : 차속센서에 의해 주행속도를 검출하여 주행속도에 따라 동력실린더에 작용하는 유압을 변화시킨다.

② 반력 제어방식의 작동 : 차속센서가 로터리형 유압모터로 되어 있으며 통과하는 유량을 주행속도에 따라 조절하고 제어밸브의 움직임을 변화시켜 적절한 조향력을 얻도록 한다.

(5) 전동형 동력 조향장치

① **구성**: 차속센서, 회전력 센서, 제어기구, 조향 기어 박스, 3상 브러시 없는 전동기, 회전각도 센서, 감속기구 등으로 구성되어 있다.

② 제어회로의 구성과 작동

입력부		제어부		출력부
토크센서, 차속센서, 엔진회전수, 전원	→	EPSCM	→	모터, 경고등, 아이들 업, 자기진단

(6) 앞바퀴 정렬(휠 얼라인먼트(wheel alignment))

① **개념**: 자동차의 앞바퀴는 어떤 기하학적인 각도를 두고 앞차축에 설치되는데 이처럼 위치나 방향 등의 상호 관련성을 올바르게 유지하는 정렬상태를 앞바퀴 정렬이라 한다.

② 앞바퀴 정렬의 요소
   ㉠ 캠버 : 조행핸들의 조작을 가볍게 해주고 앞차축의 휨을 방지한다. 하중을 받았을 때, 앞바퀴의 아래쪽(부의 캠버)이 벌어지는 것을 방지한다.
   ㉡ 캐스터 : 주행 중 조향바퀴에 방향성을 주고 조향 후에는 직진방향으로 복원력을 준다.
   ㉢ 토인 : 앞바퀴를 평행하게 회전시키고 바퀴가 옆방향으로 미끄러지는 것(사이드슬립)과 마멸을 방지하며 조향링크장치의 마멸에 의한 토 아웃됨을 방지한다. 토인은 타이로드의 길이로 조정한다.
   ㉣ 킹핀 경사각(조향축 경사각) : 캠버와 함께 핸들의 조작력을 가볍게 하고 바퀴의 시미현상을 방지하며 앞바퀴에 복원력을 증대시킨다.

   🪐 **PLUS** 선회 시 토아웃 : 앞바퀴 선회 시 동심원을 그리며 내륜의 조향각이 외륜의 조향각보다 큰 상태를 말한다.

(7) 4WS (4-wheel steering)

① **개념**: 4WS란 4바퀴 조향을 의미하며, 기존의 자동차에서는 앞바퀴로만 조향하는데 비해 뒷바퀴도 조향하는 장치이다. 4WS는 고속에서의 차로를 변경할 때 안정성이 향상되고, 차고 진입이나 U턴과 같은 회전을 할 때 회전반지름이 작아져 운전이 용이해진다.

② 기능
   ㉠ 차량 주행역학의 가장 중요한 목표는 능동적 안전도의 향상 즉, 조향성능과 승차감의 향상이며, 4WS는 4바퀴를 모두 조향하여 조향성능을 향상시킨다.
   ㉡ 차체 무게중심에서의 "사이드슬립 각"을 줄여서 안정된 조향을 하도록 한다.

ⓒ 자동차의 주행속도, 조향핸들 조향각, 요속도의 함수로서 뒷바퀴 조향각을 제어하는 방법과 뒷바퀴 조향각 제어를 통하여 저속주행의 조종성과 고속주행에서 직진 안정성을 대폭적으로 향상시킨다.

4. 제동장치

(1) 개념과 구비조건

① **개념** : 제동장치는 주행 중인 자동차를 감속 또는 정지시키거나 주차상태를 유지하기 위한 장치이다. 마찰력을 이용하여 자동차의 운동에너지를 열에너지로 바꾸어 제동 작용을 한다.

② **구비조건**

    ㉠ 차량의 중량과 최고속도에 대하여 제동력이 적당해야 한다.

    ㉡ 신뢰성과 내구력이 뛰어나야 한다.

    ㉢ 조작이 간단해야 한다.

    ㉣ 점검 및 수리가 쉬워야 한다.

    ㉤ 브레이크가 작동하지 않을 때는 각 바퀴의 회전을 방해하지 않아야 한다.

(2) 분류

① **풋 브레이크**

    ㉠ 바퀴의 안쪽에 장치되어 있는 브레이크 드럼 또는 브레이크 디스크 등에 마찰재를 밀어 붙여 그 마찰력을 이용하여 제동력을 발생시키는 것을 풋 브레이크라 한다.

    ㉡ 종류 : 기계식 브레이크, 유압식 브레이크, 서보식 브레이크, 공기 브레이크

② **유압식 브레이크**

    ㉠ 브레이크 페달을 밟으면 : 마스터 실린더 내의 피스톤이 브레이크액을 휠 실린더로 압송하고, 휠 실린더는 그 유압을 받아 피스톤을 좌우로 벌려 브레이크슈를 드럼에 압축시켜 브레이크 작용을 한다.

    ㉡ 브레이크 페달을 놓으면 : 마스터 실린더 내의 유압이 저하하므로 브레이크슈는 리턴스프링의 작용으로 원래의 위치로 되돌아가고 휠 실린더 내의 브레이크액은 마스터 실린더로 되돌아온다.

    ㉢ 구성 : 마스터 실린더, 휠 실린더, 브레이크슈, 브레이크 드럼, 파이프

③ **디스크 브레이크** : 드럼 대신에 바퀴와 함께 회전하는 강주철제 디스크를 설치하여 그 양쪽의 외주에 유압 피스톤으로 작용하는 브레이크 패드(Brake pad)를 밀어붙여 그의 마찰력에 의해 제동하는 것으로, 방열효과가 뛰어나 브레이크 페이드 현상을 방지할 수 있다.

④ 배력식 브레이크 장치 : 자동차의 대형화·고속화에 따라 페달의 조작력만으로는 제동의 한계가 있다. 배력식 브레이크 장치는 이에 대응하기 위한 장치로, 고속주행 차량이나 중량이 큰 차량을 적은 조작력으로 확실히 제동할 수 있어 운전자의 피로를 경감시키고 안전성을 높인다.

⑤ 공기 브레이크 : 유압이 아닌 브레이크슈를 압축 공기의 압력을 이용하여 드럼에 밀어 붙여서 제동을 하는 장치로, 브레이크 페달의 조작력이 작아도 되며 큰 제동력이 얻어지므로 대형트럭, 버스, 트레일러 등에 많이 사용되고 있다.

⑥ 제3브레이크
  ㉠ 엔진 브레이크 : 엔진 브레이크는 엔진의 회전저항을 이용한 것으로, 언덕길을 내려갈 경우 엔진 스위치를 켠 상태에서 가속페달을 놓으면 엔진이 구동바퀴로부터 반대로 회전되는데 이때의 회전저항에 의해 제동력이 발생되게 하는 브레이크이다.
  ㉡ 배기 브레이크 : 엔진 브레이크의 효과를 높이기 위해 배기 다기관에 적당한 장치를 설치한 것으로, 배기행정에서 배기 다기관 내에 배기가스 또는 공기를 압축하게 되어 있다.
  ㉢ 와전류 리타더 : 추진축과 함께 회전하는 로터 디스크(Rotor disc)와 축전지의 직류 전류에 의해 여자(勵磁)되는 전자석을 가진 스테이터로 되어 있다. 스테이터 코일에 전류가 흐르면 자장(磁場)이 생겨 이 속에서 디스크를 회전시키면 와전류가 흘러 자장과의 상호작용으로 제동력이 생긴다.

⑦ 주차 브레이크(핸드 브레이크)
  ㉠ 센터 브레이크식 : 센터 브레이크식은 추진축에 브레이크 장치를 장착해서 추진축을 돌지 못하게 하여 좌우의 구동바퀴를 제동하는 것으로 트럭이나 버스 등에 주로 사용된다.
  ㉡ 휠 브레이크식 : 휠 브레이크식은 풋 브레이크용의 슈를 기계적으로 확장시켜서 제동하는 형식이다.

⑧ ABS(Antiskid brake system) 브레이크 : 항공기의 첨단 제동장치를 자동차에 이용하여 자동차의 브레이크를 컨트롤하는 장치이다. 스키드 현상(주행 중인 자동차가 급제동을 하게 되면 바퀴는 회전을 멈추지만 자동차 자체는 정지하지 않고 타이어가 미끄러지는 현상)을 방지하기 위해서는 브레이크 페달을 밟았다가 놓는 동작을 반복하여야 하는데 ABS 브레이크 장치는 이런 동작을 자동으로 반복하게 하는 역할을 한다.

(3) 브레이크 오일

① 브레이크 오일은 식물성 피마자기름에 알코올을 혼합하여 사용한다.

② 구비조건
  ㉠ 화학적으로 안전하며, 침전물을 만들지 않아야 한다.
  ㉡ 적절한 점도가 있어야 하고 윤활성이 있으며, 온도에 대한 점도 변화가 적어야 한다.

ⓒ 비점이 높고, 베이퍼 록을 잘 일으키지 않아야 한다.

ⓓ 빙점이 낮고, 인화점이 높아야 한다.

ⓔ 금속, 고무에 대해서 부식, 연화, 팽창 등의 영향을 주지 않아야 한다.

5. 휠, 타이어

(1) 바퀴

일반적으로 바퀴라 하면 타이어와 휠로 이루어져 있다.

① 휠은 타이어와 함께 자동차의 전 중량을 분담하여 지지하고, 제동 및 구동시의 토크, 노면에서의 충격, 선회시의 원심력이나 자동차가 경사졌을 때 생기는 옆방향의 힘 등에 견디고, 또 경량인 것이 요구된다.

② 휠은 타이어를 지지하는 림과 휠을 허브에 지지하는 디스크로 되어 있으며 타이어는 림 베이스에 끼워진다.

③ 타이어는 휠에 끼워져 일체가 되어 회전하며 노면의 충격을 흡수함과 동시에 제동·구동 및 선회 시에는 노면과의 사이에 슬립을 일으키지 않아야 한다.

(2) 휠

① **휠의 종류** : 강판제 디스크 휠, 경합금제 휠, 와이어 스포크 휠

② **림의 종류** : 2분할 림, 드롭 센터 림, 폭이 넓은 드롭 센터 림, 세미 드롭 센터 림, 플랫 베이스 림, 인터 림

(3) 타이어

① **타이어의 분류**

   ㉠ **사용 공기압력에 따라** : 고압타이어, 저압타이어, 초저압 타이어 등

   ㉡ **튜브(tube) 유무에 따라** : 튜브 타이어, 튜브리스 타이어

   ㉢ **형상에 따라** : 바이어스(보통) 타이어, 레이디얼 타이어, 스노타이어, 편평 타이어 등

② **타이어의 구조**

   ㉠ **트레드(tread)** : 노면과 직접 접촉하는 고무부분이며, 카커스와 브레이커를 보호하는 부분이다.

   ㉡ **브레이커(breaker)** : 트레드와 카커스 사이에 있으며, 몇 겹의 코드 층을 내열성의 고무로 싼 구조로 되어 있으며 트레드와 카커스의 분리를 방지하고 노면에서의 완충작용도 한다.

ⓒ 카커스(carcass) : 타이어의 뼈대가 되는 부분이며, 공기압력을 견디어 일정한 체적을 유지하고 하중이나 충격에 따라 변형하여 완충작용을 한다. 카커스를 구성하는 코드 층의 수를 플라이 수 (ply rating, PR)라 한다.

ⓔ 비드부분(bead section) : 타이어가 림과 접촉하는 부분이다.

ⓜ 사이드 월(Side Wall) : 트레드에서 비드부까지의 카커스를 보호하기 위한 고무 층이며, 노면과는 직접 접촉하지 않는다. 규격, 하중, 공기압 등 타이어의 기본 정보가 문자로 각인된 부위이다.

③ 타이어의 호칭치수

ⓐ 고압 타이어 : 바깥지름(inch) × 타이어 폭(inch) – 플라이 수

ⓑ 저압 타이어 : 타이어 폭(inch) – 안지름(inch) – 플라이 수

ⓒ 레이디얼 타이어 : 레이디얼 타이어는 가령 165/70 SR 13인 타이어는 폭이 165mm, 편평 비율이 0.7, 안지름이 13inch이며, 허용 최고속도가 180km/h 이내에서 사용되는 타이어란 뜻이다. 여기서 S 또는 H는 허용 최고속도표시 기호이며 R은 레이디얼의 약자이다.

④ 타이어의 교환 : 3,000 ～ 5,000km 마다 타이어의 위치를 교환해주면 수명이 20%정도 연장된다.

⑤ 타이어에 생기는 현상

ⓐ 스탠딩 웨이브 현상(standing wave)

- 타이어 접지면에서의 찌그러짐이 생기는데 이 찌그러짐은 공기압력에 의해 곧 회복이 된다. 이 회복되는 힘은 저속에서는 공기압력에 의해 지배되지만, 고속에서는 트레드가 받는 원심력으로 말미암아 큰 영향을 준다. 또 타이어 내부의 고열로 인해 트레드부분이 원심력을 견디지 못하고 분리되며 파손된다.
- 방지방법 : 타이어 공기압력을 표준보다 15 ～ 20% 높여 주거나 강성이 큰 타이어를 사용하면 된다. 타이어의 임계 온도는 120 ～ 130℃이다.

ⓑ 하이드로 플래닝(hydro planing, 수막현상)

- 물이 고인 도로를 고속으로 주행할 때 일정 속도 이상이 되면 타이어의 트레드가 노면의 물을 완전히 밀어내지 못하고 타이어는 얇은 수막에 의해 노면으로부터 떨어져 제동력 및 조향력을 상실하는 현상이다.
- 방지방법 : 트레드 마멸이 적은 타이어 사용, 타이어 공기압력을 높이고, 주행속도를 낮춘다, 리브 패턴의 타이어를 사용, 트레드 패턴을 카프(calf)형으로 세이빙(shaving) 가공한 것을 사용한다.

⑥ 바퀴평형(wheel balance)

ⓐ 정적평형 : 타이어가 정지된 상태의 평형이며, 정적 불평형에서는 바퀴가 상하로 진동하는 트램핑(tramping, 바퀴의 상하 진동)현상을 일으킨다.

ⓑ 동적평형 : 회전 중심축을 옆에서 보았을 때의 평형, 즉, 회전하고 있는 상태의 평형이다. 동적 불평형이 있으면 바퀴가 좌우로 흔들리는 시미(shimmy, 바퀴의 좌우 진동)현상이 발생한다.

6. 프레임, 보디, 에어백

(1) 프레임

① 보통 프레임
  ㉠ H형 프레임 : 제작이 용이하며 굽힘에 강하므로 트럭, 버스, 승용차 등에 널리 사용되고 있다.
  ㉡ X형 프레임 : 사이드 멤버 중앙부의 간격을 좁힌 모양으로 만든 것과 크로스 멤버를 X모양으로 장치한 것이 있다.
② 특수 프레임 : 백본형, 플랫폼형, 트러스형
③ 프레임 일체 구조(모노코크 보디) : 자동차의 보디 자체를 견고하게 제작하여 하중 · 충격에 견딜 수 있는 구조로 하였으므로 프레임이 필요 없으며 경량화와 바닥을 낮게 했다.

(2) 보디

① 프런트 보디 : 프레임 붙이 구조의 보디에서는 프런트부의 각 부품의 전부가 볼트나 너트로 고정되어 있다.

② 언더 보디 : 모양은 차이에 따라 여러 가지가 있으나 프레임 붙이 구조의 경우는 플로어(Floor)의 아래위에 보강재를 용접한 것, 방음이나 방진을 위해 플로어가 특수한 용접구조로 되어 있는 것 등이 있다.

③ 사이드 보디 : 차체의 굽힘, 비틀림에 대한 강성을 유지하기 위해 필러의 구조는 거의 밀폐된 단면으로 되어 있다.

④ 루프 : 한 장의 패널로서 외부 패널 중 제일 큰 부분을 차지하는 것인데, 보통 루프의 중앙에 루프 패널의 강성을 높일 목적으로 전후 또는 좌우에 보강판을 고정시키고 있다.

⑤ 카울 : 좌우의 앞필러 사이를 연결하는 부재로서 보디의 비틀림 강성을 보강하기 위해 사용되는 것이다.

⑥ 엔진 후드 : 엔진룸의 커버(보닛)이며 한 장으로 된 판이 가장 많이 사용된다.

⑦ 트렁크 리드 : 힌지부에는 도어 패널을 열기 쉽도록 2개의 토션바가 조립되어 있으며 트렁크 리드의 잠금은 록이 스트라이커에 결합하여 잠기게 된다.

⑧ 도어 : 승용차 또는 트럭에 관계없이 같은 구조로 되어 있으며 바깥 패널과 안 패널이 주요 부분이다.

⑨ 시트 : 앞좌석용과 뒷좌석용의 시트가 있으며, 앞좌석용 시트에는 세퍼레이트식과 벤치식이 있고, 뒷좌석용 시트에는 일반적으로 벤치식이 사용되고 있다.

(3) 에어백(air bag)

① **역할** : 자동차가 충돌할 때 운전자와 직접 접촉하여 충격 에너지를 흡수해준다.

② **구비조건** : 높은 온도 및 낮은 온도에서 인장강도, 내열강도 및 파열강도를 지니고 내마모성, 유연성을 유지해야 한다.

③ **구성요소**

    ㉠ **에어백 커버** : 에어백을 둘러싸고 있으며, 에어백을 전개할 때 에어백이 잘 전개되기 위해서 레이저나 열도(熱刀)로 전개 라인을 플라스틱 뒷면에 칼집이나 구멍(완전히 뚫리지는 않음)을 낸 커버의 티어 심(tear seam)이 갈라지면서 에어백이 부풀어 나올 수 있는 통로를 만드는 구조로 되어있다.

    ㉡ **인플레이터**(inflater) : 자동차가 충돌할 때 에어백 ECU(air bag control unit)로부터 충돌신호를 받아 에어백 팽창을 위한 가스를 발생시키는 장치이며, 단자의 연결부분에 단락 바를 설치하여 모듈을 떼어낸 상태에서 오작동이 발생되지 않도록 단자 사이를 항상 단락 상태로 유지한다.

    ㉢ **충돌검출 센서** : 센서는 자동차 내 특정지점의 가속도를 측정하여 자동차의 충돌 및 충격량을 검출하는 센서로 대표적으로 가속도센서가 이용되고 있다.

    ㉣ **클록 스프링**(clock spring)
- 핸들에 있는 스위치의 작동을 위해 전기를 연결하는 역할부터 에어백 ECU와 운전석 에어백 모듈 사이의 배선을 연결하는 기능으로 내부에 감길 수 있는 종이 모양의 배선을 설치하여 시계의 태엽처럼 감겼다 풀렸다 할 수 있도록 작동한다.
- 클록 스프링은 조향휠과 같이 회전하기 때문에 반드시 중심점을 맞추어야 한다. 만일 중심이 맞지 않으면 클록 스프링 내부 배선이 단선되어 에어백이 작동하지 않을 수 있다.

    ㉤ **승객유무 검출센서**(PPD : passenger presence detect) : 승객석 시트 쿠션부분에 설치되어 있으며, 승객석에 승객이 탑승하면 정상적으로 승객석 에어백을 전개시키고 탑승하지 않은 경우에는 전개하지 않는 제어를 하기 위해 설치된다.

    ㉥ **안전벨트 프리텐셔너**(seat belt pretensioner) : 자동차가 충돌할 때 에어백이 작동하기 전에 작동하여 안전벨트의 느슨한 부분을 되감아 주는 기능을 수행한다. 따라서 충돌할 때 승객을 시트에 고정시켜 에어백이 전개할 때 올바른 자세를 유지할 수 있도록 한다.

1. 축전지

(1) 축전지의 개요 및 역할

① 개요 : 자동차의 각 전기장치를 작동하게 하는 전원에는 축전지와 충전장치가 있다. 엔진이 운전중일 때는 충전장치가 각 전기장치의 전원으로 작동하고 있으나, 엔진이 정지하고 있을 때나 기동할 경우에는 충전장치에서 전력을 공급받을 수 없고 필요한 전원은 축전지에서 얻어야 된다.

> **PLUS** 전지 … 전지에는 1차 전지와 2차 전지가 있으며, 자동차에는 충전이 가능한 2차 전지가 사용된다. 2차 전지에는 납산 축전지와 알칼리 축전지가 있는데, 자동차용 축전지로는 납산 축전지가 사용되고 있다.

② 역할 : 축전지는 자동차에 전원을 공급하는 공급원으로 납과 산의 화학적 작용으로 전기에너지를 발생시켜 시동시 전원으로 작용하며, 운전중에 생기는 충전장치의 출력부족이나 전압변동을 보상하여 안정된 전원을 공급한다.

(2) 축전지의 종류

① 알칼리 축전지 : 고율의 방전성능이 우수하고 과충전, 과방전 등 불리한 사용조건에서도 성능이 떨어지지 않으며 사용기간도 10 ~ 20년이나 된다. 그러나 값이 비싸며 대량 공급이 곤란하여 일부 특수자동차에서만 사용된다.

② 납산 축전지 : 제작이 쉽고 가격이 저렴하여 거의 모든 자동차가 사용하고 있으나, 중량이 무겁고 수명이 짧다.

　㉠ 건식 축전지
- 건식 축전지는 완전히 충전된 상태에 있는 음극판이 산화되지 않도록 건조한 것과 양극판을 품질이 우수한 격리판으로 분리한 것이다.
- 사용할 때까지 전해액을 넣어 두지 않는다.
- 습기를 차단하고 밀봉해 장기간 보관할 수 있다.
- 사용할 때는 제작회사가 지정한 비중의 묽은 황산을 넣고 잠시 충전한다.

　㉡ 습식 축전지 : 제작회사에서 출고될 때 충전하고 전해액이 들어 있는 것과, 충전되지 않고 전해액이 들어 있지 않아 사용할 때 전해액을 넣고 오랜 시간 충전해야 하는 두 종류가 있다.

> **PLUS** 납산 축전지의 구조 … 현재 가장 많이 사용되고 있는 납산 축전지의 경우 하나의 케이스 안은 여러 개의 작은 셀(Cell)로 나누어지고, 그 셀에 양극판과 음극판 및 전해액인 묽은 황산이 들어 있으며, 이들이 서로 화학반응을 일으켜 셀마다 약 2.1V의 기전력이 발생한다.

(3) 축전지의 구조

① 케이스
- ㉠ 극판군과 전해액을 넣는 상자로서 충격이나 산(酸)에 강하다.
- ㉡ 전기적으로 절연체이어야 하기 때문에 에보나이트나 투명한 합성수지 등이 사용되고 있다.

② 극판
- ㉠ 극판은 양극판과 음극판이 있으며 격자(Grid) 속에 산화납의 가루를 묽은 황산으로 개서 풀 모양으로 된 것을 충전·건조한 다음 전기 화학처리를 하면 양극판은 다갈색의 과산화납으로, 음극판은 해면모양의 다공성이 풍부한 납의 작용물질로 변화한다.
- ㉡ 극판의 두께는 2 ~ 3mm의 것이 사용되고 있다. 최근에는 1.5mm 정도의 극판이 생산된다.

③ 격리판
- ㉠ 양극판과 음극판 사이에 설치하며 양극판이 단락되는 것을 방지한다.
- ㉡ 격리판은 우선 비전도성이어야 하며, 다공성(多孔性)으로 전해액의 확산과 부식이 방지되어야 한다. 또한 기계적 강도와 극판에 해로운 물질을 내뿜지 않아야 한다.

④ 극판군 : 극판군은 하나의 단전지(1셀)를 말하며, 셀당 기전력은 약 2.1V 정도이다. 그러므로 12V의 축전지라면 6개의 셀을 직렬로 연결한 것이다.

⑤ 커넥터
- ㉠ 셀을 직렬로 접속하기 위해 셀의 음극과 이웃한 셀의 양극을 커넥터로 접속한다.
- ㉡ 커넥터는 큰 전류가 흘러도 파열되거나 전압이 강화되지 않도록 단면적이 큰 납합금으로 되어 있다.

⑥ 단자
- ㉠ 축전지의 단자는 양극단자와 음극단자가 있으며, 외부 회로와의 접속·분리가 쉽고 또 확실하게 접촉되도록 테이퍼로 되어, 아랫부분은 굵으며 끝부분은 가늘게 되어 있다.
- ㉡ 단자는 납합금으로 되어 있다.
- ㉢ 양극단자는 직경이 크고 ⊕ 또는 P로 표시하며 붉은 색이다. 음극단자는 직경이 작으며 ⊖ 또는 N으로 표시하며 회색 또는 검은색이다.

⑦ 전해액
- ㉠ 전해액은 순도가 높은 무색, 무취의 묽은 황산이다.
- ㉡ 전해액의 비중은 완전 충전상태(20℃)에서 1,240(열대지방), 1,260(온대지방), 1,280(한랭지방)의 3종류를 사용한다.
- ㉢ 전해액의 비중과 온도는 반비례한다.

(4) 축전지의 특성

① 축전지의 용량

　ㄱ 축전지의 용량은 극판의 크기, 극판의 수, 전해액의 양에 따라 정해진다.

　ㄴ 용량의 표준온도는 25℃이다.

　ㄷ 축전지의 용량은 비중(전해액 속에 들어 있는 황산의 양)에 따라 달라진다.

　ㄹ 축전지 연결에 따른 용량과 전압의 변화

　　• 직렬연결 : 전압은 상승하나 용량은 변하지 않는다.

　　• 병렬연결 : 전압은 변하지 않으나 용량은 증가한다.

　　• 직 · 병렬연결 : 전압과 용량이 동시에 증가한다.

② 방전

　ㄱ 방전종지전압 : 1셀당 1.75V이며 방전종지전압 이하로 내려가면 재충전을 할 수 없다.

　ㄴ 자기방전 : 충전된 축전지를 방치하여 두면 사용하지 않아도 조금씩 자연 방전하여 용량이 감소
　　된다. 이 현상을 자기방전이라 한다.

> **PLUS** 자기방전의 원인
> • 구조상 부득이한 것 : 음극판의 작용물질인 해면모양의 납이 황산과의 화학작용으로 황산납이 되면서 수소가스를
> 　발생시키고 자기방전 된다.
> • 불순물에 의한 것 : 전해액에 포함되어 있는 불순 금속에 의해 국부전지가 구성되어 자기방전 된다.
> • 누전에 의한 것 : 축전지 표면에 전기회로가 형성되어 전류가 흐르기 때문에 자기방전 된다.
> • 단락에 의한 것 : 극판의 탈락된 작용물질이 축전지 내부의 아래 부분이나 옆 부분에 퇴적되거나 격리판이 파손
> 　되면 양극판이 단락되어 자기방전 된다.

　ㄷ 자기방전량의 표시 : 방전량은 축전지 용량의 백분율(%)로 표시한다.

　ㄹ 방지책 : 자기방전을 감소시키기 위해서는 축전지를 되도록 어둡고 통풍이 잘 되는 찬 곳에 보관
　　하는 것이 좋다.

　ㅁ 정기적 충전 : 축전지를 장기간 방치하여 두면 극판이 불활성 황산납으로 되어 다음에 충전하여도
　　원래의 상태로 되돌아가지 않는다.

(5) 축전지의 충전

① **초충전** : 축전지를 만든 후 전해액을 넣고 처음으로 활성화하기 위한 충전을 말한다.

　ⓐ **습식 축전지** : 제작회사가 지정한 비중의 전해액을 넣고 2시간 이상 12시간 이내에 축전지의 20시간률 또는 그 1/2 정도의 전류로 60 ~ 70시간 연속 충전한다.

　ⓑ **건식 축전지** : 제작회사가 지정한 비중의 전해액을 넣어서 충전한다.

② **보충전** : 사용중 소비된 용량을 보충하거나 자기방전에 의해 용량이 감소된 경우에 충전하는 것으로 보통 2주마다 한다.

　ⓐ **보통 충전**

　　• 정전류 충전 : 충전할 때 처음부터 끝까지 일정한 전류로 충전하는 방법이며, 축전지 용량의 10% 정도의 전류로 충전한다.

　　• 단별전류 충전 : 충전중의 전류를 단계별로 감소시키며 충전한다. 충전말기에 충전전류를 감소시키기 때문에 가스 발생시의 전력손실과 위험을 방지한다.

　　• 정전압 충전 : 처음부터 끝까지 일정전압으로 충전하고 충전이 끝나면 정전류 충전으로 비중을 조정한다.

　ⓑ **급속 충전** : 시간을 줄이기 위하여 대전류(용량의 50%)로 충전하나, 축전지의 수명을 단축시키므로 긴급한 때 이외에는 사용하지 않는다.

③ **충전시 주의사항**

　ⓐ 충전장소는 환기장치를 하고 화기를 멀리한다.

　ⓑ 축전지의 온도가 45℃ 이상이 되지 않게 한다.

　ⓒ 각 셀의 필러플러그를 열어 놓는다.

　ⓓ 원칙적으로 직렬접속으로 충전한다.

　ⓔ 과충전(열이 나고 케이스나 단자가 솟아오름)이 되지 않도록 한다.

　ⓕ 축전지를 떼어내지 않고 급속충전할 때는 양쪽 케이블을 분리한다.

2. 점화장치

(1) 축전지식 점화장치

① 축전지 : 자동차에 사용되는 축전지는 납산 축전지이다.

② 점화스위치 : 점화장치 회로의 전류를 단속하여 엔진을 기동시키거나 정지시키는 것으로 운전석에서 키로 여닫는다.

③ 점화코일 : 점화플러그가 불꽃방전을 할 수 있도록 축전지나 발전기의 낮은 전압을 높은 전압으로 바꾸는 유도 코일이다.

④ 배전기 : 점화코일에서 유도된 고압의 전류를 엔진의 점화순서에 따라 각 실린더의 점화플러그에 배분하는 역할을 하는 장치이다.

⑤ 고압 케이블 : 고압 케이블은 점화코일에서 발생된 고압전류를 점화코일의 2차 단자에서 배전기 캠의 중심단자에, 그리고 배전기 캡의 측방단자에서 점화플러그로 흐르게 하는 $10k\Omega$의 저항을 둔 고압선이다. 고주파 전류를 막기 위한(라디오나 통신기의 잡음방지) 것이다.

⑥ 점화플러그 : 점화플러그는 실린더 헤드에 나사로 꽂혀 있으며 점화코일의 2차 코일에서 발생하는 고압전류를 중심 전극을 통하여 접지 전극과의 사이에서 불꽃방전을 일으켜 혼합기에 점화하는 역할을 하는 장치이다.

> **PLUS** 점화플러그의 구비조건
> • 고온에 견딜 수 있어야 하고, 온도의 급격한 변화에도 견딜 수 있어야 한다.
> • 엔진의 진동에 의한 충격뿐만 아니라, 급변하는 압력에도 견딜 수 있는 기계적 강도가 필요하다.
> • 화학적 침식에 견디어야 한다.
> • 고온 고압에 의해 가스가 블로바이 되지 않도록 기밀을 유지해야 한다.
> • 엔진운전 중 전극 부근은 400∼800℃ 정도의 온도로 유지되어야 한다.
> • 절연성이 좋아야 한다.

(2) 반도체 점화장치

① 반도체 점화장치의 특징
    ㉠ 전류의 차단 · 저속성능 안정
    ㉡ 고속성능 향상
    ㉢ 착화성 향상
    ㉣ 신뢰성 향상
    ㉤ 전자제어 가능

② 트랜지스터식 점화장치 : 저속이나 고속에서 엔진의 성능을 향상시키고 점화장치의 신뢰성이 향상되어 점화시기를 정확하게 제어할 수 있으며, 2차 코일에서 안정된 고전압을 얻을 수 있는 점화장치로 접점식과 무접점식이 있다.

③ 축전기식 점화장치(C.D.I 점화장치) : 축전기에 400V 정도의 직류전압을 충전시켜 놓고, 점화시 점화코일에 1차 코일을 통하여 급격히 방전시켜 2차 코일에 고전압을 발생시키는 점화장치이다.

④ 컴퓨터방식 점화장치(H.E.I 점화장치) : 엔진의 회전수, 부하, 온도의 상태를 각종 센서가 감지하여 전자제어유닛(ECU)에 입력하면, ECU가 점화시기를 연산하여 1차 전류를 차단하는 신호를 파워 트랜지스터로 보내 고압의 2차전류를 발생하게 하는 원리로 된 점화장치이다.

3. 기동장치

(1) 기동장치의 종류

① 직권식 : 짧은 시간에 큰 회전력이 요구되는 자동차에 가장 알맞은 형식으로, 계자 코일과 전기자 코일이 직렬로 연결되어 있는 장치이다.

② 분권식 : 계자 코일과 전기자 코일이 병렬로 연결되어 있는 장치로, 회전속도는 일정하나 토크가 비교적 적다.

③ 복권식 : 계자 코일과 전기자 코일이 직·병렬로 연결되어 있는 장치이다.

(2) 기동 전동기의 구조와 기능

① 전동기부

㉠ 전기자 : 전기자는 축, 철심, 전기자 코일, 정류자 등으로 구성된다.

㉡ 정류자 : 정류자는 경동으로 만든 정류자편을 원형으로 조립한 것이다.

㉢ 계철과 계자 철심

• 계철 : 자력선의 통로가 되며, 전동기의 틀이 되는 것이다. 안쪽 면에는 계자코일을 지지하고 자극이 되는 계자 철심이 나사로 고정되어 있다.

• 계자 철심 : 계자 코일을 감아서 전류가 흐르면 전자석이 된다. 계자 철심의 수에 따라 전자석의 수가 정해지며, 계자 철심이 4개이면 4극이라고 한다.

㉣ 계자 코일 : 계자 철심에 감겨져 자력을 일으키는 코일을 말하는 것이다.

㉤ 브러시와 브러시홀더 : 브러시는 브러시홀더에 지지되어 있으며 정류자를 통하여 전기자 코일에 전류를 출입시키는 장치로 보통 4개(절연된 홀더에 지지된 것 2개, 접지된 홀더에 지지된 것 2개)를 사용한다.

② 동력전달기구 : 전동기에서 발생한 회전력(토크)을 피니언 기어를 통하여 플라이휠에 전달하여 엔진을 회전시키는 장치이다.

　㉠ 벤딕스식(관성 섭동형) : 피니언의 관성과 직권 전동기가 무부하상태에서 고속 회전하는 성질을 이용한 방식이다.

　㉡ 피니언 섭동식(전자식) : 전자식 스위치인 솔레노이드를 사용해서 피니언의 섭동과 기동 전동기 스위치를 개폐하는 방식으로, 현재 가장 많이 사용된다.

　㉢ 전기자 섭동식 : 피니언이 전기자축에 고정되어 있어 두 개가 동시에 링기어에 물리는 방식이다.

③ 오버 러닝 클러치

　㉠ 기능 : 엔진이 기동된 다음 엔진에 의해 전동기가 고속으로 회전하는 것을 방지하는 것으로 전동기의 회전력은 엔진쪽으로 전달이 되지만 엔진쪽으로부터 전동기에는 회전력이 전달되지 않는다.

　㉡ 종류 : 오버 러닝 클러치는 롤러식, 스프래그식, 다판 클러치식이 있으며 피니언 섭동식과 전기자 섭동식에 사용된다.

4. 충전장치

(1) 개념 및 구비조건

① 충전장치의 개념 및 구성

　㉠ 개념 : 충전장치는 주행중인 자동차의 전기장치에 전기를 공급하고 기동시 소모된 축전지를 충전하는 일련의 장치이다.

　㉡ 구성 : 충전장치는 발전기에 따라 직류(DC) 충전장치와 교류(AC) 충전장치가 있으며 교류(AC) 충전장치가 주로 사용되고 있다. 충전장치는 발전기, 발전기 조정기, 전류계와 충전경고등 등으로 구성된다.

② 충전장치의 구비조건

　㉠ 소형, 경량이어야 한다.

　㉡ 저속, 고속에 관계없이 충전이 가능해야 한다.

　㉢ 출력이 크고 맥동없이 안정되어야 한다.

　㉣ 전파장애나 불꽃이 발생하지 않아야 한다.

　㉤ 정비, 점검이 쉽고 내구성이 좋아야 한다.

(2) 충전장치

① 직류(DC) 충전장치

ㄱ 직류 발전기는 전자유도작용에 의해 기전력이 발생하며, 전기자 코일에 발생한 교류를 정류자와 브러시로 정류하여 직류 전류를 얻는 것이다.

ㄴ 직류 발전기는 출력제어의 문제 때문에 자여식 분권방식이 사용되며, 처음에는 계자 철심에 남아있던 잔류 자기에 의해 발전된다.

ㄷ 직류 발전기의 구조
  - 전기자 : 계자 내에서 회전하여 전류를 발생시키며, 전기자 축과 정류자로 되어 있다.
  - 계철과 계자 철심 : 계철은 자력선의 통로가 된다.
  - 계자 코일 : 계자 철심 주위에 감겨있는 계자 코일에 전류가 흐를 때 계자 철심에 자화하도록 되어 있다.
  - 브러시 : 브러시는 정류자에 스프링의 압력으로 접촉되어 전기자에서 발생한 전류를 정류하여 외부에 내보내는 일을 한다.

ㄹ 직류 발전기의 조정기
  - 전압 조정기 : 전압 조정기는 발전기의 전압을 일정하게 유지하는 역할을 하는 장치로, 발생 전압이 규정값보다 커지면 계자 코일에 직렬로 저항을 넣어 발생 전압을 저하시키고, 발생 전압이 낮아지면 저항을 빼내어 발생 전압이 높아지게 한다.
  - 전류 조정기 : 전류 조정기는 발전기의 발생 전류를 조정하여 과대 전류에 의한 발전기의 소손을 방지하는 장치이다.
  - 컷 아웃 릴레이 : 컷 아웃 릴레이는 발전기가 정지되어 있거나 발생 전압이 낮을 때 축전지에서 전류가 역류하는 것을 방지하는 역할을 하는 장치이다.

② 교류(AC) 충전장치

ㄱ 교류 발전기는 회전속도에 관계없이 양호한 충전을 할 수 있는 장치이다.

ㄴ 교류 발전기의 스테이터 코일에서 발생한 전류는 교류이므로 실리콘 다이오드로 정류하여 직류로 바꾸어 충전하거나 전장품의 전력으로 공급을 한다.

ㄷ 교류 발전기의 특징
  - 소형, 경량이고 속도 변동에 따른 적응범위가 넓다.
  - 가동이 안정되어 있어서 브러시의 수명이 길다.
  - 역류가 없어서 컷 아웃 릴레이가 필요 없다.
  - 브러시에는 계자 전류만 흐르기 때문에 불꽃 발생이 없고 점검·정비가 쉽다.
  - 다이오드를 사용하기 때문에 정류 특성이 좋다.

② 교류 발전기의 구조
  - 스테이터 : 얇은 규소 강판을 여러 장 겹쳐 만든 철심(스테이터 코어)과 세 가닥의 독립된 스테이터 코일로 되어 있으며, 엔트 프레임에 고정되어 있다.
  - 로터 : 로터는 로터 철심(코어), 로터 코일, 슬립링 및 로터축으로 구성된다.
  - 브러시 : 로터축에 연결된 슬립링 위를 섭동하면서 로터 코일에 여자 전류를 공급한다.
  - 다이오드 : 6개의 실리콘 다이오드가 케이스 속에 설치되며 이것에 리드 단자를 납땜하여 밀봉한 것으로 +쪽과 −쪽의 극성이 역으로 되어 있다.
⑤ 교류 발전기 조정기
  - 교류 발전기는 실리콘 다이오드를 사용하기 때문에 역류하거나 과대 전류가 흐르지 않으므로, 전류 조정기나 컷 아웃 릴레이는 필요가 없고 전압 조정기만 있으면 된다.
  - 교류 발전기 조정기는 전압 조정기와 전압 릴레이로 구성된다.
  - 전압 조정기 : 발전기의 발생 전압을 규정 전압으로 유지시키는 일을 한다.
  - 전압 릴레이 : 충전 경고등을 점멸하는 동시에 전압 조정기의 코일 전류를 단속하는 작용을 한다.

5. 등화장치

(1) 등화장치의 종류

① 조명용
  ㉠ 전조등 : 야간운행을 위한 조명
  ㉡ 안개등 : 안개 속에서의 운행을 위한 조명
  ㉢ 실내등 : 실내조명
  ㉣ 계기등 : 계기판의 각종 계기 조명
  ㉤ 후진등 : 후진 방향조명

② 표시용
  ㉠ 차고등 : 차의 높이 표시
  ㉡ 차폭등 : 차의 폭을 표시
  ㉢ 주차등 : 주차중임을 표시
  ㉣ 번호판등 : 번호판의 번호 조명
  ㉤ 후미등 : 차의 후미를 표시

③ 신호용
  ㉠ 방향지시등 : 차의 주행방향 신호
  ㉡ 브레이크등 : 풋브레이크 작동 신호

④ 경고용

　ㄱ 유압등 : 윤활장치 내 유압이 규정 이하일 때 점등 경고

　ㄴ 충전등 : 축전지에 충전되지 않을 때 점등 경고

　ㄷ 연료등 : 연료탱크의 연료량이 규정 이하일 때 점등 경고

⑤ 장식용(장식등) : 버스나 트럭의 윗부분 장식

(2) 배선방식

① 단선식 : 부하의 한 끝을 자동차의 차체나 프레임에 접지하는 방식으로, 배선은 전원쪽의 선 하나만이 접속된다.

② 복선식 : 접지쪽에도 전선을 사용하며 접촉 불량 등이 생기지 않도록 정확하게 접지하는 방식이다.

 전선 … 단선으로 된 것과 여러 가닥을 모아서 만든 선이 있으며 대개 피복된 것을 사용한다.

(3) 각종 등화장치

① 전조등 : 전조등은 야간에 자동차가 안전하게 주행하기 위해 전방을 조명하는 등을 말한다.

② 후미등 : 후미등은 야간에 주행하거나 정지하고 있을 경우에 자동차의 존재를 뒤차나 보행자에게 알리는 등으로, 전조등 회로에 접속되어 전조등과 함께 동시에 켜지도록 되어 있다.

③ 제동등 : 제동등은 뒤차에 브레이크 작동을 알리는 등으로, 브레이크 페달에 스위치가 부착되어 브레이크 작동시 등이 켜진다. 제동등은 후미등과 겸용하는 겸용식과 단독식이 있다.

④ 번호판등 : 번호판등은 번호판의 위치나 자동차의 형상에 따라 번호판의 상하 또는 좌우의 방향에서 번호판을 조명하게 되어 있는 등이다.

⑤ 후진등 : 후진등은 뒤 범퍼 또는 프레임에 설치되거나 뒤 조합등 속에 포함되어 있는 등으로, 어느 것이나 변속기의 변속 레버를 후진 위치로 놓으면 점등되는 구조로 되어 있다.

⑥ 방향지시등 : 방향지시등은 자동차의 회전 방향을 다른 차나 보행자에게 알리는 등으로 안전상 중요한 등화다.

 방향지시등 작동시 구비조건
　ㄱ 방향 지시 신호를 운전석에서 확인할 수 있어야 한다.
　ㄴ 방향 지시 회로에 이상이 있을 때는 운전석에서 확인할 수 있어야 한다.
　ㄷ 점멸식 방향 지시등일 때에는 점멸 주기에 변화가 없어야 한다.

6. 안전·계기장치 및 냉·난방장치

(1) 안전장치

① 경음기 : 경음기는 다른 자동차나 보행자에게 주의를 주고자 하는 장치로 전기식과 공기식이 있다. 전기식은 전자석에 의해 금속으로 만든 다이어프램을 진동시켜 소리를 나게 하는 방식으로 현재 가장 많이 사용되고 있다.

② 윈드 실드 와이퍼 : 윈드 실드 와이퍼는 비가 오거나 눈이 올 경우에 운전자의 시계를 보호하기 위해 자동차의 앞면 유리를 닦아내는 장치이다.

    ㉠ 진공식 : 엔진의 흡입행정에서 발생하는 부압을 동력으로 이용하는 방식으로, 엔진의 운전상태에 따라 부압이 변화되어 동력이 균일하게 되지 않기 때문에 현재 거의 사용되지 않는다.

    ㉡ 전기식 : 축전지의 전류로 전동기를 회전시키는 방식으로, 비나 눈이 내리는 상태에 충분히 대응할 수 있는 성능을 가지고 있어 현재 거의 대부분 전기식을 사용하고 있다.

(2) 계기장치

① 개념 : 자동차용 계기는 자동차의 주행상태와 각종 장치의 작동에 대한 정보를 운전석에 전달 표시하는 장치로, 주요한 것은 속도계, 전류계, 유압계, 연료계 및 수온계 등이다.

② 계기장치의 구비조건 : 자동차에 사용되는 계기는 일반 측정기와는 달리 일종의 표시기로서 악조건인 상황하에서 사용된다. 따라서 다음과 같은 조건을 구비해야 한다.

    ㉠ 구조가 간단하고 내구성과 내진성이 있어야 한다.

    ㉡ 소형, 경량이어야 한다.

    ㉢ 지시가 안정되어 있고 확실해야 한다.

    ㉣ 지시를 읽기 쉬워야 한다.

    ㉤ 가격이 저렴해야 한다.

③ 속도계

    ㉠ 속도계는 자동차의 시간당 주행속도를 나타내는 일종의 속도지시계이다.

    ㉡ 일반적으로 총주행거리를 나타내는 적산거리계와 수시로 0으로 되돌려 일정한 주행거리를 측정할 수 있는 구간거리계 등이 함께 조립되어 있다.

④ 전류계

    ㉠ 전류계는 축전지에서 방전되는 전류의 크기 또는 발전기에서 축전지에 충전되는 전류의 크기를 표시하는 계기이다.

ⓒ 전류계는 충·방전 전류의 양쪽을 측정하는 것이므로 0을 중심으로 좌우에 균등하게 눈금이 새겨져 있으며, 보통 0에서 오른쪽이 충전을 왼쪽이 방전을 나타낸다.

ⓒ 충전과 방전의 구별은 지침의 흔들리는 방향으로, 또 전류의 크기는 흔들리는 양으로 표시된다.

⑤ 유압계

ⓖ 유압계는 엔진의 윤활회로 내의 유압을 알려주는 계기이다.

ⓝ 종류 : 부어든 튜브식, 바이메탈식, 밸런싱 코일식, 유압 경고등식이 있다.

⑥ 연료계

ⓖ 연료계는 연료탱크 내의 연료의 양을 표시하는 계기이다.

ⓝ 종류 : 밸런싱 코일식, 서모스탯 바이메탈식, 바이메탈 저항식이 있다.

⑦ 온도계

ⓖ 온도계는 엔진의 물재킷 내 냉각수의 온도를 표시하는 계기이다.

ⓝ 종류 : 밸런싱 코일식, 서모스탯 바이메탈식, 바이메탈 서미스터식이 있다.

(3) 냉·난방장치

① 개요 : 온도, 습도 및 풍속을 쾌적 감각의 3요소라고 하며, 이 3요소를 제어하여 안전하고 쾌적한 자동차 운전을 확보하기 위해 설치한 장치를 냉·난방장치라고 한다.

② 냉·난방장치의 기능

ⓖ 적당한 공기 유지 : 송풍장치

ⓝ 깨끗한 공기 유지 : 환기장치, 청정기

ⓒ 적당한 습도 유지 : 제습장치, 가습장치

ⓔ 적당한 온도 유지 : 냉방장치. 난방장치

③ 냉·난방기의 주요 구성부품

ⓖ 냉방장치 : 압축기, 마그네틱 클러치, 응축기, 증발기, 건조기, 팽창 밸브. 송풍기, 배관

ⓝ 난방장치 : 방열기, 송풍기, 밸브

④ 냉방장치(에어컨)의 종류 : 수동 에어컨, 반자동 에어컨, 전자동 에어컨

7. 친환경자동차

(1) 하이브리드 전기자동차(hybrid vehicle)

① 개념 : 두 가지 기능이나 역할이 하나로 합쳐져 사용되고 있는 자동차로, 이는 2개의 동력원(내연기관과 축전지)을 이용하여 구동되는 자동차를 말한다.

② 구동형식에 따른 종류
  ㉠ 직렬방식 : 기관에서 출력되는 기계적 에너지는 발전기를 통하여 전기적 에너지로 바꾸고 이 전기적 에너지가 배터리나 모터로 공급되어 차량은 항상 모터로 구동되는 방식
  ㉡ 병렬방식 : 배터리 전원으로도 차를 움직이게 할 수 있고 기관(가솔린 또는 디젤)만으로도 차량을 구동시키는 두 가지 동력원을 같이 사용하는 방식

③ 구성요소 : 모터, 고전압 배터리, 보조배터리, 제어기(기관 컨트롤 유닛, 변속기 컨트롤 유닛, 모터 컨트롤 유닛, BMS ECU, 보조배터리 충전 컨트롤 유닛, 하이브리드 컨트롤 유닛)

④ 주행모드
  ㉠ 차량의 주행상태는 시동이 걸리는 단계, 액셀러레이터를 밟아서 차량이 출발하고 가속되는 단계, 일정한 속도로 차가 나아가는 정속단계, 브레이크를 밟아서 속도를 줄이는 감속단계, 정지단계로 구분된다.
  ㉡ 하이브리드 자동차도 이와 같은 주행모드를 기본적으로 가지나 하이브리드 자동차는 좀 더 세분화해서 총 7가지 주행모드로 나눌 수 있다. 이는 자동차의 주행모드 5가지에 아이들 & 클립모드와 발진 · 가속모드가 추가된다고 보면 될 것이다.

(2) 전기자동차(electric vehicle)

① 개요 : 전기자동차는 자동차의 구동 에너지를 기존 가솔린이나 경유 같은 화석연료의 연소로부터가 아닌 배터리에 축적된 전기를 동력원으로 모터를 회전시켜서 움직인다.

② 구성요소
  ㉠ 배터리 팩 : 모터에 에너지를 구동한다.
  ㉡ 모터 : 배터리에서 공급받은 에너지로 바퀴를 구동한다.
  ㉢ 모터 제어기 : 배터리와 모터 사이에서 동력을 컨트롤한다.
  ㉣ LDC(DC-DC 변환기), BMS(배터리 관리시스템), VCU(전기자동차 차량 통합 제어기), 완속 충전기(OBC : 차량 탑재용 충전기), VESS(가상 엔진 소음발생 시스템), EWP(전기 워터펌프), 진공펌프, 계기판, 세이프티 스위치, 전기자동차 메인 릴레이

(3) 수소연료전지 자동차(Fuel Cell Electric Vehicle)

① 개념 : 수소연료전지를 통해 전기를 얻어 구동하는 자동차이다.

② 특징

  ㉠ 연료전지시스템은 연료 전지 스택, 운전 장치, 모터, 감속기로 구성된다.

  ㉡ 연료전지는 공기와 수소 연료를 이용하여 전기를 생성한다.

  ㉢ 연료전지에서 생성된 전기는 인버터를 통해 모터로 공급된다.

  ㉣ 연료전지 자동차가 유일하게 배출하는 배기가스는 수분이다.

③ 장점과 단점

장점	단점
• 내연기관 차량에 비해 저렴한 연료비, 높은 출력 • 저공해 고효율 에너지원 • 물을 원료로 수소를 제조하기 때문에 연료의 생산이 無한정적 • 전기자동차에 비해 짧은 충전시간&긴 주행거리	• 수소 생산과정에서 온실가스를 대량으로 배출하기 때문에 완전한 친환경이라고 할 수 없음 • 차량 내부공간이 협소해지고 무게가 증가 • 연료전지 발전소 건설비용, 충전소의 설치 및 운영비용이 비쌈 • 수소 제조, 보관, 사용의 경제성이 떨어짐 • 고비용의 핵심부품(촉매제) • 수소의 공급 및 저장 인프라의 위험성과 유지비

5 친환경 자동차

1. 하이브리드 전기자동차(hybrid vehicle)

(1) 개념

① 하이브리드 전기자동차는 두 가지 기능이나 역할이 하나로 합쳐져 사용되고 있는 자동차로 2개의 동력원(내연기관과 축전지)을 이용하여 구동되는 자동차를 말하는데 내연 기관이 비효율적으로 움직일 때, 전기 모터가 보충하는 원리이다.

② 하이브리드 기관은 주로 가솔린 기관에 쓰이는데 가솔린 기관의 최대효율 구간은 상대적으로 협소하기 때문에 전기 모터 기관이 들어감으로서 효율이 높아지기 쉽기 때문이다.

③ 정속 주행 시 배터리의 잔량에 따라 엔진으로 주행하여 배터리를 충전하거나, 모터만으로 구동하기도 하여 에너지 효율을 극대화시키고 배출 가스를 줄이는 기술이 적용되기도 한다.

(2) 하이브리드 전기자동차의 장단점

① 장점
  ㉠ 연비가 높고 최대 주행거리가 길다.
  ㉡ 주행 소음이 적다.
  ㉢ 가속력이 좋다.
  ㉣ 유해가스 배출량이 적다.

② 단점
  ㉠ 트렁크의 용량이 적다.
  ㉡ 차량 가격이 비싸다.
  ㉢ 수리비용이 내연기관 차량보다 높다.
    ※ 전기자동차는 감전의 위험이 있어 정비에 주의하여야 한다.

(3) 구동형식에 따른 종류

① 직렬방식(series type)

　ㄱ 개념 : 기관에서 출력되는 기계적 에너지는 발전기를 통하여 전기적 에너지로 바꾸고 이 전기적 에너지가 배터리나 모터로 공급되어 차량은 항상 모터로 구동되는 방식의 하이브리드 자동차를 말한다. 최근에는 생산되지 않고 있다.

> **PLUS** 하이브리드 자동차 직렬형 동력전달 방식
> 기관(엔진) → 발전기 → 축전지 → 인버터(DC → AC) → 전동기(모터) → 변속기 → 구동바퀴

　ㄴ 구조 : 직렬형 하이브리드 자동차는 2개의 모터가 들어간다.
　　• 모터 1은 엔진을 통한 발전으로 배터리를 충전한다.
　　• 모터 2는 축전지에서 전력을 받아 구동바퀴의 모터2를 구동시킨다.

② 병렬방식(parallel type)

　ㄱ 개념
　　• 배터리 전원으로도 차를 움직이게 할 수 있고 기관(가솔린 또는 디젤)만으로도 차량을 구동시키는 두 가지 동력원을 같이 사용하는 방식의 하이브리드 자동차를 말한다.
　　• 주행조건에 따라 병렬방식은 기관과 모터가 상황에 따른 동력원을 변화할 수 있는 방식이므로 다양한 동력전달방식이 가능하다.

　ㄴ 구동방식
　　• 소프트방식
　　－ 기관과 변속기 사이에 모터가 삽입된 간단한 구조를 가지고 있고 모터가 기관의 동력보조 역할을 하도록 되어 있다.
　　－ 전기적 부분의 비중이 적어 가격이 저렴한 장점이 있는 반면 순수하게 전기차 모드로 구현이 불가능하기 때문에 하드방식에 비하여 연비가 나쁘다는 단점을 가지고 있다.
　　• 하드방식
　　－ 기관, 모터, 발전기의 동력을 분할, 통합하는 기구를 갖추어야 하므로 구조가 복잡하지만 모터가 동력보조 뿐만 아니라 순수 전기차로도 작동이 가능하다.
　　－ 연비는 우수하나 대용량의 배터리가 필요하고 대용량 모터와 2개 이상의 모터제어기가 필요하므로 소프트타입에 비하여 전용부품 비용이 1.5 ～ 2배 이상 소요된다.

(4) 하이브리드 자동차의 구성 및 주행모드

① 모터

    ㉠ AC(교류)전압으로 동작하는 고출력 영구자석형 동기 모터(PMSM)로 모터 하우징과 스테이터, 스파이더, 로터 등으로 구성되어 있다.

    ㉡ 기관 시동(이그니션 키 & 아이들 스탑 해제시 재시동) 제어와 발진 및 가속 시 기관의 동력을 보조하는 기능을 한다.

② 고전압 배터리

    ㉠ Ni-MH(니켈-수소) 배터리를 사용하였으나 요즘은 Li-ion(리튬-이온) 배터리를 사용하며, 모터작동을 위한 전기 에너지를 공급하는 기능을 한다.

    ㉡ 배터리 팩과 고전압 배터리를 제어하는 BMS가 위치하고 있으며, 그 주변으로 릴레이나 안전 플러그 등의 전장부품이 결합되어 있다.

③ 보조배터리

    ㉠ 보조배터리는 일반 자동차에서 사용하는 배터리를 말한다.

    ㉡ 하이브리드 자동차의 경우 고전압 배터리를 이용하여 동력에 사용하고 있으므로 일반 전기장치인 라이트, 라디오, 와이퍼 모터 등의 경우는 보조배터리를 통해서 전원을 공급받는다.

④ 제어기의 구성

    ㉠ 기관 컨트롤 유닛(ECU : engine control unit) : 기관을 제어하는 ECU는 일반 차량에도 있는 것으로, 기관을 동작하거나 연료 분사량과 점화시기를 조절하게 된다.

    ㉡ 변속기 컨트롤 유닛(TCU : transmission control unit) : TCU는 변속기를 제어하는 것으로서, ECU와 마찬가지로 일반 차량에서도 볼 수 있는 것이다.

    ㉢ 모터 컨트롤 유닛(MCU : motor control unit) : 모터 컨트롤 유닛은 하이브리드 모터 제어를 위한 컨트롤 유닛이다. 모터 컨트롤 유닛은 HCU(hybrid control unit)의 토크 구동명령에 따라 모터로 공급되는 전류량을 제어하여 각 주행특성에 맞게 모터의 출력을 조절한다.

    ㉣ BMS(battery management system) ECU : BMS는 고전압 배터리를 제어하는 것으로서 배터리 에너지 입·출력제어와 배터리 성능유지를 위한 전류, 전압, 온도, 사용시간 등 각종 정보를 모니터링하고, 종합적으로 연산된 배터리 에너지 상태정보를 HCU 또는 MCU로 송신하는 역할을 한다.

    ㉤ 보조배터리 충전 컨트롤 유닛(LDC : low voltage DC-DC converter) : LDC는 12V 충전용 직류 변환장치로써, 일반 가솔린자동차의 발전기 대용으로 하이브리드 차량의 메인 배터리의 고전압을 저전압으로 낮추어 보조배터리 충전 및 기타 12V 전장품에 전력을 공급하는 장치이다.

ⓗ 하이브리드 컨트롤 유닛(HCU : hybrid control unit) : 하이브리드 컨트롤 유닛은 전체 하이브리드 전기자동차시스템을 제어하므로 각 하부시스템 및 제어기의 상태를 파악하며 그 상태에 따라 가능한 최적의 제어를 수행하고 각 하부 제어기의 정보사용 가능 여부와 요구(명령) 수용 가능여부를 적절히 판단한다.

(5) 하이브리드 자동차의 주행

① 주행

㉠ 압축된 공기의 팽창력을 이용해 엔진을 구동시키고 필요에 따라 전지용 모터로 구동하기도 한다.

㉡ 공압식 엔진은 출발할 때나 경사로와 같이 급가속이 필요할 경우 작동된다.

㉢ 출발 후 20~25km/h에 이르면 전기 모터로 전환되어 구동된다.

② 주행모드

㉠ 시동이 걸리는 단계

㉡ 액셀러레이터를 밟아서 차량이 출발하고 가속되는 단계

㉢ 일정한 속도로 차가 나아가는 정속단계

㉣ 브레이크를 밟아 속도를 줄이는 감속단계

㉤ 정지단계

㉥ 아이들 스탑 & 클립모드와 발진

㉦ 가속모드

📢 플러그인 하이브리드 자동차

㉠ 개요 : 내연기관 엔진과 전기모터를 같이 사용하는 것은 하이브리드 자동차와 동일하지만 플러그인 하이브리드 자동차는 전기모터가 기반이며, 내연기관 엔진이 보조하는 방식이다.

㉡ 충전 : 배터리의 용량이 일반적인 하이브리드의 배터리보다 크고, 플러그(외부전원)으로 충전이 가능합니다.

㉢ 주행 : 플러그를 전기 콘센트에 꽂아 전기로 주행을 하다가 충전된 전기가 모두 소모가 되고나면 내연기관의 엔진으로 주행 하게 됩니다.

---

2. 전기자동차(electric vehicle)

(1) 개념

① 전기자동차는 배터리에 축적된 전기로 모터를 회전시켜서 구동에너지를 얻는 자동차를 말한다.

② 전기자동차는 주행 시 화석연료를 사용하지 않아 유해가스를 배출하지 않는 대표적인 친환경차로 세계적으로 높은 관심을 받고 있다.

(2) 전기자동차의 장단점

① 장점

ㄱ 유지비가 저렴하고 차량 수명이 길다.

ㄴ 주행 중 소음이 적고 가속력이 좋다.

ㄷ 유해가스를 배출하지 않아 친환경적이다.

ㄹ 사고시 폭발의 위험성이 적어 안전하다.

② 단점

ㄱ 주행거리가 화석연료보다 짧다.

ㄴ 차량 가격이 비싸다.

ㄷ 충전시간이 길고 수리비용이 비싸다.

(3) 전기자동차의 구성

① 배터리 팩(battery pack)

ㄱ 전기자동차는 리튬이온 배터리를 사용하고 있다.

ㄴ 셀(Cell), 모듈(Module), 팩(Pack)으로 구성되어 있다.

ㄷ 안정성, 수명, 충전 용이성, 충전효율, 충전시간, 저온성능 등을 충족하여야 한다.

② 모터(motor)

   ⊙ 전진주행, 후진주행, 제동, 제동시 발전을 통한 에너지 회수(회생 브레이크시스템) 역할을 한다.

   ⓛ 회생 브레이크시스템이란 감속시나 제동시에 모터를 발전기로 작동시켜 운동 에너지를 전기 에너지로 변환시켜줌으로써 이 에너지를 배터리에 충전할 수 있는 시스템이다.

- 리졸버 센서(resolver sensor) : 회전하는 모터 샤프트의 각도와 속도를 측정
- 로터(rotor) : 전류가 흐르면 자속에 의해 회전하는 부분
- 스테이터(stator) : 자속을 만들어 주는 부분

   ⓒ 고출력화를 추진하면서 고회전화 함에 따라 모터가 경량·소형화 되어 탑재중량이나 용적도 크게 감소하였고 모터의 종류는 다음과 같다.

- 직류모터(direct current motor) : 직류전기를 사용하는 모터로서 직류전류가 로터와 스테이터에 공급되어 자계를 형성하게 되면 로터를 회전시키는 원리이다. 브러시에 정류자가 면 접촉을 하면서 회전하기 때문에 브러시와 정류자의 마모 및 분진과 소음이 발생하게 되어 유지 보수비용이 발생되며, 교류모터에 비해 구조가 복잡하고 비싼 단점이 있다.
- 직류 브러시 리스 모터(brush less current motor)
- 브러시 리스 모터는 직류형과 교류형이 있으며, 직류형 방식의 모터 중에 브러시가 없는 타입을 BLDC(brush less direct current)라고 한다. 브러시가 없으므로 반영구적으로 사용 가능하며, 유지보수 및 발열과 소음 그리고 에너지 효율이 향상된 모터이다. 원리는 스테이터를 고정해서 전류를 흘려주고 로터를 회전시킨다.
- 로터는 영구자석이므로 전류가 필요 없고 리졸버 센서를 모터에 내장하여 로터가 만드는 회전자계를 검출하고, 이 전기신호를 스테이터 코일에 전하여 모터의 회전을 제어할 수 있게 한 것으로 브러시가 닳을 걱정 없이 반영구적으로 사용하므로 전기 자동차에 사용하기도 한다.
- 교류모터(three-phase alternating current : AC 유도모터의 삼상방식)
- 전지에서 얻어진 직류전원을 인버터를 통해 교류로 변환시켜 모터를 구동하는 방식으로 교류전기로 인한 극성변화와 자기유도로 로터가 회전하는 원리이다. 냉각이 쉽고 코일을 제어함으로써 정밀한 제어가 가능한 모터이다.
  - 직류모터에 비하여 소형, 경량이며 효율이 높고 브러시가 없어 회전수를 높일 수 있으며 회생 제동장치로 사용할 수 있어 전기자동차에 주로 사용된다.
- 스위치드 릴럭턴스 모터(switched reluctance motors) : BLDC모터에서 로터에 영구자석을 사용하지 않고 철제로터를 사용하는 방식으로 역기전력이 발생되지 않으며, 스테이터 코일에 전력을 스위칭하여 회전력을 얻는 방식이다. 스위칭이 정밀해야 하며 회전자의 위치센서가 필요하다. 대량생산이 가능하며 가격이 저렴한 장점이 있다.

③ 모터 제어기(MCU : motor control unit, 인버터(inverter))

　㉠ 제어기의 경우 주로 모터 제어를 위한 컴퓨터이며, 직류를 교류로 바꾸어 주는 인버터로 주파수를 바꾸어 모터에 공급되는 전류량을 제어함으로서 출력과 회전속도를 바꾸는 것으로 VCU의 명령에 의해 모터 출력을 제어한다.

　㉡ 자동차의 주행 중 제동 또는 감속 시에 발생하는 여유 에너지를 모터에서 발전기로 전환하여 배터리로 충전을 하는 기능도 동시에 수행한다.

④ LDC(low voltage DC-DC converter, DC-DC 변환기)

　㉠ 전기 차량의 메인 배터리의 고전압을 저전압으로 낮추어 DC전압의 크기를 변화해 주는 것으로 전기자동차에서 DC-DC컨버터는 기존의 내연기관에 있던 12V 납축전지가 차량의 전자부품에 전원을 공급하던 기능을 대신하는 것으로 고전압의 배터리 전압을 차량용 전자부품에 맞는 12V용 전원으로 변환하여 공급하는 장치로 필요시 차량의 12V 납산 보조배터리를 충전한다.

　㉡ 보조배터리가 필요한 이유는 고전압 배터리 전원을 MCU나 제어기로 보내주기 위해서는 전기 스위치인 전기식 릴레이를 작동해야 한다. 각종 전원장치가 12V인데 전기를 많이 사용 시 전압 레벨 차이가 생기므로 전압의 균형을 유지하기 위한 완충장치 역할을 한다.

⑤ BMS(battery management system, 배터리 관리시스템) : 전기자동차의 2차 전지의 전류, 전압, 온도, 습도 등의 여러 가지 요소를 측정하여 배터리의 충전, 방전상태와 잔여량을 제어하는 것으로 전기자동차 내의 다른 제어 시스템과 통신하며 전지가 최적의 동작 환경을 조성하도록 환경을 제어하는 2차 전지를 제어하는 시스템이다.

⑥ VCU(vehicle control unit, 전기자동차 차량 통합 제어기)

　㉠ 가속 · 제동 · 변속 등 운전자 의지를 반영해 각종 제어장치와 협조해 차량 상태를 파악하면서 모터구동과 회생제동 등을 제어하여 가장 전기를 효과적으로 사용할 수 있도록 인버터 등에 명령을 내려 주행을 위한 최적의 상태로 한다.

　㉡ 배터리 충전량에 따라서 모터 토크, 에어컨 작동중지, 히터 작동 정지 등의 전력 배분을 모터 중심적으로 실시하며 배터리 충전량이 30% 이하이면 액셀러레이터를 밟아도 자동차는 서행을 한다.

⑦ 완속 충전기(OBC : on board charger, 차량 탑재용 충전기)

　㉠ OBC는 상용전원인 교류(AC)를 직류(DC)로 변환해 차량 내부 메인 배터리를 충전하는 기능을 한다.

ⓛ 입력전원인 AC전원의 노이즈를 제거하는 입력필터, 에너지 효율을 높여주는 PFC(power factor corrector)회로, 배터리에 전력을 안정적으로 정전압 및 정전류 충전을 하기 위한 DC/DC컨버터, 충전소 및 차량 내 다른 장치와 통신하며 OBC를 제어하는 제어회로 등으로 구성되어 있다.

ⓒ 충전이 완료되면 내부 완속 충전기에서 차단시킨다.

⑧ VESS(virtual engine sound system, 가상 엔진 소음발생 시스템)

㉠ 전기자동차는 소음이 거의 발생하지 않으므로 주행 중 보행자에게 전진, 후진 시 20km/h 이하에서 소리를 낸다.

㉡ 전진음은 0 ~ 20km/h에서 주행 중 소리를 발생하며 속도가 빨라질수록 소리 크기가 증가한다. 단, D단 정지 시에는 발생하지 않고 후진음은 후진 시 소리가 발생하며 속도가 빨라질수록 소리 크기가 증가하며 정지 시에도 발생한다.

⑨ EWP(electric water pump, 전기 워터펌프) : 전기자동차의 전자장비들의 일반적인 전력효율이 약 90% 정도이면 약 10% 만큼은 연료전환이 된다. 이때 발생하는 열로 인해서 어떤 문제가 발생하지 않도록 하기 위해 사용하는 것이 냉각시스템인데 전통적인 공랭식은 낮은 열 관리에는 용이하지만 높은 에너지 밀도를 가진 전자 장비와 장거리 주행에는 수랭식이 적합한데 EWP는 열이 가장 많이 발생하는 모터 및 OBC, LDC의 온도에 따라 효율적인 냉각을 위해 동작과 비동작을 반복하며 냉각수를 순환시켜 냉각을 이루어주는 펌프이다.

⑩ 진공펌프(vacuum pump) : 브레이크에서 진공부스터 효과는 차량의 안전과 관련이 있다. 가솔린 내연기관 자동차처럼 유압으로 브레이크를 작동시키기 위해서는 진공을 얻을 수 있어야 하지만 전기자동차에서는 진공을 얻을 수 없으므로 브레이크의 부스터 효과를 보기위해서는 전기진공펌프에 의해 진공을 얻어야 한다.

⑪ 계기판(cluster) : 계기판은 일반 소비자에게 현재 차량의 상태를 알려줌으로써 보다 안전한 운행을 하도록 유도하기 위함에 그 목적이 있다. 전기자동차는 배터리 변동에 따라 주행가능 거리가 달라지기 때문에 전기자동차를 운전하게 되면 운전자는 배터리 게이지, 주행가능 거리에 가장 많이 신경을 쓰게 된다. 전기자동차 관련 운행정보는 다음과 같다.

㉠ 모터작동 표시계 : 모터의 소비전력 및 회생제동 브레이크의 전기 에너지 충전 · 방전상태를 알려준다.

㉡ 주행가능거리 : 현재 남아있는 구동용 배터리 잔량으로 주행 가능한 거리를 표시한다.

㉢ 구동용 배터리 충전량(SOC) 표시계 : 구동용 배터리 충전상태를 표시한다.

㉣ 충전 완료(잔여) 시간 : 완속 및 급속충전기를 접속하여 차량의 충전 완료시간 및 잔여시간을 표시한다.

㉤ 주행정보표시 : 시동스위치 "OFF"시 주행에 필요한 배터리 잔량 및 주행가능 거리를 표시하고 배터리 잔량이 부족할 경우 충전해야 한다.

ⓗ 에너지 흐름도 : 차량 주행상태에 따른 전기자동차의 동력전달 상태를 출발과 가속 시, 정속주행
시, 감속 시, 정지시의 각 영역별 모터 및 배터리시스템 상태를 표시한다.

⑫ 세이프티 스위치(safety switch)

ⓐ 고전압 배터리는 고전압 장치이기 때문에 취급 시 안전에 유의해야 한다. 세이프티 스위치는 고
전압 배터리 전원을 임의로 차단시킬 수 있는 전원 분리장치로 과전류 방지용 퓨즈를 포함하고
있다.

ⓑ 고전압 전기 동력시스템과 관련된 부품 탈·부착이나 정비점검 시 세이프티 스위치 플러그를 탈
거하면 고전압을 차단시킬 수 있으므로 이점 유의하여 작업을 해야 하고, 점화스위치 ON상태에
서는 세이프티 스위치 플러그를 탈거하지 말아야 한다.

⑬ 전기자동차 메인 릴레이(EV-main relay)

ⓐ 메인릴레이는 고전압 배터리의 DC전원을 MCU측으로 공급하는 역할을 하는 릴레이이다.

ⓑ 이그니션 키가 ON되고 고전압 전기 동력시스템이 정상일 경우 MCU는 메인 릴레이를 작동시켜
고전압 배터리 전원을 MCU 내부에 설치된 인버터로 공급하여 모터구동을 준비한다.

📢 전기자동차의 비교

구분	하이브리드자동차(HEV)	전기자동차(EV)	플러그인 하이브리드 자동차(PHEV)
구동원	기관(엔진) + 모터(보조)	모터	모터, 기관(엔진)→방전시
에너지원	화석연료, 전기	전기	전기, 화석연료(방전시)
특징	저속주행 모터, 고속주행 엔진 사용	전기만으로 주행	단거리 주행 전기, 장거리 주행 엔진 사용

3. 연료전지 자동차

(1) 개념

① 연료전지자동차는 수소를 사용하여 발생시킨 전기에너지를 동력원으로 사용하는 자동차로 보통 '수소
전기차'라고 불리는데 수소를 연료로 하여 수소와 산소의 전기화학반응으로 만들어진 전기를 이용하
여 모터를 구동하는 자동차를 말한다.

② 연료전지자동차의 구조는 전기자동차와 비슷하지만 배터리 대신 수소연료전지를 주전원으로 이용한다.
전기를 생산하여 움직이기 때문에 회생제동을 활용하기 위해 작은 용량의 배터리를 탑재하고 있다.

※ 연료전지 … 수소를 사용하여 전기에너지를 발생시키는 장치를 말한다.

㉠ 수소의 연료로서의 성능은 우수하나 보관성이 나쁘다.

㉡ 자동차의 배출가스는 없으나 완전한 친환경이라고 단정하기는 어렵다.

㉢ 전기자동차에 비해 자동차의 충전속도는 빠르지만 수소충전소의 인프라 구성이 쉽지 않다.

㉣ 공기의 정화기능은 좋으나 촉매제의 가격이 비싸다.

㉤ 고비용의 수소를 제조하여야 한다.

㉥ 취급시의 안전에 주의해야 하고 점검도 자주 해야 한다.

(2) 수소연료전지 자동차의 장단점

① 장점

㉠ 저공해 고효율 에너지원이며 도심지에서 대기 공해를 줄일 수 있다. 연료전지 자동차가 유일하게 배출하는 배기가스는 수분이다.

㉡ 친환경자동차이며 미래자동차의 차세대 에너지원이다.

㉢ 수소는 물을 원료로 사용하여 제조하기 때문에 연료의 생산이 무한정이다.

㉣ 주행거리가 전기자동차보다 길다.

㉤ 전기자동차에 비해 자동차의 충전속도가 빠르다.

② 단점

㉠ 수소흡창합금 탱크나 고압 수소 탱크를 탑재되므로 차량 내부공간이 협소하고 무게도 증가한다.

㉡ 위험성을 수반한 수소의 공급 및 저장 인프라의 문제가 있다.

㉢ 연료전지 발전소건설비용이 높다.

㉣ 연료전지의 수명과 신뢰성을 향상시키는 기술적인 연구가 이루어져야 한다. (이온 교환수지의 마모 때문에 연료전지를 교환해주어야 한다.)

㉤ 핵심부품(촉매)에 백금 사용 및 고가의 연료전지가 사용된다.

(3) 구조

① 연료전지시스템은 연료 전지 스택, 운전 장치, 모터, 감속기로 구성된다.

② 연료전지는 공기와 수소 연료를 이용하여 전기를 생성한다.

③ 연료전지에서 생성된 전기는 인버터를 통해 모터로 공급된다.

(4) 구성

① 수소 저장 탱크 : 탱크 내 수소저장, 스택(STACK)으로 공급

② 공기 공급 장치(APS) : 스택 내에서 수소와 결합해 물(H_2O) 생성, 순수 산소형태가 아니며 대기 공기를 스택으로 공급한다.

③ 스택(STACK) : 주행에 필요한 전기를 발생시키고 공급된 수소와 공기 중 산소가 결합되어 수증기를 생성한다.

④ 고전압 배터리 : 스택에서 발생된 전기 저장, 회생제동 에너지(전기) 저장, 시스템 내 고전압 장치에 전원을 공급한다.

⑤ 컨버터/인버터 : 스택에서 발생된 직류 전기를 모터가 필요한 3상 교류전기로 변환시킨다.

⑥ 모터 & 감속기 : 차량을 구동하기 위한 모터와 감속기이다.

⑦ 연료 전지 시스템 어셈블리 : 연료전지 룸 내부에는 스택을 중심으로 수소 공급 시스템과 고전압 회로를 분배한다. 공기를 흡입하여 스택 내부로 불어 넣을 수 있는 공기를 공급한다.

4. 천연가스 자동차

(1) 개념

① 천연가스자동차는 천연가스를 사용하는 저공해 자동차의 일종이다.

② 천연가스자동차의 연료로는 압축천연가스(CNG)를 주로 사용하며, 최근에는 액화천연가스(LNG)를 사용하기도 한다.

③ 천연가스는 가솔린이나 LPG에 비해 황과 수분이 적게 포함돼 있고 열량이 높은 청정에너지이다.

(2) 천연가스 자동차의 장단점

① 장점
    ㉠ 유지비가 저렴하다.
    ㉡ 환경오염을 배출하지 않는 무공해 자동차이다.
    ㉢ 화재의 위험이 적으며, 엔진의 수명이 길다.
    ㉣ 공기보다 가볍고 공기 중에 부상하기 때문에 누설 시 폭발위험이 적다.
② 단점

㉠ 주행거리가 화석연료보다 짧다.

㉡ 충전소가 없는 곳이 많아 충전이 어렵다.

㉢ 연료 탱크의 용량이 커야 한다.

㉣ 에너지 밀도가 낮아 체적효율이 감소한다.

 천연가스 관련 영어정리
㉠ 천연가스 : 탄화수소가스와 증기의 혼합물로서 주로 메탄이 가스형태로 구성되어 있는 자동차용 연료를 말한다.
㉡ 천연가스연료장치 : 천연가스를 저장하는 용기와 엔진에 연료를 공급하기 위한 모든 장치를 말한다.
㉢ 천연가스연료장치의 고압부분 : 압축천연가스용기부터 첫번째 압력조정기까지의 부분중 첫번째 압력조정기를 제외한 부분을 말한다.
㉣ 천연가스용기 : 자동차에 부착되어 자동차의 연료로 사용되는 천연가스를 저장하는 용기를 말한다.

(3) 자동차 연료의 구분

① CNG(Compressed Natural Gas ; 압축천연가스)

㉠ 기체 상태의 천연가스를 압축해 부피를 200분의 1 수준으로 줄인 것으로 주성분은 메탄(methane)이다.

㉡ 주로 자동차의 연료로 사용되며, 우리나라 천연가스 버스들이 주로 사용한다.

② LNG(Liquefied Natural Gas ; 액화천연가스)

㉠ 천연가스를 영하 161도에서 냉각해 액화시킨 것으로 천연가스를 액화하면 부피를 600분의 1 수준으로 줄일 수 있어 저장이나 운반이 쉽다.

㉡ 대형자동차로 장거리 운행을 하는 시외버스나 대형화물차의 연료로 사용된다.

③ PNG(Piped Natural Gas, 배관천연가스)

㉠ 가스전에서 기체 상태의 가스를 약간의 정화처리를 거친 후 파이프라인을 통해 직접 공급하면 PNG가 된다.

㉡ 러시아가 유럽 국가들에게 가스를 수출하는 방식이다.

(4) 자동차의 분류

① CNG 자동차 : 압축천연가스를 주원료로 사용하고 우리나라에서는 시내버스나 청소차 등에 주로 사용된다.

② LNG 자동차 : 액화천연가스를 주원료로 사용하는 자동차로 시외버스나 대형화물차의 연료로 연구되고 있다.

CHAPTER 04 기초영어

1 어휘

1. 빈칸 넣기

문장 전체에 대한 정확한 이해의 선행과 보기로 주어지는 단어들의 뜻을 확실하게 알고 있어야 정답을 찾을 수 있는 유형의 문제들이 출제된다.

2. 동의어 · 유의어 · 반의어

문장 전체에 대한 정확한 이해와 밑줄 친 단어의 정확한 뜻과 다양한 쓰임을 제대로 알고 있어야 정답을 찾을 수 있는 유형의 문제들이 출제된다.

3. 단어 관계

보기로 주어진 각 단어의 정확한 뜻과 다양한 쓰임을 제대로 알고 있어야 하며, 짝지어진 단어들이 서로 어떠한 관계인지 파악해야 정답을 찾을 수 있는 유형의 문제들이 출제된다.

2 문법

1. 문장

(1) 8품사

① 명사 : 사람, 사물, 지명 등의 이름을 나타내는 말로 주어(S), 보어(C), 목적어(O) 역할을 한다.

The **rose** is beautiful. (장미는 아름답다.)

London is the capital of **England**. (런던은 영국의 수도이다.)

Most children like **cake**. (대부분의 어린이들은 과자를 좋아한다.)

② 대명사 : 명사 대신 부르는 말로 명사처럼 주어(S), 보어(C), 목적어(O) 역할을 한다.

She loves music. (그녀는 음악을 좋아한다.)

This book is **mine**. (이 책은 나의 것이다.)

They call her **Jane**. (그들은 그녀를 제인이라고 부른다.)

③ 동사 : 주어의 동작이나 상태를 나타낸다.

The girl **is** pretty. (그 소녀는 아름답다.)

He **runs** very fast. (그는 매우 빨리 달린다.)

④ 형용사 : 명사, 대명사의 성질, 상태를 나타낸다.

I have an **interesting** book. (나는 재미있는 책이 있다.)

She is **happy**. (그녀는 행복하다.)

⑤ 부사 : 동사, 형용사, 부사를 수식하여 양태 또는 정도를 나타낸다.

He runs **fast**. (그는 빨리 달린다.)

She is **very** beautiful. (그녀는 매우 아름답다.)

⑥ 전치사 : 명사나 대명사 앞에 놓여 전명구를 이루며, 전명구인 전치사 + (대)명사는 문장의 요소가 될 수 없고, 형용사구·부사구의 역할을 한다.

The flower **by the pond** is beautiful. (연못가의 꽃이 아름답다.)

The sun rises **in the east**. (해는 동쪽에서 뜬다.)

⑦ 접속사 : 낱말과 낱말, 구와 구, 절과 절을 연결한다.

Apples **and** pears are fruits. (사과와 배는 과일이다.)

He works in the morning **or** in the evening. (그는 아침이나 밤에 일한다.)

⑧ 감탄사 : 사람의 감정을 나타내는 말로 독립적인 역할을 한다.

Oh! What a wonderful world! (오! 정말 아름다운 세상이다!)

(2) 구와 절

① 구

　㉠ 개념 : 2개 이상의 낱말이 모여 하나의 품사 역할을 하는 것을 구 또는 절이라고 하고, 절은 S + V ~, 즉 문장의 형태를 갖추지만 구는 그렇지 않다.

　㉡ 명사구 : 부정사, 동명사 → 명사처럼 주어, 보어, 목적어 역할을 한다.

　　My hobby is **to collect stamps**. (나의 취미는 우표수집이다.)

　　I dislike **speaking ill of others**. (나는 남을 비난하는 것을 싫어한다.)

　㉢ 형용사구 : 부정사, 분사, 전명구 → 형용사처럼 명사나 대명사를 수식한다.

　　I have a book **to read**. (나는 읽을 책을 가지고 있다.)

　　The boy **sleeping in the room** is Tom. (방에서 자고 있는 소년이 톰이다.)

　㉣ 부사구 : 부정사, 전명구 → 부사처럼 동사, 형용사, 부사를 수식한다.

　　We eat **to live**. (우리는 살기 위해 먹는다.)

　　Stars shine **in the sky**. (별들이 하늘에서 빛난다.)

② 절

　㉠ 개념 : 절은 문장의 형태인 S + V를 갖추었으나, 독립적인 의미를 가지지 못하고 다른 문장의 일부로 쓰인다.

　㉡ 명사절 : 명사처럼 주어(S), 보어(C), 목적어(O) 역할을 한다.

　　That he is honest is true. (그가 정직하다는 것은 사실이다.)

　　Did you hear **what he said**? (너는 그가 한 말을 들었니?)

　㉢ 부사절 : 부사처럼 수식어에 불과하므로 제거해도 문장은 성립된다.

　　I loved her **when I was young**. (내가 젊었을 때 나는 그녀를 사랑했다.)

　　As it rained, I could not come. (비가 와서 나는 올 수 없었다.)

　㉣ 형용사절 : 관계대명사와 관계부사만이 형용사절을 이끈다.

　　I have a sister **who lives in N.Y**. (나에겐 뉴욕에 사는 누이가 있다.)

　　I have a friend **whose name is Tom**. (나는 톰이라 불리는 친구가 있다.)

2. 문장의 형식

(1) 1형식 – 주어(S) + 동사(V) → 완전자동사

Birds **fly**. (새들이 날아간다.)

There **is** a house by the pond. (연못가에 집이 있다.)

There once **lived** a wise king in Korea. (옛날에 한국에 현명한 왕이 살았다.)

PLUS There + be / 일반동사 ~
ㄱ There + be + S : S가 있다.
ㄴ There + 일반동사 + S : S가 ~하다.

(2) 2형식 – 주어(S) + 동사(V) + 보어(C) → 불완전자동사

① be 동사류 : S가 V이다(상태).

He **is** the captain of our team. (그는 우리 팀의 주장이다.)

She **seems** quite happy. (그녀는 매우 행복하게 보인다.)

② become 동사류 : S가 C가 되다(상태변화).

예 become, come, go, get, grow, turn, run

She **became** a great pianist. (그녀는 훌륭한 피아니스트가 되었다.)

The leaves **turn** red in fall. (나뭇잎은 가을에 빨갛게 된다.)

③ 유사보어 : 완전자동사가 보어를 취하는 경우도 있다.

He died **young**. (그는 젊어서 죽었다.)

= He was young when he died.

(3) 3형식 – 주어(S) + 동사(V) + 목적어(O) → 완전타동사

① 목적어의 종류

ㄱ 대명사 : I met **him** yesterday. (나는 어제 그를 만났다.)

ㄴ 명사 : I like English. (나는 영어를 좋아한다.)

ㄷ 부정사 : I hope **to see** you again. (나는 당신을 다시 보고 싶다.)

ㄹ 동명사 : They stopped **playing** football. (그들은 축구경기를 멈추었다.)

ㅁ 절 : I hope **that you will come again**. (나는 당신이 다시 오기를 바란다.)

② 동족목적어 : 동사와 같은 어원의 명사가 목적어 역할을 한다.

He **lived** a happy **life**. (그는 행복하게 살았다.)

= He lived happily.

She **smiled** a bright **smile**. (그녀는 환한 미소를 지었다.)

③ 재귀목적어

He **seated himself** beside me. (그는 내 옆에 앉았다.)

(4) 4형식 - 주어(S) + 동사(V

> 🪐 **PLUS** 4형식 문장(S + V + I.O + D.O)을 3형식 문장(S + V + D.O + 전치사 + I.O)으로 전환할 때는 동사에 따라 어떤 전치사를 사용하는가에 유의해야 한다.

① give류 : 전치사 to를 써서 전환되는 수여동사이다.

예 give(주다), bring(가져오다), show(보여주다), teach(가르치다), write(쓰다), promise(약속하다), pay(지불하다)

I **gave** my dog some meat. (나는 개에게 고기를 주었다.)

= I gave some meat to my dog.

② buy류 : 이익을 표시하는 전치사 for를 써서 전환되는 수여동사이다.

예 buy(사다), make(만들다), order(명령하다), find(발견하다), sing(노래하다), choose(선택하다), cook(요리하다)

Father **bought** me a bicycle. (아버지는 나에게 자전거를 사주셨다.)

= Father bought a bicycle for me.

③ ask류 : of를 써서 전환되는 수여동사로, 주로 의문 · 질의 · 요구를 의미한다.

예 ask(질문하다), inquire(질문하다), demand(요구하다)

He **asked** me a question. (그가 나에게 질문을 했다.)

= He asked a question of me.

> 🪐 **PLUS** 4형식 문장에서 목적어의 양쪽이 대명사일 때는 3형식으로 쓴다.
> **예** He gave me it. (×)
> He gave it to me. (○)

(5) 5형식 – 주어(S) + 동사(V) + 목적어(O) + 목적보어(O.C)

① 형용사가 목적보어인 경우 : 목적어의 성질, 상태를 나타낸다.

I believe him **honest**. (나는 그가 정직하다고 믿는다.)

② 명사가 목적보어인 경우 : 목적어의 신분, 이름을 나타낸다.

We call him **uncle Tom**. (우리는 그를 톰 삼촌이라 부른다.)

③ to부정사가 목적보어인 경우 : 목적어의 행동이 능동일 경우, 목적보어로 to부정사가 쓰인다.

He advised me **to help** the poor. (그는 나에게 가난한 사람들을 도와주라고 충고했다.)

④ 원형부정사가 목적보어인 경우 : 사역동사와 지각동사 다음에 나오는 목적보어는 원형부정사로 쓰인다.

I will make him **do** the work. (나는 그에게 그 일을 하도록 시킬 것이다.)

I saw him **cross** the street. (나는 그가 길을 건너는 것을 보았다.)

> **PLUS** 사역동사와 지각동사
> ㉠ 사역동사 : make(시키다), have(시키다), let(허락하다)
> ㉡ 지각동사 : see(보다), watch(보다), hear(듣다), listen to(듣다), feel(느끼다)

⑤ 현재분사가 목적보어인 경우 : 목적어의 행동이 능동(진행)일 경우, 목적보어로 현재분사가 쓰인다.

I saw him **playing** the piano. (나는 그가 피아노 치는 것을 보았다.)

⑥ 과거분사가 목적보어인 경우 : 목적어의 행동이 수동일 경우, 목적보어로 과거분사가 쓰인다.

I found the bridge **broken**. (나는 다리가 부러진 것을 알았다.)

3. 동사의 종류

(1) 동사의 종류

① 완전자동사 : 동사 그 자체만으로 완전한 의미를 갖는 동사를 말한다. 예를 들어 'He died(그는 죽었다)'는 그 자체로 완전한 문장이다.

예 live(살다), sleep(자다), come(오다), run(달리다), fly(날다)

② 불완전자동사 : 동사 그 자체만으로는 완전한 의미를 나타낼 수 없어 보어(C)를 필요로 하는 동사를 말한다. 예를 들면 'He became(그는 되었다)'이라는 문장은 무엇이 되었는지 분명하지 못하며, 'He became a teacher(그는 선생님이 되었다)'라고 해야만 완전한 문장이 된다.

예 be(~이다), seem(~인 듯하다), look(~처럼 보이다), become(~이 되다)

③ 완전타동사 : 동작의 영향이 다른 사람이나 사물에 미치는 동사를 말한다. 예를 들면 'He killed a dog(그는 개를 죽였다)'에서 그의 동작(kill)이 개에 영향을 미쳐서 결과적으로 죽은 것은 개가 된다.

예 push(~을 밀다), write(~을 쓰다), eat(~을 먹다), strike(~을 때리다)

④ 수여동사 : 'A에게 B를 준다'는 뜻의 동사를 수여동사라 부르며, 수여동사는 물건을 받는 간접목적어 (I.O)와 건네지는 물건, 즉 직접목적어(D.O)가 필요하다. 예를 들면 'He gave me a book(그가 나에게 책을 주었다)'에서 me는 간접목적어, book은 직접목적어이다.

예 give(주다), send(보내다), lend(빌려주다), buy(사주다)

⑤ 불완전타동사 : 타동사가 목적어만으로는 불완전하여 보충할 말을 필요로 하는 경우의 동사를 말한다. 예를 들면 'He made me(그는 나를 만들었다)'만으로는 불충분하며, 'He made me happy(그는 나를 행복하게 만들었다)'라고 해야만 완전한 문장이 된다.

예 find(발견하다), believe(믿다), make(만들다), think(생각하다)

4. 동사의 시제

(1) 현재시제

① 현재의 동작이나 상태

　㉠ 현재의 동작

　　I **see** a ship on the horizon. (나는 수평선의 배를 보고 있다.)

　㉡ 현재의 상태

　　She **has** a good memory. (그녀는 기억력이 좋다.)

② 불변의 진리, 속담(격언), 현재의 습관

　㉠ 진리

　　The earth **goes** round the sun. (지구는 태양을 돈다.)
　　Two and two **are** four. (2+2＝4이다.)

　㉡ 속담

　　After a storm **comes** a calm. (폭풍우 뒤에 고요가 온다. 고진감래)

　㉢ 습관

　　I **go** to school by bus every day. (나는 매일 버스를 타고 학교에 다닌다.)

③ 시간과 조건의 부사절 : 시간과 조건의 부사절에서는 현재시제가 미래시제를 대신한다.

　If you fail in your business, what will you do?
　(만약 사업에 실패하면 너는 무엇을 하겠니?)

　I will discuss the matter **when he comes back**.
　(그가 돌아왔을 때 그 문제를 의논하겠다.)

PLUS 명사절, 형용사절 : 미래시제를 그대로 쓴다.

Tell me when he will finish it. (그가 그것을 언제 끝낼지를 나에게 말해라.)

→ 명사절(목적어 역할)

Tell me the time when you will return. (당신이 돌아올 시간을 나에게 말해라.)

→ 형용사절(명사 수식)

(2) 과거시제

① 과거의 동작이나 상태

ㄱ 과거의 동작

He **went** to school yesterday. (그는 어제 학교에 갔다.)

ㄴ 과거의 상태

She **was** happy when she was young. (그녀는 젊었을 때 행복했다.)

② 역사적 사실

He said that the Korean War **broke out** in 1950.

(그는 한국전쟁은 1950년에 일어났다고 말했다.)

Columbus **discovered** America in 1492. (콜럼버스는 1492년에 아메리카를 발견했다.)

③ 과거의 습관

ㄱ 불규칙적 습관

He **would** often come to see me. (그는 종종 나를 보러 오곤 했다.)

ㄴ 규칙적 습관

He **used to** get up early. (그는 일찍 일어나곤 했다.)

(3) 미래시제

① 상대방의 의지

Shall I open the window? (제가 창문을 열어도 될까요?)

Shall we take a walk after dinner? (저녁식사 후에 산책이나 할까요?)

② 미래를 나타내는 표현

ㄱ be going to + 동사원형 : ~할 예정이다.

I **am going to** see him tonight. (나는 오늘밤 그를 만날 것이다.)

ㄴ be about to + 동사원형 : 막 ~하려 하다.

She **was about to** start. (그녀는 막 출발하려 했다.)

ⓒ 왕래발착동사 + 미래어구

We **go fishing** tomorrow. (우리는 내일 낚시하러 갈 것이다.)

✎ **PLUS** 왕래발착 동사
go, come, start, leave, sail, arrive, reach, return

(4) 현재완료시제

have(has) + p.p.(과거분사), 현재완료형은 우리말로 해석하면 '~ 했다'처럼 과거시제의 경우와 비슷하다. 하지만 현재완료시제는 그 동작이 과거 언제 일어났는지에는 관심이 없고, 그 동작이 현재에 미치는 영향 등 현재와의 관련성에 초점을 맞춰 표현할 때 사용한다.

① 완료 : (지금 막) ~했다, ~해버렸다. 주로 now, just, already 등과 함께 쓰인다.

I **have** just **cleaned** my room. (나는 지금 막 내 방을 청소했다.)

② 결과 : ~했다(그 결과 지금 …하다).

I **have lost** my watch. (나는 시계를 잃어버렸다.)

= I lost my watch and I don't have.

③ 경험 : (지금까지) ~한 적이 있다. 주로 once(한 번), twice(두 번), ever(~한 적이 있다), never, often, before 등과 함께 쓰인다.

I **have seen** this film before. (나는 전에 이 영화를 본 적이 있다.)

④ 계속 : (지금까지) 계속 ~하고 있다. 주로 for(~동안), since(~이후로), how long 등과 함께 쓰인다.

He **has been** ill since last week. (그는 지난 주 이후로 계속 아프다.)

✎ **PLUS** has been to(경험)와 has gone to(결과)
She has been to America. (그녀는 미국에 가본 적이 있다.)
She has gone to America. [그녀는 미국에 갔다(그 결과 지금 없다).]

✎ **PLUS** 현재완료의 부정문과 의문문
㉠ 현재완료의 부정문 : have(has) + not + p.p.
She has not washed the dishes yet. (그녀는 아직 설거지를 하지 못했다.)
㉡ 현재완료의 의문문 : Have(has) + S + p.p. ~? / 의문사 + have(has) + S + p.p. ~?
Have you lived here since childhood? (너는 어릴 때부터 이곳에 살았니?)

(5) 과거완료시제

had + p.p.(과거분사), 특정한 과거시점까지의 동작이나 상태의 완료, 경험, 결과, 계속을 나타낸다.

① 완료 : (그때 막) ~하였다, ~해버렸다.

   I **had** just **written** my answer when the bell ring. (종이 울렸을 때 나는 막 답을 쓴 뒤였다.)

② 결과 : ~해서 (그때) …이 되어 있었다.

   Father **had gone** to market when I came home.

   (내가 집으로 돌아왔을 때는 아버지가 시장에 가고 계시지 않았다.)

③ 경험 : (그때까지) ~한 적이 있었다.

   I **had** never **met** him until then. (그때까지 그를 만난 적이 없었다.)

④ 계속 : (그때까지) 계속 ~하고 있었다.

   I **had been** ill for two weeks, so I couldn't go there.

   (나는 2주 동안 계속 아팠다. 그래서 거기에 갈 수가 없었다.)

⑤ 대과거 : 과거에 발생한 두 사건 중 단순히 먼저 일어났음을 나타낸다.

   He lost the bag which he **had bought** two days before.

   (그는 이틀 전에 산 가방을 잃어버렸다.)

(6) 진행시제

① 현재진행 : is(are) +~ing

   I **am studying** English. (나는 영어공부를 하는 중이다.)

② 과거진행 : was(were) +~ing

   We **were swimming** in the river. (우리는 강에서 수영하고 있는 중이었다.)

③ 미래진행 : will be +~ing

   She **will be resting** in country next week.

   (다음 주에 그녀는 시골에서 휴식중일 것이다.)

④ 완료진행 : have(has) been +~ing

   I **have been studying** English for six years.

   (나는 6년간 영어를 공부했고 지금도 공부중이다.)

(7) 불규칙동사의 활용

① A – A – A형

cut(자르다) – cut – cut   cost(비용이 들다) – cost – cost

hit(때리다) – hit – hit   read(읽다) – read – read

② A – B – B형

bring(가져오다) – brought – brought   buy(사다) – bought – bought

catch(잡다) – caught – caught   find(발견하다) – found – found

hear(듣다) – heard – heard   sleep(자다) – slept – slept

think(생각하다) – thought – thought

③ A – B – C형

begin(시작하다) – began – begun   choose(선택하다) – chose – chosen

drive(운전하다) – drove – driven   eat(먹다) – ate – eaten

go(가다) – went – gone   write(쓰다) – wrote – written

speak(말하다) – spoke – spoken

④ A – B – A형

become(~가 되다) – became – become   come(오다) – came – come

run(달리다) – ran – run

⑤ 혼동하기 쉬운 동사의 활용

   ㉠ rise(오르다) – rose – risen

       raise(올리다) – raised – raised

   ㉡ find(찾다) – found – found

       found(세우다) – founded – founded

   ㉢ fall(떨어지다) – fell – fallen

       fell(벌목하다) – felled – felled

5. 수동태

(1) 능동태와 수동태

① 능동태 : 주어가 동작을 행하는 것을 표현하는 동사의 형태이다.

Cats **catch** mice. (고양이들이 쥐를 잡는다.)

Lincoln **delivered** this speech. (링컨이 이 연설을 하였다.)

② 수동태(be + p.p.) : 주어가 동작을 당하는 것을 표현하는 동사의 형태이다.

Mice **are caught** by cats. (쥐들은 고양이에 의해 잡힌다.)

This speech **was delivered** by Lincoln. (이 연설은 링컨에 의하여 행해졌다.)

③ 태의 전환(능동태 → 수동태)

㉠ 능동태의 목적어 → 수동태의 주어

㉡ 능동태의 동사 → be + p.p.

㉢ 능동태의 주어 → by + 목적격

PLUS 수동태가 잘 쓰이는 경우
㉠ 동작을 행한 주체를 잘 모르는 경우
Ten people were killed in the accident. (그 사고로 열 명이 사망했다.)
Her son was killed in the war. (그녀의 아들은 전쟁에서 죽었다.)
㉡ 동작을 행한 주체가 별로 중요하지 않거나 문맥상 명백한 경우
My watch was made in Switzerland. (내 시계는 스위스에서 만들어졌다.)
I was born in 1977. (나는 1977년에 태어났다.)
㉢ 동작을 행한 주체가 막연한 일반인인 경우
Aspirin is used for pain. (아스피린은 진통제로 사용된다.)
Spanish is spoken in Mexico. (멕시코에서는 스페인어를 말한다.)

(2) 수동태의 시제 및 태의 전환

① 기본시제의 수동태

　　㉠ 현재 : am(is, are) + p.p.

　　　I **do** it. (나는 그것을 한다.) → It is **done** by me.

　　㉡ 과거 : was(were) + p.p.

　　　I **did** it. (나는 그것을 했다.) → It **was done** by me.

　　㉢ 미래 : will be + p.p.

　　　I **will do** it. (나는 그것을 할 것이다.) → It **will be done** by me.

② 완료시제의 수동태

　　㉠ 현재완료 : have(has) been + p.p.

　　　I **have done** it. (나는 그것을 했다.) → It **has been done** by me.

　　㉡ 과거완료 : had been + p.p.

　　　I **had done** it. (나는 그것을 했었다.) → It **had been done** by me.

③ 진행시제의 수동태

　　㉠ 현재진행 : am(is, are) being + p.p.

　　　I **am doing** it. (나는 그것을 하고 있다.) → It **is being done** by me.

　　㉡ 과거진행 : was(were) being + p.p.

　　　I **was doing** it. (나는 그것을 하고 있었다.) → It **was being done** by me.

6. 조동사

(1) do

① 일반동사의 부정문, 의문문

　　He **doesn't** work here. → 부정문

　　(그는 이곳에서 일하지 않는다.)

　　Did he catch a living tiger? → 의문문

　　(그가 살아있는 호랑이를 잡았나요?)

② 도치문 : 강조한 말 + do + S + 동사원형

　　Little **did she know** that we were watching her.

　　(그녀는 우리가 그녀를 보고 있다는 것을 거의 몰랐다.)

　　Never **did I dream** such a result.

　　(그런 결과를 가져오리라고는 꿈에도 생각하지 못했다.)

③ 동사 강조 : S + do + 동사원형

She **does** write an English novel. (그녀는 정말로 영문소설을 쓴다.)

④ 대동사 : 앞에 나온 동사 대신에 do를 쓴다.

I work hard as he **does**(= works hard). (나도 그 사람처럼 열심히 일한다.)

Do you like it? Yes, I **do**(= like it). (그것을 좋아하니? 예, 좋아합니다.)

(2) can

① 가능 : ~할 수 있다(= be able to).

He **can**(= is able to) speak English. (그는 영어로 말할 수 있다.)

She **could**(= was able to) speak English. (그녀는 영어로 말할 수 있었다.)

② 강한 의심 : (의문문에서) ~일 수 있을까?

Can the rumor be true? (과연 그 소문이 사실일까?)

③ 추측 : (부정문에서) ~일 리가 없다.

He **can't be** rich. (그는 부자일 리가 없다.)

He **can't have been** rich. (그는 부자였을 리가 없다.)

④ 관용표현

㉠ can't help ~ing : ~하지 않을 수 없다(= can't but + 동사원형).

I **can't help following** his advice. (나는 그의 충고를 따르지 않을 수 없다.)

㉡ as~as can be : 더할 나위없이 ~하다.

I am **as** happy **as can be**. (나는 더할 나위없이 행복하다.)

㉢ as~as one can : 가능한 한~(= as~as possible)

He ate **as** much **as he could**. (그는 가능한 한 많이 먹었다.)

㉣ cannot~too : 아무리 ~해도 지나치지 않다.

One **cannot** be **too** careful. (사람은 아무리 주의해도 지나친 법이 없다.)

㉤ cannot so much as~ : ~조차 하지 못한다.

He **cannot so much as** write his own name. (그는 자신의 이름조차 쓰지 못한다.)

(3) must

① 의무, 필요 : ~해야만 한다(= have to).

　　You **must** do the work. (당신은 그 일을 해야만 한다.)

② 금지 : ~해서는 안 된다.

　　You **must** not smoke here. (여기서 담배를 피우면 안 된다.)

③ 강한 추측 : ~임에 틀림없다.

　　He **must** be at home. (그는 집에 있음에 틀림없다.)

　　I didn't here it. I **must have been** asleep. (나는 듣지 못했다. 자고 있었음에 틀림없다.)

(4) may, might

① 허가 : ~해도 좋다.

　　May I use the telephone? (제가 전화를 사용해도 될까요?)

　　You **may** enter the garden. (정원에 들어가도 된다.)

② 불확실한 추측 : ~일지도 모른다.

　　He **may be** a liar. (그는 거짓말쟁이일지도 모른다.)

　　I think she **may have missed** the train. (나는 그녀가 기차를 놓쳤을지도 모른다고 생각해.)

③ 기원 : 문장 앞에 may를 쓰면 기원문이 된다.

　　May you succeed! (성공을 빈다!)

④ 희망 · 충고(might) : ~하는 것이 좋겠다.

　　You **might** listen to me. (내가 말한 것을 잘 들어주면 좋을 텐데.)

⑤ 관용표현

　　㉠ (so) that + S + may + 동사원형~ : ~하기 위하여
　　　　Come home early **so that we may** eat dinner together.
　　　　(함께 저녁식사를 할 수 있도록 집에 일찍 오너라.)

　　㉡ may well + 동사원형~ : ~하는 것은 당연하다.
　　　　You **may well** think so. (네가 그렇게 생각하는 것이 당연하다.)

　　㉢ may(might) as well + 동사원형~ : ~하는 것이 더 낫다.
　　　　We **may(might) as well** begin at once. (우리가 즉시 시작하는 것이 더 낫다.)

PLUS 중요 표현

    ㉠ cannot + 동사원형 / have p.p.

      • cannot + 동사원형 : ~일 리가 없다[= It is impossible that S + V(현재)~]

      • cannot have + p.p. : ~이었을 리가 없다[= It is impossible that S + V(과거)~]

    ㉡ must + 동사원형 / have p.p.

      • must + 동사원형 : ~임에 틀림없다[= It is certain that S + V(현재)~]

      • must have + p.p. : ~이었음에 틀림없다[= It is certain that S + V(과거)~]

    ㉢ may + 동사원형 / have p.p.

      • may + 동사원형 : ~일지도 모른다[= It is possible that S + V(현재)~]

      • may have + p.p. : ~이었을지도 모른다[= It is possible that S + V(과거)~]

(5) will(would)

① 확실한 추측

She left two hours ago. She **would** be at home now.

(그녀는 2시간 전에 떠났다. 그녀는 지금쯤 집에 있을 것이다.)

② 공손한 표현 : ~해주시지 않겠습니까?

Would somebody please help me? (누가 저를 도와주시지 않겠습니까?)

③ 과거의 습관 : ~하곤 했다(불규칙).

He **would** go for a long walk. (그는 오랫동안 산책하곤 했다.)

☞ used to + 동사원형 : ~하곤 했다(규칙적 습관)

④ 현재의 습성, 경향

Children **will** be noisy. (아이들은 시끄럽다.)

⑤ 현재의 거절, 고집

He **will** have his way in everything. (그는 모든 일을 마음대로 한다.)

This door **will** not open. (문은 열리지 않는다.)

⑥ 과거의 거절, 고집

He **would** not come to the party after all my invitation.

(그는 나의 초대에도 그 파티에 오려고 하지 않았다.)

I offered him money, but he **would** not accept it.

(나는 그에게 돈을 제공하였지만, 그는 받으려 하지 않았다.)

⑦ 희망, 욕구

He who **would** succeed must work hard.

(성공하기를 바라는 사람은 열심히 일해야 한다.)

⑧ 관용표현

　　㉠ would like to + 동사원형 : ~하고 싶다.

　　　Would you **like to** watch TV with us? (우리와 함께 TV를 보고 싶니?)

　　　I **would like to** stay here. (나는 여기에 머물고 싶다.)

　　㉡ would rather … (than ~) : (~하느니) 차라리 …하겠다.

　　　I**'d rather** go tomorrow. (나는 차라리 내일 떠나겠다.)

　　　He **would rather** not see me today. (그는 차라리 오늘 나를 보지 않는 편이 낫다.)

(6) should

① 의무, 당연 : ~해야만 한다(= ought to).

　Everybody **should** wear seat belts in a car. (모든 사람은 안전벨트를 매야 한다.)

② 유감, 후회 : ~했어야 했는데 (하지 않았다). →should have + p.p.

　You **should have seen** the sunrise. It's great.

　(당신은 일출을 봤어야 했다. 정말 멋졌어.)

③ 이성적 판단 및 감정적 판단 : 'It is' 다음에 'necessary(필요한), important(중요한), natural(당연한), right(옳은), wrong(틀린), reasonal(합리적인), strange(이상한), surprising(놀란), a pity(동정)' 등 이 오면 that절에 'should'를 쓴다.

　It is necessary that you **should** go there. (당신이 그 곳에 가는 것이 필요하다.)

　It is surprising that he **should** be so foolish. (그가 그렇게 어리석다니 놀랍다.)

④ 주장, 명령, 요구, 제안 : 'insist(주장하다), order(명령하다), demand(요구하다), suggest(제안하다), propose(제안하다)' 등이 오면 주어 다음 'that절에 (should) + 동사원형'을 쓴다.

　She insists that he **(should) pay** the bill. (그녀는 그가 돈을 지불해야 한다고 주장한다.)

　I suggest that we **(should) meet** again tomorrow. (나는 우리가 다시 만날 것을 제안한다.)

(7) ought to

① 의무, 당연 : ~해야 한다.

　You **ought to** see a dentist. (당신은 치과의사의 진찰을 받아야 한다.)

② 유감, 후회 : ~했어야 했는데 (하지 않았다). → ought to have + p.p.

　She **ought to have told** him that matter yesterday.

　(그녀는 어제 그 문제를 그에게 말했어야 했다.)

(8) used to

① 과거의 규칙적 습관 : 늘 ~하곤 했다.

I **used to** smoke, but now I've stopped. (나는 담배를 피우곤 했지만 지금은 끊었다.)

② 과거의 계속적 상태 : ~였다.

There **used to** be a small tree in front of my school.

(내가 다니던 학교 앞에는 작은 나무가 한 그루 있었다.)

③ 관용표현

  ㉠ be used to + 동사원형 : ~에 사용되다.

  This knife **is used to** cut the bread. (이 칼은 빵을 자르는 데 사용된다.)

  ㉡ be used to +~ing : ~에 익숙하다.

  He **is used to eating** Korean food. (그는 한식을 먹는 데 익숙하다.)

(9) need, dare

① need : ~할 필요가 있다.

Need you go so soon? No, I **needn't**.

(너는 이렇게 빨리 갈 필요가 있니? 아니, 없어.)

You **need** to type this letter again. (너는 이 편지를 다시 입력 할 필요가 있다.)

② dare : 감히 ~하다.

How **dare** you say that? (네가 감히 어떻게 그런 말을 할 수가 있니?)

I **dare** not ask. (나는 감히 물어 보지 못하겠다.)

7. 부정사와 동명사

(1) 부정사

① 부정사의 용법

  ㉠ 부정사의 명사적 용법

  • 주어 역할 : 문장의 균형상 가주어 it을 문장의 처음에 쓰고 부정사는 문장 끝에 두기도 한다.

  To tell the truth is difficult. (진실을 말하는 것은 어렵다.)

  It is sad **to lose** a friend(It은 가주어, to lose~는 진주어).

  • 보어 역할 : be동사의 주격보어로 쓰여 '~하는 것이다'의 뜻을 나타낸다.

To teach is **to learn**. (가르치는 것이 배우는 것이다.)

- 목적어 역할 : 타동사의 목적어로 쓰인다. 특히 5형식 문장에서 believe, find, make, think 등의 동사가 부정사를 목적어로 취할 때에는 목적어 자리에 가목적어 it을 쓰고, 진목적어인 부정사는 문장 뒤에 둔다.

I promised Mary to attend the meeting.

(나는 Mary에게 그 모임에 나가겠다고 약속했다.)

I made **it** clear **to give up** the plan(it은 가목적어, to give up~은 진목적어).

(나는 그 계획을 포기할 것을 명백하게 밝혔다.)

🪐 **PLUS** 의문사 + 부정사

The problem is where to go, not when to go.

(문제는 언제 가야 하는가가 아니라 어디에 가야 하는가이다.)

= The problem where we should go, not when we should go.

He discovered how to open the safe.

(그는 그 금고를 여는 방법을 발견하였다.)

= He discovered how he could open the safe.

ⓛ **부정사의 형용사적 용법**

- 한정적 용법 : 수식받는 명사와 부정사 사이에 성립하는 의미상의 주격·목적격관계는 다음과 같다.

-명사가 부정사의 의미상의 주어

She was the **only one to survive** the crash(→ She survived the crash ; She가 to survive의 의미상 주어).

(그녀는 충돌사고에서의 유일한 생존자였다.)

-명사가 부정사의 의미상의 목적어

'Honesty pays' is **a good rule to follow**(→ follow a good rule ; a good rule이 to follow의 의미상 목적어).

('정직은 이익이 된다.'는 것은 따를 만한 좋은 규칙이다.)

-명사가 부정사에 딸린 전치사의 목적어 : 부정사의 형태는 'to + 자동사 + 전치사', 'to + 타동사 + 목적어 + 전치사'이다.

He has nothing **to complain about**(→ complain about nothing ; nothing이 about의 목적어). (그는 아무런 불평이 없다.)

I bought a case **to keep letters in**(→ keep letters in a case ; a case가 in의 목적어).

(나는 편지를 담을 상자를 샀다.)

-명사와 부정사가 동격관계 : 부정사가 명사를 단순 수식한다.

He had the courage **to admit** his mistakes. (그는 자기의 실수를 인정할 용기가 있었다.)

= He had the courage of admitting his mistake.

• 서술적 용법 : 부정사가 보어로 쓰인다.

−seem(appear, happen, prove) + to부정사

She **seems to be** clever. (그녀는 총명한 것 같다.)

= It seems that she is clever.

−be동사 + to부정사의 용법 : 예정[~할 것이다(= will)], 의무[~해야 한다(= should)], 가능[~할 수 있다(= can)], 운명[~할 운명이다(= be destined to)]

President **is to visit** Japan in August. (대통령은 8월에 일본을 방문할 것이다.)

You **are to eat** all your meal. (당신은 당신의 식사를 모두 먹어야 한다.)

Her ring **was** nowhere **to be** seen.

[그녀의 반지는 어디에서도 볼 수 없었다(보이지 않았다).]

They **were** never **to meet** again.

[그들은 결코 다시 만나지 못할 운명이다.]

ⓒ to부정사의 부사적 용법 : 동사 · 형용사 · 부사를 수식하여 다음의 의미를 나타낸다.

−목적 : '~하기 위하여(= in order to do, so as to do)'의 뜻으로 쓰인다.

To stop the car, the policeman blew his whistle.

(차를 세우기 위해 경찰관은 호각을 불었다.)

I have come here **in order to(so as to) talk** to you.

(너에게 말하기 위해 나는 여기 왔다.)

• 감정의 원인 : '~하니, ~해서, ~하다니, ~하는 것을 보니(판단의 근거)'의 뜻으로 쓰이며, 감정 및 판단을 나타내는 어구와 함께 쓰인다.

I am sorry **to trouble** you. (불편을 끼쳐서 죄송합니다.)

Mr. Smith is a true gentleman **to behave** like that.

(그렇게 행동하다니 Mr. Smith는 진정한 신사이다.)

• 조건 : '만약 ~한다면'의 뜻으로 쓰인다.

I should be happy **to be** of service to you. (당신에게 도움이 된다면 기쁘겠습니다.)

• 결과 : '(그 결과) ~하다'의 뜻으로 쓰이며 'live, awake, grow (up), never, only + to부정사'의 형태로 주로 쓰인다.

He grew up **to be** a wise judge. (그는 자라서 훌륭한 판사가 되었다.)

= He grew up, and became a wise judge.

• 형용사 및 부사 수식 : '~하기에'의 뜻으로 쓰이며, 앞에 오는 형용사 및 부사(easy, difficult, enough, too, etc)를 직접 수식한다.

His name is easy **to remember**. (그의 이름은 기억하기에 쉽다.)

−A enough to do : ~할 만큼 (충분히) A하다(= so A as to do, so A that + 주어 + can ~).

You are old **enough to understand** my advice.

(당신은 나의 충고를 이해할 만큼 충분히 나이가 들었다.)

= You are **so** old **as to understand** my advice.

= You are **so** old **that you can** understand my advice.

−too A to do : 너무 A하여 ~할 수 없다(= so A that + 주어 + cannot ~).

The grass was **too** wet **to** sit on. (그 잔디는 너무 젖어서 앉을 수 없었다.)

= The grass was **so** wet **that we couldn't** sit on it.

② 부정사의 의미상 주어

㉠ 의미상 주어를 따로 표시하지 않는 경우 : 부정사의 의미상 주어는 원칙적으로 'for + 목적격'의 형태로 표시되지만, 다음의 경우에는 그 형태를 따로 표시하지 않는다.

• 문장의 주어나 목적어와 일치하는 경우

She promised me **to come** early[She(주어)가 come의 의미상 주어와 일치].

(그녀는 일찍 오겠다고 나와 약속했다.)

He told me **to write** a letter[me(목적어)가 write의 의미상 주어와 일치].

(그는 나에게 편지를 쓰라고 말했다.)

• 일반인인 경우

It always pays (for people) **to help** the poor. (가난한 사람들을 도우면 반드시 보답받는다.)

• 독립부정사인 경우 : 관용적 표현으로 문장 전체를 수식한다.

PLUS 독립부정사

㉠ to begin(start) with : 우선

㉡ so to speak : 소위

㉢ strange to say : 이상한 얘기지만

㉣ to be frank(honest) : 솔직히 말해서

㉤ to make matters worse : 설상가상으로

㉥ to make matters better : 금상첨화로

㉦ to cut(make) a long story short : 요약하자면

㉡ 의미상 주어의 형태

• for + 목적격 : It is + 행위판단의 형용사(easy, difficult, natural, important, necessary, etc) + for 목적격 + to부정사

It is natural **for children** to be noisy. (어린이들이 시끄러운 것은 당연하다.)

• of + 목적격 : It is + 성격판단의 형용사(kind, nice, generous, wise, foolish, stupid, careless, etc) + of 목적격 + to부정사

It is generous **of her** to help the poor. (가난한 이들을 돕다니 그녀는 관대하다.)

PLUS 'It is~for(of) 목적격 to부정사'의 문장전환 : 의미상의 주어가 'of + 목적격'의 형태인 경우 문장전환시 문두에 위치할 수 있지만, 'for + 목적격'의 형태인 경우에는 부정사의 목적어만 문두에 위치할 수 있다.

It is easy for him to read the book.

= **The book** is easy for him to read.

It is wise of him to tell the truth.

= **He** is wise to tell the truth.

③ 부정사의 시제

　ⓐ 단순부정사 : 'to + 동사원형'의 형태로 표현한다.

　　• 본동사의 시제와 일치하는 경우

　　He seems **to be** rich. (그는 부자처럼 보인다.)

　　= It seems that he **is** rich.

　　• 본동사의 시제보다 미래인 경우 : 본동사가 희망동사(hope, wish, want, expect, promise, intend, etc)나 remember, forget 등일 경우 단순부정사가 오면 미래를 의미한다.

　　Please remember **to post** the letter. (편지 부칠 것을 기억하세요.)

　　= Please remember that you should **post** the letter.

　ⓑ 완료부정사 : 'to + have p.p.'의 형태로 표현한다.

　　• 본동사의 시제보다 한 시제 더 과거인 경우

　　He seems **to have been** rich. (그는 부자였던 것처럼 보인다.)

　　= It seems that he **was(has been)** rich.

　　• 희망동사의 과거형 + 완료부정사 : 과거에 이루지 못한 소망을 나타내며, '~하려고 했는데 (하지 못했다)'로 해석한다.

　　I intended **to have married** her. (나는 그녀와 결혼하려고 작정했지만 그렇게 하지 못했다.)

　　= I intended to **marry** her, but I couldn't.

④ 원형부정사 : 원형부정사는 to가 생략되고 동사원형만 쓰인 것이다.

　ⓐ 조동사 + 원형부정사 : 원칙적으로 조동사 뒤에는 원형부정사가 쓰인다.

> **PLUS** 원형부정사의 관용적 표현
> ⓐ do nothing but + 동사원형 : ~하기만 하다.
> ⓑ cannot but + 동사원형 : ~하지 않을 수 없다(= cannot help + ~ing).
> ⓒ had better + (not) + 동사원형 : ~하는 것이(하지 않는 것이) 좋겠다.

　ⓑ 지각동사 + 목적어 + 원형부정사~(5형식) : '(목적어)가 ~하는 것을 보다, 듣다, 느끼다'의 뜻으로 see, watch, look at, notice, hear, listen to, feel 등의 동사가 이에 해당한다.

　　She **felt** her heart **beat** hard. (그녀는 심장이 몹시 뛰는 것을 느꼈다.)

　ⓒ 사역동사 + 목적어 + 원형부정사~(5형식)

　　• '(목적어)가 ~하도록 시키다, 돕다'의 뜻으로 make, have, bid, let, help 등의 동사가 이에 해당한다.

　　Mother will not **let** me **go** out. (어머니는 내가 외출하지 못하게 하신다.)

　　• help는 뒤에 to부정사가 올 수도 있다.

　　They **helped** me **(to) paint** the wall.

　　(그들은 내가 그 벽에 페인트를 칠하는 것을 도왔다.)

⑤ 기타 용법

　㉠ 부정사의 부정 : 'not, never + 부정사'의 형태로 표현한다.

　　Tom worked hard **not to fail** again.

　　(Tom은 다시 실패하지 않기 위해 열심히 노력했다.)

　　He makes it a rule **never to eat** between meals.

　　(그는 식사시간 사이에는 늘 아무것도 먹지 않는다.)

　㉡ 대부정사 : 동사원형이 생략되고 to만 쓰인 부정사로, 앞에 나온 동사(구)가 부정사에서 반복될 때 쓰인다.

　　A : Are you and Mary going **to get married**? (너와 Mary는 결혼할거니?)

　　B : We hope **to**(= We hope to get married). (우리는 그러고(결혼하고) 싶어.)

　㉢ 수동태 부정사(to be + p.p.) : 부정사의 의미상 주어가 수동의 뜻을 나타낼 때 쓴다.

　　There is not a moment **to be lost**. (한순간도 허비할 시간이 없다.)

　　= There is not a moment for us **to lose**.

(2) 동명사

① 동명사의 용법 : '동사원형 + ~ing'를 이용해 명사형으로 만든 것으로 동사의 성격을 지닌 채 명사의 역할(주어 · 보어 · 목적어)을 한다.

　㉠ 주어 역할 : 긴 동명사구가 주어일 때 가주어 It을 문두에 쓰고 동명사구는 문장 끝에 두기도 한다.

　　Finishing the work in a day or two is difficult.

　　(하루나 이틀 안에 그 일을 끝내기는 힘들다.)

　㉡ 보어 역할

　　My hobby is **collecting** stamps. (내 취미는 우표수집이다.)

　㉢ 목적어 역할

　　• 타동사의 목적어 : 5형식 문장에서는 가목적어 it을 쓰고, 동명사구는 문장의 끝에 두기도 한다.

　　　He suggested **eating** dinner at the airport.

　　　(그는 공항에서 저녁을 먹자고 제안했다.)

　　　I found **it** unpleasant **walking** in the rain(it은 가목적어, walking~은 진목적어).

　　　(나는 빗속을 걷는 것이 유쾌하지 않다는 것을 깨달았다.)

　　• 전치사의 목적어

　　　He gets his living by **teaching** music. (그는 음악을 가르쳐서 생활비를 번다.)

　　　= **It** is difficult **finishing** the work in a day or two(it은 가주어, finishing~은 진주어).

> **PLUS** 동명사의 부정 : 동명사 앞에 not이나 never을 써서 부정의 뜻을 나타낸다.
> I regret **not having** seen the movie.
> (나는 그 영화를 보지 않았던 것을 후회한다.)

② 동명사의 의미상 주어

　　㉠ 의미상 주어를 따로 표시하지 않는 경우 : 문장의 주어 또는 목적어와 일치하거나 일반인이 주어일 때 의미상 주어를 생략한다.

　　• 문장의 주어 또는 목적어와 일치하는 경우

　　I've just finished **reading** that book. (나는 막 그 책을 다 읽었다.)→주어와 일치

　　He will probably punish me for **behaving** so rudely. → 목적어와 일치

　　(내가 무례하게 행동한 것에 대해 그는 아마 나를 나무랄 것이다.)

　　• 일반인인 경우

　　Teaching is **learning**. (가르치는 것이 배우는 것이다.)→ 일반인이 주어

　　㉡ 의미상 주어의 형태

　　• 소유격 + 동명사 : 의미상 주어가 문장의 주어나 목적어와 일치하지 않을 때 동명사 앞에 소유격을 써서 나타낸다. 구어체에서는 목적격을 쓰기도 한다.

　　There is no hope of **his coming**. (그가 오리라고는 전혀 기대할 수 없다.)

　　• 그대로 쓰는 경우 : 의미상 주어가 소유격을 쓸 수 없는 무생물명사나 this, that, all, both, oneself, A and B 등의 어구일 때에는 그대로 쓴다.

　　I can't understand **the train being** so late.

　　(나는 그 기차가 그렇게 늦었는지 이해할 수 없다.)

③ 동명사의 시제와 수동태

　　㉠ 단순동명사 : 본동사와 동일시제 또는 미래시제일 때 사용한다.

　　He is proud of **being** rich. (그는 부유한 것을 자랑한다.)

　　= He is proud that he is rich.

　　I am sure of his **succeeding**. (나는 그가 성공하리라 확신한다.)

　　= I am sure that he will succeed.

　　㉡ 완료동명사 : having + p.p.의 형태를 취하며, 본동사의 시제보다 하나 앞선 시제를 나타낸다.

　　He denies **having told** a lie. (그는 거짓말했던 것을 부인한다.)

　　= He denies that he told a lie.

　　㉢ 수동태 동명사 : 동명사의 의미상 주어가 수동의 뜻을 나타낼 때 being + p.p., having been + p.p.의 형태로 쓴다.

　　I don't like **being asked** to make a speech. →단순시제

　　(나는 연설을 청탁받는 것이 싫다.)

　　He complained of **having been underpaid**. →완료시제

　　(그는 급료를 불충분하게 받았던 것을 불평하였다.)

④ 동명사의 관용적 표현

　　㉠ It is no use + 동명사 : ～해봐야 소용없다(= It is useless to부정사).

　　　It is no use pretending that you are not afraid.

　　　(당신이 무서워하지 않는 척 해봐야 소용없다.)

　　㉡ There is no + 동명사 : ～하는 것은 불가능하다(= It is impossible to부정사).

　　　There is no accounting for tastes.

　　　[기호(嗜好)를 설명하는 것은 불가능하다(취미는 각인각색).]

　　㉢ cannot help + 동명사 : ～하지 않을 수 없다(= cannot out + 동사원형).

　　　I **cannot help laughing** at the sight.

　　　(나는 그 광경에 웃지 않을 수 없다.)

　　㉣ feel like + 동명사 : ～하고 싶다(= feel inclined to부정사, be in a mood to부정사).

　　　She **felt like crying** when she realized her mistake.

　　　(그녀가 그녀의 실수를 깨달았을 때, 그녀는 울고 싶었다.)

　　㉤ of one's own + 동명사 : 자신이 ～한(= p.p. + by oneself)

　　　This is a picture **of his own painting**. (이것은 그 자신이 그린 그림이다.)

　　㉥ be on the point(verge, blink) of + 동명사 : 막 ～하려 하다(= be about to부정사).

　　　He **was on the point of breathing** his last.

　　　[그는 막 마지막 숨을 거두려 하고 있었다(죽으려 하고 있었다).]

　　㉦ make a point of + 동명사 : ～하는 것을 규칙으로 하다(= be in the habit of + 동명사).

　　　He **makes a point of attending** such a meeting.

　　　(그는 그러한 모임에 참석하는 것을 규칙으로 한다.)

　　㉧ be accustomed to + 동명사 : ～하는 버릇(습관)이 있다(= be used to + 동명사).

　　　My grandfather **was accustomed to rising** at dawn.

　　　(나의 할아버지는 새벽에 일어나는 습관이 있었다.)

　　㉨ on(upon) + 동명사 : ～하자마자 곧(= as soon as + S + V)

　　　On hearing the news, he turned pale. (그 뉴스를 듣자마자 그는 창백해졌다.)

　　㉩ look forward to + 동명사 : ～하기를 기대하다(= expect to부정사)

　　　He **looked forward to seeing** her at the Christmas party.

　　　(그는 크리스마스 파티에서 그녀를 보기를 기대하였다.)

(3) 부정사와 동명사의 비교

① 부정사만을 목적어로 취하는 동사 : ask, choose, decide, demand, expect, hope, order, plan, pretend, promise, refuse, tell, want, wish 등이 있다.

She **pretended** to asleep. (그녀는 자는 척했다.)

② 동명사만을 목적어로 취하는 동사 : admit, avoid, consider, deny, enjoy, escape, finish, give up, keep, mind, miss, postpone, practice, stop 등이 있다.

I'd like to **avoid** meeting her now. (나는 지금 그녀와 만나는 것을 피하고 싶다.)

③ 부정사와 동명사 둘 다를 목적어로 취하는 동사 : begin, cease, start, continue, fear, decline, intend, mean 등이 있다.

Do you still **intend** to go(going) there? (너는 여전히 그 곳에 갈 작정이니?)

④ 부정사와 동명사 둘 다를 목적어로 취하지만 의미가 변하는 동사

　　㉠ remember(forget) + to부정사 / 동명사 : ~할 것을 기억하다[잊어버리다(미래)] / ~했던 것을 기억하다[잊어버리다(과거)].

　　　I **remember to see** her. (나는 그녀를 볼 것을 기억한다.)

　　　I **remember seeing** her. (나는 그녀를 보았던 것을 기억한다.)

　　㉡ regret + to부정사 / 동명사 : ~하려고 하니 유감스럽다 / ~했던 것을 후회하다.

　　　I **regret to tell** her that Tom stole her ring.

　　　(나는 Tom이 그녀의 반지를 훔쳤다고 그녀에게 말하려고 하니 유감스럽다.)

　　　I **regret telling** her that Tom stole her ring.

　　　(나는 Tom이 그녀의 반지를 훔쳤다고 그녀에게 말했던 것을 후회한다.)

　　㉢ need(want) + to부정사 / 동명사 : ~할 필요가 있다(능동) / ~될 필요가 있다(수동).

　　　We **need to check** this page again. (우리는 이 페이지를 재검토할 필요가 있다.)

　　　= This page **needs checking** again. (이 페이지는 재검토될 필요가 있다.)

　　㉣ try + to부정사 / 동명사 : ~하려고 시도하다, 노력하다, 애쓰다 / ~을 시험삼아 (실제로) 해보다.

　　　She **tried to write** in fountain pen. (그녀는 만년필로 써보려고 노력했다.)

　　　She **tried writing** in fountain pen. (그녀는 만년필로 써보았다.)

　　㉤ mean + to부정사 / 동명사 : ~할 작정이다(= intend to do) / ~라는 것을 의미하다.

　　　She **means to stay** at a hotel. (그녀는 호텔에 머무를 작정이다.)

　　　She **means staying** at a hotel. (그녀가 호텔에 머무른다는 것을 의미한다.)

　　㉥ like(hate) + to부정사 / 동명사 : ~하고 싶다[하기 싫다(구체적 행동)] / ~을 좋아하다[싫어하다(일반적 상황)].

　　　I **hate to lie**. (나는 거짓말하기 싫다.)

　　　I **hate lying**. (나는 거짓말하는 것이 싫다.)

　　㉦ stop + to부정사 / 동명사 : ~하기 위해 멈추다(부사구) / ~하기를 그만두다(목적어).

　　　He **stopped to smoke**(1형식). (그는 담배를 피우려고 걸음을 멈췄다.)

　　　He **stopped smoking**(3형식). (그는 담배를 끊었다.)

8. 분사

(1) 분사의 종류와 형태

① 현재분사 : 동사원형 +~ing
　　예 doing, visiting

② 과거분사
　　㉠ 규칙형 : 동사원형 +~ed
　　　　예 waited, finished
　　㉡ 불규칙형
　　　　예 done, written

(2) 분사의 용법 Ⅰ (명사 수식)

① 분사의 의미
　　㉠ 현재분사 : ~하고 있는, ~하는(능동, 진행)
　　　　a **running** car (달리는 차), a **sleeping** baby (잠자는 아기)
　　㉡ 과거분사 : ~된, ~한(수동, 완료)
　　　　a **broken** car (고장난 차), **fallen** leaves (낙엽)

② 분사의 위치
　　㉠ 명사 앞에서 수식 : 분사가 단독으로 명사를 수식할 때 명사의 앞에 위치한다.
　　　　Look at the **rising** sun. (떠오르는 태양을 보라.)
　　　　The **wounded** soldiers were carried to the hospital. (부상당한 군인들은 병원으로 옮겨졌다.)
　　㉡ 명사 뒤에서 수식 : 분사가 목적어, 보어, 부사구 등을 수반할 때 명사의 뒤에 위치한다.
　　　　Look at the sun **rising** above the horizon. (수평선 위로 떠오르는 태양을 보라.)
　　　　The soldiers **wounded** in the war returned home. (전쟁에서 부상당한 군인들이 귀향했다.)

(3) 분사의 용법 Ⅱ (보어)

① 주격보어
　　㉠ 현재분사
　　　　She stood **waiting** for her husband. (그녀는 남편을 기다리며 서 있었다.)
　　　　The baby kept **crying** all night. (그 아기는 밤새도록 계속 울었다.)
　　㉡ 과거분사
　　　　He grew **tired** of the work. (그는 그 일에 싫증이 났다.)
　　　　She seemed **disappointed**. (그녀는 실망한 것처럼 보였다.)

② 목적격보어

    ㉠ 현재분사 : 목적어와 목적보어인 현재분사와는 능동관계이다.

        I felt the bridge **shaking**. (나는 그 다리가 흔들리는 것을 느꼈다.)

        I saw a stranger **standing** at the door.

        (나는 낯선 사람이 문에 서 있는 것을 보았다.)

    ㉡ 과거분사 : 목적어와 목적보어인 과거분사와는 수동관계이다.

        I couldn't make myself **understood** in English. (나는 영어로 나를 이해시킬 수가 없었다.)

        I found my room **cleaned**. (나는 나의 방이 청소되어진 것을 알았다.)

    ㉢ have + 목적어 + 과거분사

        I had the car **repaired**. → 사역(시키다)

        (나는 그 차를 수리하도록 시켰다.)

        I had the car **stolen**. → 수동(당하다)

        (나는 그 차를 도난당했다.)

(4) 분사구문

① 시간

  When he saw me, he ran away. (그가 나를 보았을 때, 그는 도망갔다.)

  = (When he) **Seeing** me, he ran away.

  Reading the book, he heard a strange sound.

  (책을 읽을 때, 그는 이상한 소리를 들었다.)

② 이유

  Because he is sick, he is absent. (아파서 그는 결석했다.)

  = (Because he) **Being** sick, he is absent.

  Being poor, they had to work hard. (가난하기 때문에 그들은 열심히 일해야만 했다.)

③ 양보

  Though he lives near the school, he is often late for school.

  (학교 근처에 살지만, 그는 종종 학교에 늦는다.)

  = (Though he) **Living** near the school, he is often late for school.

  Admitting what you say, I can't believe it. (너의 말을 인정해도, 나는 그것을 믿을 수 없다.)

④ 조건

  If you turn to the right, you will find it. (오른쪽으로 돌아가면, 그것을 발견할 것이다.)

  = (If you) **Turning** to the right, you will find it.

  Once seen, it can never been forgotten. (그것은 한 번 보면 잊을 수 없다.)

⑤ 부대상황(동시동작)

Listening to the radio, I did my homework. (라디오를 들으며 나는 숙제를 했다.)

Smiling brightly, she shook hands with me. (밝게 웃으며 그녀는 나와 악수를 했다.)

> **PLUS** 부사절 → 분사구문의 전환
> ㉠ 부사절의 접속사를 없앤다.
> ㉡ 부사절의 주어를 없앤다(주절의 주어와 일치).
> ㉢ 동사를 현재분사로 바꾼다(주절의 시제와 일치).

9. 관계사

(1) 관계대명사

① 관계대명사의 역할

㉠ 관계대명사는 접속사와 대명사의 기능을 동시에 가진다.

㉡ 관계대명사가 이끄는 절은 앞에 나온 명사, 대명사를 수식하는 형용사절이다.

㉢ 이때 수식받는 명사, 대명사를 선행사라 한다.

She has a son. + He speaks English very well.

(그녀는 아들이 있다. 그는 영어를 매우 잘한다.)

→ She has a son **who** speaks English very well.

That is the man. + I saw yesterday. (저 사람이 그 사람이다. 나는 어제 그를 만났다.)

→ That is the man **that(whom)** I saw yesterday.

② 관계대명사의 종류와 격

선행사	관계대명사		
	주격	소유격	목적격
사람	who	whose	whom
사물	which	whose / of which	which
사람, 사물	that	–	that
선행사 포함	what	–	what

③ who, which, that

㉠ who의 용법

I have a friend **who** helps me. (나는 나를 도와주는 친구가 있다.)

She is the girl **whose** name is Mary. (그녀가 메리라는 소녀이다.)

This is the lady **whom** I met yesterday. (이 분이 어제 내가 만난 부인이다.)

ⓛ which의 용법

This is the book **which** was written by me. (이것이 내가 쓴 책이다.)

I have a building **whose** roof is red. (나는 지붕이 빨간 건물을 가지고 있다.)

= I have a building **the** roof **of which** is red.

= I have a building **of which the** roof is red.

ⓒ that의 용법

• who(m)를 대용

She is the woman **that** I'm falling in love with. (그녀는 내가 사랑하는 여자이다.)

I know the boy **that** broke the window. (나는 그 창문을 깨뜨렸던 소년을 안다.)

• which를 대용

Have you got a book **that** is really easy to read? (너는 읽기 쉬운 책을 가지고 있니?)

This is the camera **that** I bought yesterday. (이것은 내가 어제 산 카메라이다.)

• that을 주로 쓰는 경우

-앞에 the only, the very, the same, 서수, 최상급이 나올 때

This is the only book **that** he has. (이것은 그가 가진 유일한 책이다.)

He is the first American **that** came to Korea. (그는 한국에 온 첫 미국인이다.)

-all, no, every, any + 명사 또는 -thing일 때

She gave me all **that** she has. (그녀는 자기가 가진 모든 것을 나에게 주었다.)

I welcomed every man **that** you like. (나는 네가 좋아하는 사람은 누구나 환영했다.)

-의문대명사 who일 때

Who **that** has common sense will so such a thing?

(상식 있는 사람이라면 누가 그런 짓을 할까?)

Who **that** knows him will believe it? (그를 알고 있는 사람은 누가 그것을 믿겠는가?)

④ what

ⓞ what의 용법 : what은 선행사를 포함하는 관계대명사로, '~하는 것'의 뜻으로 쓰여 명사절을 이끌며, 주어·보어·목적어의 역할을 한다.

What he says is true. → 주어

(그가 말한 것은 사실이다.)

This is **what** he did. → 보어

(이것이 그가 한 것이다.)

He saves **what** he earns. → 목적어

(그는 그가 버는 것을 저축한다.)

ⓛ what을 포함하는 관용표현

• what + S + be / have

-what + S + be : 인격, 상태

-what + S + have : 재산

He is not **what he used to be**. (그는 과거의 그가 아니다.)

You should judge a man not by **what he has** but by **what he is**.

(당신은 사람을 재산이 아니라 인격으로 판단해야 한다.)

• what is called : 소위, 이른바[= what they(we) call]

He is **what is called** a man of culture. (그는 소위 교양이 있는 사람이다.)

He is **what is called** a self-made man. (그는 이른바 자수성가한 사람이다.)

• what is + 비교급 : 더욱 더 ~한 것은

He lost his way, and **what was worse**, it began to rain.

(그는 길을 잃었고 설상가상으로 비가 내리기 시작했다.)

The house is too old, and **what is more**, it is too expensive.

(그 집은 너무 낡은데다 너무 비싸다.)

⑤ 관계대명사의 두 가지 용법

　㉠ 한정적 용법 : 관계대명사 앞에 comma가 없고, 뒤에서부터 해석한다.

　　He has a son **who** became a physician. (그는 의사가 된 아들이 있다.)

　　He smiled at the girl **who** nodded to him. (그는 그에게 목례를 한 소녀에게 미소지었다.)

　㉡ 계속적 용법 : 관계대명사 앞에 comma가 있고, 앞에서부터 해석한다. '접속사 + 대명사'의 의미를 갖고 있다.

　　I like Tom, **who** is honest. (나는 톰을 정직하기 때문에 좋아한다.)

　　= I like Tom, because he is honest.

　　I dismissed the man, **who** was diligent. (그는 근면했지만 나는 그를 해고했다.)

⑥ 목적격 관계대명사의 생략

　㉠ 타동사의 목적어

　　This is the man (**whom**) I met yesterday. (이 사람이 내가 어제 만났던 사람이다.)

　　The library didn't have the book (**which**) I wanted.

　　(그 도서관에는 내가 원하는 책이 없었다.)

　㉡ 전치사의 목적어

　　She is the woman (**whom**) I told you about. (그녀는 내가 너에게 이야기한 여인이다.)

　　= She is the woman **about whom** I told you.

(2) 관계부사

① 관계부사의 기본용법 : 관계부사는 전치사 + 관계대명사로 바꿔 쓸 수 있다.

   ㉠ when[＝ at(in) which]

     Today is the day **when** she was born. (오늘은 그녀가 태어난 날이다.)

     ＝ Today is the day in which she was born.

     Fall is the season **when** trees bear fruits. (가을은 나무가 열매를 맺는 계절이다.)

   ㉡ where[＝ at(in) which]

     This is the city **where** I live. (여기가 내가 사는 도시이다.)

     ＝ This is the city in which I live.

     This is the village **where** he was born. (여기가 그가 태어난 마을이다.)

   ㉢ **why**(＝ for which)

     This is the reason **why** he is absent. (이것이 그가 결석한 이유이다.)

     ＝ This is the reason for which he is absent.

     Tell me the reason **why** you are angry. (당신이 화난 이유를 나에게 말해 주시오.)

   ㉣ how(＝ the way, the way in which)

     That is **how** it happened. (그것이 그 일이 일어난 경위이다.)

     ＝ That is the way it happened.

     ＝ That is the way in which it happened.

② 관계부사의 주의할 용법

   ㉠ 계속적 용법 : 관계부사 앞에 comma가 있고, 앞에서부터 해석한다.

     She went into the store, **where**(＝ and there) she bought some fruits.

     [그녀는 가게에 들어가서 (거기서) 약간의 과일을 샀다.]

     Wait here till six o'clock, **when**(＝ and then) he will come back.

     [여기서 여섯시까지 기다려라. 그러면(그 때) 그가 돌아올 것이다.]

   ㉡ 관계부사, 선행사의 생략 : 관계부사나 선행사를 생략할 수 있다.

     This is **the river (where)** we swim. (여기가 우리가 수영하는 강이다.)

     I remember **(the time) when** I was poor. (나는 가난했던 시절을 기억한다.)

10. 명사와 관사

(1) 명사의 종류

① 가산명사와 불가산명사

  ㉠ 가산명사(셀 수 있는 명사) : 원칙적으로 부정관사나 정관사를 붙이며, 복수형으로 쓸 수 있다. 보통명사, 집합명사가 이에 해당한다.

  ㉡ 불가산명사(셀 수 없는 명사) : 원칙적으로 부정관사를 붙이지 못하며, 복수형으로도 쓸 수 없다. 물질명사, 고유명사, 추상명사가 이에 해당한다.

② 보통명사

  ㉠ 개념 : 같은 종류의 사람, 사물 등에 두루 통용되는 이름을 말한다.

  ㉡ a(the) + 단수보통명사 : 종족 전체

  A cow is a useful animal. (소는 유용한 동물이다.)

   = The cow is a useful animal.

   = Cows are useful animals.

  ㉢ the + 단수보통명사 = 추상명사

  The pen is mightier than **the sword**. (펜의 힘이 무력보다 더 강하다.)

   예 the mother(모성애), the beggar(거지근성), the head(지혜)

③ 집합명사

  ㉠ 개념 : 개체가 모여서 하나의 집합체를 형성할 때 이것을 집합명사라 한다.

  ㉡ 단수, 복수 모두 될 수 있는 집합명사 : class, family, audience(청중), committee(위원회) 등이 있다.

  • 전체를 하나의 단위로 볼 경우 : 단수 취급

  This **class** consists of 50 pupils. (이 반은 50명으로 구성되어 있다.)

  • 구성개체에 관심이 있는 경우(군집명사) : 복수 취급

  This **class** are studying English. (이 반 학생들은 영어를 공부하고 있다.)

  ㉢ 물질적 집합명사 : machinery(기계류), clothing(의류), baggage(화물), furniture(가구) 등이 있다.

  You have much **furniture**. (너는 많은 가구를 가지고 있다.)

  A sofa is a piece of **furniture**. (소파는 가구이다.)

   ☞ 물질적 집합명사는 a piece of ~, much, little로 수량을 표시한다.

④ 물질명사

   ㉠ 개념 : 일정한 형태를 갖지 않는 물질에 붙이는 이름을 말한다.

   ㉡ 물질명사는 무관사이며, 복수형이 없으므로 항상 단수 취급한다.

     This box is made of **paper**. (이 상자는 종이로 만들어진다.)

     It is no use in crying over spilt **milk**.

     (우유는 이미 엎질러졌으므로 울 필요가 없다. 돌이킬 수 없다.)

   ㉢ 물질명사의 수량표시

     • **a cup of** coffee(tea)

     • **a glass of** water(milk)

     • **a piece of** paper

     • **a cake of** soap

     • **a loaf(slice) of** bread

     He drinks **much** coffee. (그는 많은 커피를 마신다.)

     He drinks **a glass of** milk a day. (그는 하루에 한 컵의 우유를 마신다.)

   ㉣ 보통명사로의 전환

     She is dressed in **silks**. → 제품

     (그녀는 실크옷을 입고 있다.)

     We had different **wines** and cheeses. → 종류

     (우리는 다른 종류의 술과 치즈를 먹었다.)

     There was **a fire** last night. → 구체적인 사건

     (어제 밤에 화재가 한 건 발생했다.)

⑤ 고유명사

   ㉠ 개념 : 사람, 사물, 장소 등에 유일하게 붙여진 고유한 이름을 말한다.

   ㉡ 고유명사는 무관사이며, 복수형도 없다.

   ㉢ 보통명사로의 전용

     He wishes to become **an Edison**. → ~같은 사람

     (그는 에디슨 같은 사람이 되고 싶다.)

     There is **a picasso** on the wall. → 작품, 제품

     (벽에는 피카소의 그림이 있다.)

⑥ 추상명사

   ㉠ 개념 : 일정한 형태가 없는 성질, 상태, 동작 등의 추상적 개념을 나타내는 이름을 말한다.

   ㉡ 추상명사는 무관사이며, 복수형이 없다.

     Knowledge is **power**. (지식은 힘이다.)

     Credit is better than gold. (돈보다 신용)

ⓒ of + 추상명사 = 형용사

He is a man **of wisdom**. (그는 현명한 사람이다.)

= He is a **wise** man.

This is a matter **of importance**. (이것은 중요한 문제이다.)

 ㉠ of wisdom = wise (현명한)
㉡ of importance = important (중요한)
㉢ of use = useful (유용한)
㉣ of value = valuable (가치있는)

ⓔ 전치사 + 추상명사 = 부사

He solved it **with ease**. (그는 그것을 쉽게 풀었다.)

= He solved it easily.

I met her **by accident**. (나는 우연히 그녀를 만났다.)

 ㉠ with ease = easily (쉽게)
㉡ in haste = hastily (서둘러)
㉢ on purpose = purposely (고의로)
㉣ by accident = accidently (우연히)

(2) 명사의 수와 격

① 명사의 수

㉠ 규칙복수형

• 단수형 + s

cat → cats, cup → cups

• -s, -ss, -x, -ch, -sh + es

bus → buses, dish → dishes

• 자음 + o + es

hero(영웅) → heroes, potato → potatoes

• 자음 + y : y → i + es

city → cities, baby → babies

• -f, -fe → -ves

knife → knives, life → lives

㉡ 불규칙복수형

• man → men, mouse → mice, foot → feet

• ox → oxen, child → children

• sheep → sheep, deer → deer

© 복수형의 용법
 • 복수형이 되면 뜻이 변하는 명사 : arms(무기), airs(태도), pains(수고), customs(관세), goods(상품), manners(풍습, 관례) 등이 있다.
 • 항상 복수로 쓰이는 명사
 −짝을 이루는 명사 : glasses(안경), scissors(가위), trousers(바지), gloves(장갑) 등
 −과목이름 : physics(물리학), ethics(윤리), economics(경제학) 등
 −상호복수 : make friends(친구를 사귀다), shake hands(악수하다) 등
 • 시간, 거리, 가격, 무게 : 단수 취급한다.
  Ten miles is a long distance. (10마일은 장거리이다.)
  Ten pounds is heavy for a child. (10파운드는 어린이에게는 무겁다.)

② 명사의 격
 ㉠ 생물의 소유격 : 생물 + 's
  That is **my brother's** watch. (저것은 내 형의 시계이다.)
  This book is **Tim's**. (이 책은 팀의 것이다.)
 ㉡ 무생물의 소유격 : of + 무생물
  It was the beginning **of the holidays**. (휴가의 시작이었다.)
  At the foot **of the candle** it is dark. (등잔 밑이 어둡다.)
 ㉢ 이중소유격 : a(n), this, that, some, any, no + 명사 + of + 소유격(소유대명사)
  A friend of the doctor's is came to see you. (그 의사의 친구가 너를 보러 왔다.)
  ☞ The doctor's friend is came to see you. (×)
  It's **no fault of yours**. (이것은 너의 잘못이 아니다.)

(3) 관사

① 부정관사 : 대개 해석을 하지 않지만, 관사가 다음과 같은 특별한 의미를 갖는 경우도 있다.
 ㉠ one의 의미
  I can carry only two at **a** time. (나는 한 번에 단지 두 개씩 운반할 수 있다.)
  He will be back in **a** day or two. (그는 하루 이틀 안에 돌아올 것이다.)
 ㉡ any의 의미(종족대표)
  A horse is bigger than a pony. (어떤 말도 조랑말보다 크다.)
  An owl can see in the dark. (올빼미는 어두운 데에서도 볼 수 있다.)
 ㉢ a certain의 의미
  A Mr. Park is waiting to see you. (어떤 박이라는 분이 당신을 기다리고 있다.)
  In **a** sense, it is true. (어떤 의미로는 그것은 사실이다.)

ⓔ per의 의미

I work eight hours **a** day. (나는 하루에 8시간 일한다.)

I write to her once **a** week. (나는 그녀에게 일주일에 한 번씩 편지를 쓴다.)

② 정관사 : 특정한 사물을 지칭한다.

　ⓐ 앞에 나온 명사

I bought a book and read **the** book. (나는 책을 한 권 사서 그 책을 읽었다.)

There lived a prince. **The** prince liked gold.

(한 왕자가 있었다. 그 왕자는 황금을 좋아하였다.)

　ⓑ 악기, 발명품

She plays **the** piano after school. (그녀는 방과 후에 피아노를 친다.)

He plays **the** violin every day. (그는 매일 바이올린을 연주한다.)

　ⓒ 시간, 수량의 단위

Sugar is sold by **the** pound. (설탕은 파운드 단위로 판매된다.)

I hired a boat by **the** hour. (나는 배를 시간 단위로 빌렸다.)

　ⓓ 서수, 최상급

Sunday is **the** first day of the week. (일요일은 일주일 중 첫째 날이다.)

He is **the** tallest boy in our class. (그는 우리 반에서 가장 키가 크다.)

　ⓔ 신체 일부

He looked her in **the** eye. (그는 그녀의 눈을 보았다.)

He caught me by **the** arm. (그는 나의 팔을 잡았다.)

③ 무관사

　ⓐ 교통 · 통신수단

We go to school **by bus**. (우리는 버스를 타고 학교에 다닌다.)

He informed me of the news **by letter**. (그는 편지로 나에게 그 소식을 알려 주었다.)

　ⓑ 장소 본래의 목적

Mary **goes to school** at seven. (메리는 7시에 공부하러 학교에 간다.)

☞ Mother came to the school to meet me. (엄마는 나를 만나러 학교에 오셨다.)

She **went to hospital** yesterday. (그녀는 어제 병원에 입원했다.)

　ⓒ 운동, 병, 식사이름

She plays **tennis** in the morning. (그녀는 아침에 테니스를 친다.)

He died of **cancer** last year. (그분은 작년에 암으로 돌아가셨다.)

④ 관사의 위치

    ㉠ 원칙 : 관사 + 부사 + 형용사 + 명사

        He was **a very rich man**. (그는 매우 부유한 사람이다.)

        It is **a very interesting movie**. (그것은 매우 재미있는 영화이다.)

    ㉡ 예외

      • such(what, quite, rather) + a(n) + 형용사 + 명사

        I climbed **such** a high mountain. (나는 그렇게 높은 산을 올랐다.)

        What a find day it is today! (오늘은 날씨가 너무 좋다!)

      • so(as, too, how, however) + 형용사 + a(n) + 명사

        He did it in **so** short **a** time. (그는 그렇게 짧은 시간에 그것을 했다.)

        How beautiful **a** voice she has! (그녀의 목소리는 정말로 아름답다!)

11. 대명사

(1) 인칭대명사

① 주격 인칭대명사 : 주어나 be동사의 보어가 된다.

    She is my girlfriend. (그녀는 나의 여자 친구이다.)

    It is **he** who is responsible for the work. (그 일에 책임이 있는 사람은 그이다.)

② 소유격 인칭대명사

    This is **my** book. (이것은 나의 책이다.)

    Do you know **his** name? (너는 그의 이름을 아니?)

③ 목적격 인칭대명사

    I loved **her** when I was young. (나는 어렸을 때, 그녀를 사랑했다.)

    He told me about **her**. (그는 그녀에 대해서 나에게 말했다.)

④ 소유대명사 : '~의 것'을 의미하며, 소유격 + 대명사 = 소유대명사이다.

    This book is **mine**. (이 책은 나의 것이다.)

    This is **mine**, not **yours**. (이것은 내 것이지 너의 것이 아니다.)

(2) 재귀대명사

주어 · 목적어 · 보어의 뒤에 와서 동격으로 그 뜻을 강조하는 강조용법과, 문장의 주어와 동일인물이 타동사의 목적어로 쓰이는 재귀용법, 전치사의 목적어로 쓰이는 관용적 용법 등이 있다.

① 종류

구분	단수	복수
1인칭	myself(나 자신)	ourselves(우리들 자신)
2인칭	yourself(당신 자신)	yourselves(당신들 자신)
3인칭	himself(그 자신) herself(그녀 자신) itself(그것 자체)	themselves(그들 자신)

② 목적어의 역할

Ask **yourself** the question. (당신 자신에게 물어보시오.)

He was talking about **himself**. (그는 자신에 대해 말하고 있었다.)

③ 강조의 의미 : 생략이 가능하다.

I have seen it **myself**. (나는 그것을 보았다.)

I met the lady **herself**. (나는 그녀를 만났다.)

④ 전치사 + 재귀대명사의 관용표현

㉠ by oneself : 혼자서

㉡ for oneself : 혼자 힘으로

㉢ of itself : 저절로

㉣ in itself : 본질적으로

㉤ between ourselves : 우리끼리 얘기지만

He went there **by himself**. (그는 혼자서 그 곳에 갔다.)

Telling a lie is evil **in itself**. (거짓말 자체가 나쁘다.)

(3) It의 용법

① 지시대명사 : 앞에 나온 단어, 구, 절을 받는다.

I bought a book and read **it**. (나는 책을 한 권 사서 그것을 읽었다.)

She is pretty, and she knows **it**. (그녀는 예쁘다. 그리고 그녀는 그것을 알고 있다.)

② 비인칭주어 it : 시간, 거리, 날씨, 명암을 나타낼 때 주어에 it을 쓴다.

It is half past ten. → 시간 (10시 반이다.)

It rained heavily last night. → 날씨 (지난 밤에 비가 많이 왔다.)

It's a mile from here to my house. → 거리 (이 곳에서 나의 집까지 1마일이다.)

It is dark in the room. → 명암 (이 방은 어둡다.)

③ 강조구문 : It is + 강조내용 + that ~

I broke the vase. (내가 화병을 깼다.)

It was I **that** broke the vase. → 주어 강조

(화병을 깬 사람은 바로 나다.)

It was the vase **that** I broke. → 목적어 강조

(내가 깬 것은 바로 화병이다.)

④ 가주어, 가목적어

㉠ 가주어

It is important to know oneself. (자신을 아는 것이 중요하다.)

It is necessary to study hard. (열심히 공부하는 것이 필요하다.)

㉡ 가목적어

I found **it** pleasant to walk in the snow.

(나는 눈을 맞으며 걷는 것이 즐겁다는 것을 알았다.)

I made **it** clear that he is wrong. (나는 그가 잘못이라는 것을 분명히 했다.)

(4) 지시대명사 – this(these), that(those)

① this(these)는 가까운 것을 나타내고, that(those)은 먼 것을 나타낸다.

This is much better than **that**. (이것이 저것보다 더 많다.)

This is Tom and **that** is Nicole. (이쪽은 Tom, 저쪽은 Nicole이야.)

② 반복되는 명사는 that(those)으로 받는다(명사의 반복회피).

The climate of Korea is milder than **that** of Japan.
(한국의 기후는 일본의 기후보다 온화하다.)

The ears of a rabbit are longer than **those** of a dog. (토끼의 귀가 개의 귀보다 더 길다.)

③ this와 that은 앞에 나온 구와 절을 받는다.

I was late and **this** made her angry. (나는 늦었다. 그리고 이것은 그녀를 화나게 했다.)

I will come tomorrow. **That** will please you. (나는 내일 오겠다. 그러면 너는 기쁘겠지.)

④ that은 전자(前者)를 가리키고, this는 후자(後者)를 가리킨다.

Work and play are both necessary ; **this** gives us rest and **that** energy.

[일과 놀이 모두 필요하다. 후자(놀이)는 휴식을 주고 전자(일)는 힘을 준다.]

I can speak English and Japanese ; **this** is easier to learn than **that**.

[나는 영어와 일어를 할 줄 안다. 후자(일본어)가 전자(영어)보다 배우기 쉽다.]

(5) 의문대명사 – who, which, what

① who, what

ㄱ who : 이름 · 가족관계

Who is he? (그는 누구냐?)

He is **Tom**. (그는 Tom이다.)

He is **my uncle**. (그는 나의 삼촌이다.)

ㄴ what : 직업 · 신분

What is she? (그녀는 누구입니까?)

She is **the president of our school**. (그녀는 우리 학교 교장선생님이다.)

She is **a famous writer**. (그녀는 유명한 소설가이다.)

② what, which

ㄱ what : 전혀 모르는 것

What do you want? (너는 무엇을 원하니?)

I want an interesting novel. (나는 재미있는 소설을 원한다.)

ㄴ which : 주어진 것 중에서 선택

Which do you like better, apples or pears? (사과와 배 중에서 어느 것을 더 좋아하니?)

I like apples. (사과를 좋아합니다.)

(6) 부정대명사 – one, other, another

① 일반인(one, one's, oneself)

One should obey **one's** parents. (사람은 부모님에게 순종해야 한다.)

One must not neglect **one's** duty. (사람은 자기 의무를 소홀히 하면 안 된다.)

② one = a(n) + 명사

I need a pen ; please lend me **one**. (나는 펜이 필요하다. 나에게 빌려줘.)

I have a camera. Do you have **one**? (나는 카메라가 있어. 너는 있니?)

③ one ~, the other … : (둘 중) 하나는 ~, 다른 하나는 …

I have two dogs ; **one** is white, and **the other** is black.

(나는 두 마리의 개가 있다. 하나는 흰색이고, 다른 하나는 검은색이다.)

There are two flowers in the vase ; **one** is rose, **the other** is tulip.

(꽃병에 꽃 두 송이가 있다. 하나는 장미이고, 하나는 튤립이다.)

④ some ~, other … : (한정되지 않은 여럿 중) 일부는 ~, 일부는 …

Some like baseball, and **others** like football.

(어떤 사람들은 야구를 좋아하고, 다른 사람들은 축구를 좋아한다.)

Some people like winter, **other** like summer.

(어떤 사람들은 겨울을 좋아하고, 또 어떤 사람들은 여름을 좋아한다.)

⑤ the others : (한정된 여럿 중) 그 나머지들

Five of them came ; **the others** did not. (그들 중 다섯 명은 왔다. 다른 사람들은 오지 않았다.)

Each praises t**he others**. [서로 (다른 나머지 사람들을) 칭찬한다.]

⑥ another

I have six dogs ; one is white, **another** is black and the others are brown.

(나는 개가 6마리 있다. 하나는 희고, 또 하나는 검으며 나머지는 갈색이다.)

I want **another** apple. (나는 사과를 하나 더 원한다.)

I don't like this hat. Show me **another**. (나는 이 모자가 싫다. 다른 것을 보여주세요.)

To know is **one thing**, to teach is **another**. (아는 것과 가르치는 것은 별개다.)

☞ A is one thing, B is another : A와 B는 별개이다.

(7) 기타 대명사들

구분	모두	하나만	각자마다	전체 부정
둘뿐일 때	both	either	each	neither
셋 이상일 때	all	one	every	none

① 둘뿐일 때

I have two friends. (나는 친구 두 명이 있다.)

Both of my friends are honest. (나의 친구 두 사람은 모두 정직하다.)

Either of my friends will come. (나의 친구 중 한 사람만 올 것이다.)

Each of my friends has a camera. (나의 친구 각자가 카메라를 가지고 있다.)

Neither of my friends is absent. (나의 친구 모두 결석하지 않았다.)

② 셋 이상일 때

There are fifty boys in our class. (우리 반에 50명의 소년이 있다.)

All of the boys are industrious. (모든 소년이 근면하다.)

One of the boys is idle. (소년들 중에서 한 명이 게으르다.)

Every boy has his book. (모든 소년 각자가 자기 책을 가지고 있다.)

None of the boys are absent. (소년들 중 한 사람도 결석하지 않았다.)

12. 전치사

(1) 시간을 나타내는 전치사

① at, on, in

ㄱ at : 시간

She gets up **at** six every morning. (그녀는 매일 아침 6시에 일어난다.)

There was a fire **at** midnight. (한밤중에 화재가 발생했다.)

ㄴ on : 요일, 특정한 날짜

He always goes to church **on** Sunday. (그는 일요일에 늘 교회에 간다.)

He will arrive **on** the first day of September. (그는 9월 1일에 도착할 것이다.)

ㄷ in : 년, 월, 계절

Flowers come out **in** spring. (꽃은 봄에 핀다.)

World War Ⅱ broke out **in** 1939. (제2차 세계대전은 1939년에 발생했다.)

② till, by

ㄱ till : ~까지(계속)

He worked hard **till** midnight. (그는 한밤중까지 열심히 일했다.)

Good bye **till** tomorrow. (내일까지 안녕.)

ㄴ by : ~까지(완료)

Finish the work **by** five. (5시까지 그 일을 끝내라.)

I will come **by** seven. (나는 7시까지 돌아올 것이다.)

③ within, in, after

ㄱ within : ~이내에

I will come back **within** an hour. (한 시간 이내에 돌아오겠다.)

It's green without and yellow **within**. (그것은 겉은 초록색이고 안은 노란색이다.)

ⓛ in : ~지나서 그 때

I will come back **in** an hour. (한 시간 지나서 오겠다.)

Come again **in** a day or two. (하루 이틀 지나서 또 오시오.)

ⓒ after : ~지나서 이후에

I will come back **after** an hour. (한 시간 후에 오겠다.)

After doing my homework, I went to bed. (나는 숙제를 한 뒤에 잤다.)

④ for, during

ⓐ for + 셀 수 있는 단위 : ~동안

I stayed here **for** five days. (나는 5일 동안 이 곳에 머물러 있겠다.)

He was in hospital **for** six months. (그는 6개월 동안 병원에 있었다.)

ⓛ during + 특정 기간 : ~동안

I went there twice **during** vacation. (나는 그 곳에 방학 동안 두 번 갔다.)

He was in hospital **during** the summer. (그는 여름 동안 병원에 있었다.)

(2) 장소를 나타내는 전치사

① at, in

ⓐ at : 좁은 장소

He arrived **at** the village. (그는 마을에 도착했다.)

I stay **at** the office. (나는 사무실에 있다.)

ⓛ in : 넓은 장소

I bought this book **in** America. (나는 이 책을 미국에서 샀다.)

I live **in** Busan. (나는 부산에 산다.)

② on / beneath, over / under, above / below

ⓐ on : 어떤 면에 접촉한 위

The ship floats **on** the sea. (바다 위에 배가 떠있다.)

There is a picture **on** the wall. (벽에 그림이 걸려 있다.)

ⓛ beneath : 어떤 면에 접촉한 아래

The ship sank **beneath** the waves. (배가 파도 밑으로 가라앉았다.)

The earth is **beneath** my feet. (지구는 내 발 아래 있다.)

ⓒ over : 약간 떨어진 위

The lamp was hanging **over** the window. (램프가 창문 위에 걸려 있다.)

There is a bridge **over** the river. (강 위에 다리가 있다.)

② under : 약간 떨어진 아래

Don't stand **under** a tree when it thunders. (천둥칠 때 나무 밑에 서있지 마라.)

There is a cat **under** the table. (탁자 아래에 고양이가 있다.)

⑩ above : (위로) 비교적 보다 높은 곳

The sun has risen **above** the horizon. (태양이 수평선 위로 떠올랐다.)

My room is just **above**. (내 방은 바로 위에 있습니다.)

㉾ below : (아래로) 비교적 보다 낮은 곳

The moon is sinking **below** the horizon. (달이 수평선 아래로 졌다.)

There is a waterfall **below** the bridge. (이 다리 하류에 폭포가 있다.)

③ into, out of

㉠ into : (밖에서) 안으로

A rabbit ran **into** the bush. (토끼가 덤불 속으로 뛰어 들어갔다.)

A car fell **into** the river. (자동차가 강물에 빠졌다.)

㉡ out of : (안에서) 밖으로

A mouse came **out of** the hole. (생쥐가 구멍에서 나왔다.)

He ran **out of** the house. (그는 그 집에서 도망쳤다.)

④ between, among

㉠ between : 둘 사이

There is a wide river **between** the two villages. (두 마을 사이에는 넓은 강이 있다.)

She sit **between** Jack and Jill. (그녀는 잭과 질 사이에 앉는다.)

㉡ among : 셋 이상 사이

Birds are singing **among** the trees. (새들이 나무 사이에서 노래하고 있다.)

I live **among** the poor. (나는 가난한 사람들 속에서 살고 있다.)

(3) 기타 중요한 전치사

① for, against

㉠ for : 찬성

We voted **for** the bill. (우리는 그 법안에 찬성했다.)

Are you **for** or against the proposal? (그 제안에 찬성인가 아니면 반대인가?)

㉡ against : 반대

He spoke **against** the bill. (그는 그 법안에 반대발언을 했다.)

I voted **against** him. (나는 그에게 반대투표를 하였다.)

② to, into

    ㉠ to : 동작의 결과

        He walked himself **to** lame. (그는 절름거리며 걸었다.)

        She tore the letter **to** pieces. (그녀는 그 편지를 갈기갈기 찢었다.)

    ㉡ into : 변화의 결과

        Flour can be made **into** bread or cake. (밀가루로 빵이나 과자를 만들었다.)

        He poked the fire **into** a blaze. (그는 불씨를 쑤셔 불길을 만들었다.)

③ die of / from(~로 인해 죽다)

    ㉠ die of + 자연(illness, cold, hunger)

        He **died of** cancer. (그는 암으로 죽었다.)

        he **died of** hunger. (그는 아사했다.)

    ㉡ die from + 사고(explosion, wound)

        He **died from** wound. (그는 부상을 당해 죽었다.)

        He **died from** weakness. (그는 쇠약해져서 죽었다.)

④ be made of / from(~로 만들다)

    ㉠ be made of + 재료 : 재료의 흔적이 남아 있는 경우

        This house **is made of** stone. (이 집은 돌로 만들어진 것이다.)

        Most houses **are made of** weed. (대부분의 집은 나무로 만들어진다.)

    ㉡ be made from + 재료 : 재료의 흔적이 없는 경우

        Wine **is made from** grapes. (포도주는 포도로 만들어진다.)

        Cake **is made from** wheat. (케이크는 밀로 만들어진다.)

1. 글의 핵심파악

(1) 제목 찾기

주제문을 찾아 요약하고 글 속에서 자주 반복되는 핵심어와 연결된 것을 찾는다. 제목은 주제보다 상징성이 강하며 간결하고 명료하다.

〈제목 찾기에 많이 출제되는 명사〉

importance 중요성	similarity 유사성
need, necessity 필요성	difference 차이점
influence 영향	increase 증가
effect 효과	decrease 감소
reason 이유	advantage 이점
cause 원인	disadvantage 단점
difficulty 어려움	role 역할
ways 방법	condition 조건
improvement 개선	development 개발

---

(2) 주제 찾기

글의 중심생각을 묻는 것으로 보통 주제문에 분명하게 드러나므로 전체 글을 이해하여 주제문을 찾는 것이 중요하다.

(3) 요지 찾기

주제를 찾는 문제와 드러나는 차이는 보이지 않지만 글을 나타내는 상징성의 정도가 요지 < 주제 < 제목의 순으로 드러난다. 선택지가 속담으로 구성되어 있는 경우도 있으므로 속담, 격언에 유의한다.

〈요지 · 주장에 많이 출제되는 단어들〉

- 조동사 : must, should, ought to, have to, had better(~하는 게 더 낫다), need to 등
- 형용사 : important, necessary(필수적인), crucial(중요한), critical(중요한), desirable(바람직한) 등

---

(4) 문단 요약

글의 요지를 파악하는 능력과 함께 쓰기 능력을 간접적으로 평가하는 문제이다. 요지와 세부 내용을 모두 파악하여 간결하게 하나의 압축된 문장으로 나타낼 수 있어야 한다. 단락의 핵심어를 선택지에서 표현을 바꾸는 경우가 있으므로 동의어 등에 유의한다.

〈글의 전개 방식〉
• 두괄식 : 첫머리에 문단의 핵심 내용을 놓고, 뒤에 그 문장을 풀이하거나 예시를 드는 구조
• 중괄식 : 핵심 내용을 중간에 배치하고 앞뒤로 예시를 드는 구조
• 양괄식 : 핵심 내용을 첫머리에 두고 예시를 나열한 다음, 끝부분에 핵심 내용을 반복하는 구조
• 미괄식 : 앞부분에는 예시를 들어 구체적인 서술을 하고 끝부분에 결론으로 핵심 내용을 두는 구조

---

2. 문맥 속 어구파악

(1) 지시어 추론

주로 대명사(this, that, it …) 또는 (고유)명사가 구체적으로 가리키는 것을 찾는 문제로 글의 전체 내용을 종합적으로 파악하고 그 자리에 대상어를 대입했을 때 의미적으로 이상이 없는 것을 찾는다.

(2) 어구의 의미 파악

어구의 이면적인 의미를 간파해내야 하는 문제로 전반적인 분위기를 파악하여 이중적 의미를 찾아내는 것이 중요하다. 다양한 의미로 쓰이는 어휘나 표현을 잘 익혀 두는 것이 좋다.

3. 문맥의 이해

(1) 내용일치 여부의 판단

이 유형은 글의 세부적인 내용파악을 주로 요구하는 문제로 주어지는 글보다 질문과 보기의 내용을 먼저 본 후에 질문에 해당하는 부분을 집중적으로 살펴야 한다. 이 때 중요한 것은 반드시 주어지는 글에 담긴 사실적인 내용을 근거로 판단해야 한다는 것이다.

(2) 무관한 문장 고르기

이 유형은 글의 전체적인 일관성과 통일성을 해치는 문장을 골라내는 문제로 주제와 그 주제를 뒷받침하지 않고 주제를 벗어나거나 서술방향이 다른 문장을 찾아야 한다. 이 때 무관한 문장은 그 문장 없이도 글의 흐름이 자연스럽게 연결될 수 있다.

(3) 문장의 순서 정하기

이 유형은 배열순서가 뒤바뀐 여러 문장들을 연결사와 지시어 등에 유의하여 문장과 문장 사이의 논리적 관계를 정확하게 파악하여 논리적으로 재배열하는 문제로 기준이 되는 문장이 제시되기도 한다.

(4) 전후관계 추론

이 유형은 단락 간 전개방식을 묻는 문제로 글의 논리적인 연관성에 따라서 주어지는 단락의 내용을 정확하게 파악하여 앞 단락 또는 뒤 단락의 내용을 추론해야 한다.

4. 글의 어조·분위기

(1) 글의 어조·분위기

글 속에 명시적이거나 암시적으로 나타나있는 여러 정황들을 종합적으로 감상하는 능력을 요구하는 문제로 글의 전체적인 분위기를 잘 드러내는 어휘들 특히 형용사와 부사에 주목하여야 하며 평소 글의 어조·분위기를 나타내는 단어를 잘 알아두어야 한다.

(2) 필자의 심경·태도

글의 어조·분위기를 감상하는 문제와 같이 글의 종합적인 이해·감상능력을 요구하는 문제로 어떤 일련의 사건들을 통해 드러나는 등장인물의 성격과 태도를 판단할 수 있으며 평소 글의 심경·태도를 나타내는 단어를 잘 알아두면 유용하다.

5. 연결어 파악

연결어란 글의 흐름을 논리적으로 자연스럽게 연결 시켜주는 어구들을 말한다. 적절한 연결사를 쓰면 글의 주제나 요지 등 논리적 흐름을 쉽게 이해할 수 있지만, 연결어를 잘못 쓰면 글의 흐름이 어색해져 필자의 의도를 파악하기 힘들어진다.

(1) 예시

- for example, for instance 예를 들면

(2) 추가

- additionally 게다가, 더구나
- at the same time 동시에, 또한
- besides 게다가
- furthermore 게다가
- in addition (to) ~외에도
- indeed 실로, 사실상
- likewise 유사하게
- moreover 게다가, 더구나
- similarly 유사하게
- what's more 게다가

(3) 대조

- nevertheless ~임에도 불구하고
- nonetheless ~임에도 불구하고
- even though ~라 할지라도
- but, however, still, yet 그러나
- unlike ~와 달리
- conversely 반대로
- in contrast 대조적으로
- on the contrary 반면에, 반대로
- on the other hand 반면에
- whereas 반면에, ~에 반해서

(4) 비교

- comparing, in comparison 비교해 보면
- similarly 유사하게
- likewise, in the same way 비슷하게

(5) 사건의 순서

- first 첫째
- third 셋째
- next 다음으로
- after that 그 후에
- second 둘째
- then 그런 후에
- later 나중에
- finally 마지막으로

(6) 결과, 결론, 요약

- after all 결국
- at last 결국
- finally 마침내
- in brief 간단히 말해
- in conclusion 결론적으로
- accordingly 따라서
- as a consequence 그 결과
- as a result 그 결과
- consequently 결과적으로
- for this reason 이런 이유 때문에
- hence 그래서

- in short 간단히 말해
- in summary 요약하자면
- on the whole 대체로
- to conclude 결론짓자면
- to sum up 요약하자면
- in consequence 따라서, 결과적으로
- thereby 그래서
- therefore 따라서
- thus 따라서
- briefly 간단히 말해

PART

04

정답 및 해설

제1회 정답 및 해설

1 ④

당면 … 바로 눈앞에 당함

④ 봉착 : 어떤 처지나 상태에 부닥침

① 조치 : 벌어지는 사태를 잘 살펴서 필요한 대책을 세워 행함

② 즉결 : 그 자리에서 곧 결정함. 또는 그런 결정에 따라 마무리를 지음

③ 우상 : 신처럼 숭배의 대상이 되는 물건이나 사람

⑤ 격리 : 다른 것과 따로 떼어 놓음

2 ②

주어진 문장과 보기②의 '걸었다'는 '앞으로의 일에 대한 희망 따위를 품거나 기대하다'라는 뜻으로 쓰였다. ①③④의 '(생애를, 목숨을, 직위를) 걸었다'에서는 '목숨, 명예 따위를 담보로 삼거나 희생할 각오를 하다'라는 뜻이다. ⑤의 '걸었다'는 '어떤 상태에 빠지도록 하다'의 뜻으로 쓰인 경우이다.

3 ①

전통은 과거로부터 이어온 것 중 현재의 문화 창조에 이바지할 수 있는 것만을 말한다. 인습이나 유물은 현재 문화 창조에 이바지할 수 없으므로 전통과는 구별되어야 한다는 것이 글의 중심 내용이다.

4 ②

빈칸의 앞에서 음성 신호를 음소 단위로 전환한다는 내용에 이어 음성 신호를 음소 단위로 나누는 것이 쉽지 않다고 말하고 있으므로 화제를 앞의 내용과 관련시키며 다른 방향으로 이끌어가는 접속사인 '그런데'가 오는 것이 적절하다.

5 ③

주어진 글에서는 하나의 지식이 탄생하여 다른 분야에 연쇄적인 영향을 미치게 되는 것을 뇌과학 분야의 사례를 통해 조명하고 있다. 이러한 모습은 학문이 그만큼 복잡하다거나, 서로 다른 학문들이 어떻게 상호 연관을 맺는지를 규명하는 것이 아니며, 지식이나 학문의 발전은 독립적인 것이 아닌 상호 의존성을 가지고 있다는 점을 강조하는 것이 글의 핵심 내용으로 가장 적절할 것이다.

6 ①

㈐ 갑인자의 소개와 주조 이유 → ㈑ 갑인자의 이명(異名) → ㈒ 갑인자의 모양이 해정하고 바른 이유 → ㈓ 경자자와 비교하여 개량·발전된 갑인자 → ㈎ 현재 전해지는 갑인자본의 특징 → ㈔ 우리나라 활자본의 백미가 된 갑인자

7 ②

'워프(Whorf) 역시 사피어와 같은 관점에서 언어가 우리의 행동과 사고의 양식을 주조(鑄造)한다고 주장한다'라는 문장을 통해 빈칸에도 워프가 사피어와 같은 주장을 하는 내용이 나와야 자연스럽다.

8 ③

$$\frac{5}{15} \times \frac{20}{3} \times \frac{7}{15} = \frac{1}{3} \times \frac{4}{3} \times \frac{7}{3} = \frac{28}{27}$$

9 ①

$$100 - (\ 21\ ) = 79$$

10 ④

정가를 x원이라 하면,

판매가 $= x - x \times \dfrac{20}{100} = x \left(1 - \dfrac{20}{100}\right) = 0.8x\,(원)$

이익 $= 100 \times \dfrac{4}{100} = 4\,(원)$

따라서 식을 세우면 $0.8x - 100 = 4$, $x = 130\,(원)$

정가는 130원이므로 원가에 $y\%$의 이익을 붙인다고 하면,

$100 + 100 \times \dfrac{y}{100} = 130$, $y = 30$

따라서 30%의 이익을 붙여 정가를 정해야 한다.

11 ③

오염물질의 양은 $\dfrac{3}{100} \times 30 = 0.9\,(kg)$이다.

오염된 물에 $30kg$의 깨끗한 물을 xkg 더 넣고, 오염물질의 양 $0.9kg$에서 오염물질 농도가 $0.5\%p$ 줄인 2.5% 농도로 계산을 하면 $\dfrac{0.9}{30 + x} \times 100 = 2.5$이다.

$\therefore x = 6\,(kg)$

12 ⑤

두 주사위를 동시에 던질 때 나올 수 있는 모든 경우의 수는 36이다. 숫자의 합이 7이 될 수 있는 확률은 (1,6), (2,5), (3,4), (4,3), (5,2), (6,1) 총 6가지, 두 주사위가 같은 수가 나올 확률은 (1,1), (2,2), (3,3), (4,4), (5,5), (6,6) 총 6가지다.

$$\therefore \frac{6}{36} + \frac{6}{36} = \frac{1}{3}$$

13 ①

$\dfrac{거리}{속력} = $ 시간이고, 처음 집에서 공원을 간 거리를 x라고 할 때,

$$\frac{x}{2} + \frac{x+3}{4} = 6 \Rightarrow 3x = 21$$
$$\therefore x = 7$$

14 ④

ⓒ 남자 사원인 동시에 독서량이 5권 이상인 사람은 남자 사원 4명 가운데 '태호' 한 명이다. 1/4=25(%)이므로 옳지 않은 설명이다.

ⓒ 독서량이 2권 이상인 사원 가운데 남자 사원의 비율 : 3/5

　인사팀에서 여자 사원 비율 : 2/6

　전자가 후자의 2배 미만이므로 옳지 않은 설명이다.

ⓙ $\dfrac{독서량}{전체 사원수} = \dfrac{30}{6} = 5$(권)이므로 옳은 설명이다.

ⓔ 해당되는 사람은 '나현, 주연, 태호'이므로 3/6=50(%)이다. 따라서 옳은 설명이다.

15 ⑤

ⓙ 모든 공공시설의 수가 나머지 도시들의 수보다 적은 도시는 C 도시이고, 2023년에 C도시의 공공청사의 수가 D 도시보다 많아졌으므로 C 도시는 병, D 도시는 을이다.

ⓒ 을(D 도시)을 제외하고 2022년 대비 2023년 공공시설 수의 증가는 A 5개, B 11개, C(병) 5개이다. A의 공공시설의 수가 월등히 많은 데 비해 증가 수는 많이 않으므로 증가율이 가장 작은 도시인 정은 A 도시이다.

ⓒ 2022년과 2023년의 공공시설 수가 같은 도시는 B 도시이다.

$\therefore$ A : 정, B : 갑, C : 병, D : 을

16 ①

주어진 수열은 첫 번째 항부터 +1, +2, +3, +4 …로 변화한다. 따라서 빈칸에 들어갈 수는 22 + 5 = 27이다.

17 ③

알파벳을 순서대로 숫자에 대입하면 다음 표와 같다.

A	B	C	D	E	F	G	H	I	J	K	L	M
1	2	3	4	5	6	7	8	9	10	11	12	13
N	O	P	Q	R	S	T	U	V	W	X	Y	Z
14	15	16	17	18	19	20	21	22	23	24	25	26

D(4) – H(8) – L(12) – P(16) – T(20)

4의 배수에 해당하는 알파벳들이 차례로 나열되고 있다. 따라서 빈칸에 들어갈 알파벳은 X(24)이다.

18 ③

2 3 6 5 11에서 첫 번째 수와 두 번째 수를 곱하면 세 번째 수가 나온다. 세 번째 수에서 네 번째 수를 더하면 다섯 번째 수가 나온다.

∴ (　　) 안에 들어갈 수는 2 × 1 = 2가 된다.

19 ①

㉠ 상상력이 풍부하지 않은 사람은 그림을 잘 그리는 사람이 아니다(첫 번째 전제의 대우).

㉡ 그림을 잘 그리는 사람이 아니면 노래를 잘하지 않는다(세 번째 전제의 대우).

㉢ 따라서 상상력이 풍부하지 않은 사람은 노래를 잘하지 않는다.

20 ①

뱀은 단 사과만 좋아하므로 '작은 사과는 달지 않다'는 전제가 있어야 결론을 도출할 수 있다.

21 ②

• 제외되는 4가지 조건(조건 2에 위배)

−모자 : 노란색, 목도리 : 노란색, 장갑 : 노란색

−모자 : 노란색, 목도리 : 빨간색, 장갑 : 노란색

−모자 : 빨간색, 목도리 : 노란색, 장갑 : 빨간색

−모자 : 빨간색, 목도리 : 빨간색, 장갑 : 빨간색

• 찾을 수 있는 4가지 조건

−모자 : 노란색, 목도리 : 노란색, 장갑 : 빨간색 … ①

−모자 : 빨간색, 목도리 : 노란색, 장갑 : 노란색 … ②

−모자 : 노란색, 목도리 : 빨간색, 장갑 : 빨간색 … ③

−모자 : 빨간색, 목도리 : 빨간색, 장갑 : 노란색 … ④

• 총인원은 14명이므로 ①+②+③+④ = 14명

• 조건1에 따라 ①+② = 9

• 조건3에 따라 ②+③ = 8

• 조건4에 따라 ②+④ = 7

∴ 장갑만 빨간 사람은 총 4명이 된다.

22 ⑤

왼쪽으로 90씩 회전하였다.

23 ①

각 행마다 첫 번째 도형과 두 번째 도형이 합쳐져서 세 번째 도형의 모양이 된다.

24 ③

images are essantial unlts − images are ess<u>e</u>ntial un<u>i</u>ts

25 ③

★●◎◆▲△■◑◐ − ★●◎◆<u>△</u>△■◑<u>◎</u>

26 ③

<u>搏</u>物君子(박물군자)

27 ③

1층 : 11개, 2층 : 6개, 3층 : 4개, 4층 : 1개

28 ①

제시된 전개도에서 맞닿는 면을 표시하면 다음과 같다.

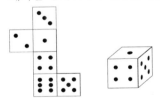

29 ④

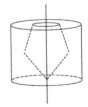

30 ②

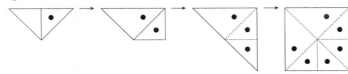

31 ②

Plan S
㉠ Planet : 지속가능한 가치를 창출하는 친환경 기업으로의 전환
㉡ People : 공급자 관점이 아닌 고객중심 마인드셋으로 전환
㉢ Profit : 기존 사업에서 미래 신사업·신수익 구조로 전환

32 ②

잭슨 홀 미팅 … 미국 캔자스시티 연방 준비은행이 매년 개최하는 경제정책에 관한 심포지엄으로, 와이오밍 주 잭슨 홀에서 열린다. 주요 중앙은행 총재와 경제학자들이 참석하여 세계 경제 동향과 정책 방향을 논의하는 중요한 행사로, 글로벌 경제에 큰 영향을 미친다.

33 ④

업사이클링 … Upgrade와 Recycling의 합성어로, 버려지는 물건을 재활용하여 필요한 제품으로 재탄생시키며 최근에는 착한 소비, 가치 있는 소비로 새로운 소비 트렌드가 되었다.

34 ③

세계 3대 운하
㉠ 수에즈 운하 : 이집트 동북부에 있는 지중해와 홍해를 연결하는 수평식 운하로 최근에 좌초 사고가 일어났었다.
㉡ 파나마 운하 : 중앙아메리카 동남쪽에서 태평양과 대서양을 잇는 운하로 1914년에 건설되었다.
㉢ 코린토스 운하 : 그리스 남쪽 펠로폰네소스반도의 코린트 지협에 있는 운하이다. 1893년에 개통되었다.

35 ②

호모 프롬프트(Homo Prompt) … 인간의 '호모'와 입력할 명령을 기다리는 '프롬프트'의 합성어로, AI와 같은 신기술을 잘 활용하고 소통하는 인간의 능력을 말한다.
④ 호모 모빌리쿠스(Homo Mobilicus) : 모바일 기술 중심으로 시대를 살아가는 인간을 이야기한다.

36 ③

슈퍼에고 … 에고와 함께 정신을 구성하는 것으로 양심의 기능을 담당한다. 어릴 때부터의 학습이나 교육에 의해서 이드에서 분화한 것으로 생각하며, 이드로부터 오는 충동이나 자아의 활동을 감시하고 통제하며 억압한다.

① 이드(Id) : 마음속에 감추어져 있는 본능적 충동의 원천으로, 쾌락을 구하고 불쾌를 피하는 쾌락원칙에 지배된다. 비도덕적, 비논리적이며 무의식적이다.

② 에고(Ego) : 사고, 감정, 의지 등의 여러 작용에 주관하고 이를 통일하는 주체로, 지속적으로 한 개체로 존속하며 자연이나 타인과 구별되는 개개인의 존재를 말한다.

④ 리비도(Libido) : 성본능, 성충동을 일컫는 용어로, 프로이트는 리비도가 사춘기에 갑자기 나타나는 것이 아니라 태어나면서부터 서서히 발달하는 것이라고 생각했다.

⑤ 카타르시스(Catharsis) : 억눌린 감정이나 충돌을 표출하고 정화하여 심리적 안정과 해방감을 얻는 과정으로, 아리스토텔레스의 비극 이론에서 유래되었다.

37 ⑤

① 진퇴유곡(進退維谷) : 나아갈 수도 물러설 수도 없는 어려운 처지에 빠졌음을 뜻한다.

② 권불십년(權不十年) : 권세는 10년을 넘지 못한다는 뜻으로 권력은 오래가지 못하고 늘 변함을 이르는 표현이다.

③ 전전반측(輾轉反側) : 이리저리 뒤척인다는 뜻으로 사모(思慕)하여 잠을 이루지 못함을 이르는 표현이다.

④ 방약무인(傍若無人) : 곁에 아무도 없는 것처럼 여긴다는 뜻으로 주위에 있는 다른 사람을 의식하지 않고 제멋대로 행동하는 것을 이르는 표현이다.

38 ④

독립신문 … 1896년 4월 7일 서재필이 창간한 우리나라 최초의 순 한글신문이자 민간신문이다. 1957년 언론계는 이 신문의 창간일인 4월 7일을 신문의 날로 정하였다.

① 제국신문 : 대한 제국 시대에 발행된 일간 신문으로, 1898년 8월 10일 이종일이 창간했다.

② 한성순보 : 1883년(고종 20)에 창간된 한국 최초의 근대 신문으로, 서울 관악구 봉천동 서울대학교 중앙도서관에 소장되어 있다.

③ 황성신문 : 1898년(광무 2) 9월 5일 남궁억 등이 창간한 일간 신문이다.

⑤ 매일신보 : 일제감정기 조선총독부의 기관지를, 1945년 광복 이후 폐간되었다.

39 ①

of coping with ~에 대처하는 taboo (종교상의) 금기, 금기의 notion 관념, 생각 euphemism 완곡 어구 circumlocution 완곡한 표현 emerge 나타나다, 발생하다 linguistic 어학의, 언어의 pass on 죽다 snuff (초를) 끄다 aloft 위에, 높이, 천국에

종교상 금기시 되는 단어와 관념들을 대체하는 일반적인 방법은 완곡한 어구와 표현들을 개발하는 것이다. 수많은 단어와 어구들이 기본적인 생물학적 기능을 표현하기 위해 생겨났으며, <u>죽음</u>에 대해 이야기하는 자체적인 언어학의 세계가 있다. 영어에서의 예로 "to pass on", "to snuff the candle", 그리고 "to go aloft" 등을 포함한다.

① 죽음 ② 패배 ③ 걱정, 근심 ④ 좌절, 실패 ⑤ 회복

40 ②

gene 유전자 particular 특별한, 독특한 characteristic 특징 regardless of ~과(와) 관계없이

<u>우성</u> 유전자는 사람이 유전자를 한쪽 부모로부터 받든 양쪽 부모로부터 받든 관계없이 하나의 독특한 특징을 만들어내는 유전자이다.

① 열성의 ② 우성의 ③ 능숙한 ④ 격동의, 요동치는

CHAPTER

02 제2회 정답 및 해설

1 ⑤

장성 … 자라서 어른이 됨 또는 발전하여 커짐
① 퇴보 : 발전하던 상태에서 뒤로 물러나 감
② 이화 : 성질, 양식, 사상 따위가 서로 달라짐
③ 증식 : 늘어서 많아짐
④ 형상 : 사람이나 동식물 따위가 자라서 점점 커짐 또는 규모나 세력 따위가 점점 커짐

2 ⑤

⑤ '어떤 사람의 영향력이나 권한이 미치는 범위'라는 뜻으로 쓰여, 주어진 문장에서 사용된 의미와 동일하다. 나머지 보기에서는 각각 ①에서는 '일손', ②에서는 '어떤 일을 하는 데 드는 사람의 힘, 노력, 기술', ③에서는 '사람의 팔목 끝에 달린 부분', ④에서는 '사람의 수완이나 꾀'의 뜻으로 쓰였다.

3 ③

화자는 문두에서 한 번에 두 가지 이상의 일을 하는 것은 마음에게 흩어지라고 지시하는 것이라고 언급한다. 또한 글의 중후반부에서 당신이 하는 모든 일은 당신의 온전한 주의를 받을 가치가 있는 것이어야 한다고 강조한다. 따라서 이 글의 중심 내용은 ③이 적절하다.

4 ⑤

주어진 글은 비자발적 행위와 자발적 행위의 상반된 특성에 대해 말하고 있으므로 빈칸에는 ①이 가장 적절하다.

5 ②

미국, 독일, 일본의 환경 보호를 위해 도입된 법률과 제도적 노력에 대해 설명하고 있다. 대기오염 관리나 재생에너지 확대와 같은 특정 사례는 개별적으로 언급되었으나, 글의 전체 논지는 환경 보호를 위한 법률 도입 과정에 초점이 맞춰져 있다.

6 ④

(라) 자연 과학의 경험적 방법에는 세 가지 차원이 있다고 전제하고, (다) 가장 초보적인 차원(일상경험) → (가) 이보다 발달된 차원(관찰) → (나) 가장 발달된 차원(실험)으로 설명이 전개되고 있다.

7 ①

슬로비치 모델은 언론의 보도가 확대 재생산되는 과정에 대한 이론이고, 빈칸 이후의 '이로 말미암은 부정적 영향…'을 볼 때, 빈칸에 들어갈 문장은 ①이 가장 적절하다.

8 ③

$37 + 49 \div 7 + 2 \times 16 = 37 + 7 + 32 = 76$

9 ②

$15 \times 17 \div (\ 3 \ ) = 85$

10 ⑤

20%의 소금물의 양을 Xg이라 하면, 증발시킨 후 소금의 양은 같으므로

$X \times \dfrac{20}{100} = (X-60) \times \dfrac{25}{100}$, $X = 300$이다.

더 넣은 소금의 양을 xg이라 하면,

$300 \times \dfrac{20}{100} + x = (300-60+x) \times \dfrac{40}{100}$

$x = 60$

11 ④

올라간 거리를 x라고 하면

$\dfrac{x}{3} + \dfrac{x+5}{6} = 4\dfrac{5}{6}$

$x = 8km$

따라서 걸은 거리는 $8 + 8 + 5 = 21(km)$

12 ④

물탱크의 양을 1로 두고,

한 시간 동안 채워지는 물의 양은 $A = \frac{1}{3}$, $B = \frac{1}{4}$, $C = \frac{1}{6}$ 이다.

B, C호스를 함께 사용한 시간을 x시간이라 하면,

(A 호스로 1시간) + (B, C 호스를 함께 사용한 시간 x시간) = 1

$\frac{1}{3} \times 1 + (\frac{1}{4} + \frac{1}{6}) \times x = 1$

$5x = 8$

$x = \frac{8}{5}$

이므로 1시간 36분이 걸린다.

13 ①

원가를 a, 이익을 x라고 한다면

$a \times (1 + \frac{x}{100}) \times \frac{80}{100} = a \times (1 + \frac{8}{100})$

$\frac{(100 + x)80}{10000} = \frac{108}{100}$

$x = 35\%$

14 ②

㉠ 할인 전 금액 : 2,800원(김부장님) + 3,800원(유과장님) + 3,500원(신대리님) + 4,200원(정대리님) + 3,000원(Y씨) = 17,300원

㉡ 할인된 금액 : 금액이 10,000원 이상이므로 회원카드 제시하고 1,000원 할인하면 16,300원이다. 적립금이 2,000점 이상인 경우 현금처럼 사용가능하다고 했으나, 타 할인 적용 후 최종금액의 10%까지만 사용가능하다고 했으므로 16,300원의 10%는 1,630원이다. 100원 단위로만 사용가능하므로 16,300원에서 1,600원을 할인 받으면 14,700원을 지불해야 한다.

15 ④

④ 2020 ~ 2023년 동안 게임 매출액이 음원 매출액의 2배 이상인 경우는 2020년 한 번 뿐이며, 그 외의 기간 동안에는 모두 2배에 미치지 못하고 있다.

① 게임은 2021년에. 음원은 2019년에, SNS는 2020년과 2022년에 각각 전년대비 매출액이 감소한 반면, 영화는 유일하게 매년 매출액이 증가하고 있다.

② 2023년 SNS 매출액은 341백만 원으로 전년도의 104백만 원의 3배 이상이나 되는 반면, 다른 콘텐츠의 매출액은 전년도의 2배에도 미치지 못하고 있으므로 SNS의 전년대비 매출액 증가율이 가장 크다.

③ 영화 매출액의 비중을 일일이 계산하지 않더라도 매년 영화 매출액은 전체 매출액의 절반에 육박하고 있다는 점을 확인한다면 전체의 40% 이상을 차지한다는 것도 쉽게 알 수 있다.

16 ③

주어진 수열은 5 + 9n(n = 1, 2, 3, …)의 규칙으로 진행된다. 따라서 빈칸에 들어갈 수는 5 + 9 × 7 = 68 이다.

17 ②

알파벳을 순서대로 숫자에 대입하면 다음 표와 같다.

A	B	C	D	E	F	G	H	I	J	K	L	M
1	2	3	4	5	6	7	8	9	10	11	12	13
N	O	P	Q	R	S	T	U	V	W	X	Y	Z
14	15	16	17	18	19	20	21	22	23	24	25	26

C(3) − D(4) − F(6) − I(9) − M(13)

1, 2, 3, 4…씩 증가하는 수열이므로 빈칸에 들어갈 알파벳은 R(18)이다.

18 ②

첫 번째 수에서 두 번째 수를 빼면 세 번째 수가 나온다.

∴ (   ) 안에 들어갈 수는 7 − 3 = 4

19 ②

먼저, 회사에 가장 일찍 출근하는 사람은 부지런한 사람이고 부지런한 사람은 특별 보너스를 받을 것이다. 그리고 여행을 갈 수 있는 사람은 특별 보너스를 받은 사람이다.

그런데 여행을 갈 수 있는 사람이 명진이와 소희 두 명이므로, 회사에 가장 일찍 출근하는 것 말고 특별 보너스를 받을 수 있는 방법이 또 있다는 것을 알 수 있다.

20 ①

'모든 사원은 사전교육을 받는다.'라는 전제가 있어야 결론이 참이 된다.

21 ①

ⓒ에 의해 유치원생들은 모두 금귤이나 라임 중 하나를 반드시 좋아하므로 ⓔⓜ에 따라 유치원생은 모두 레몬이나 오렌지 중 하나를 반드시 좋아한다. 따라서 지민이가 귤과 자몽을 좋아하면 지민이는 귤과 레몬을 모두 좋아하거나, 오렌지와 자몽을 모두 좋아하게 되므로 지민이는 한라봉을 좋아한다는 결과를 도출해낼 수 있다.

22 ④

오른쪽으로 '45° 회전 후 다시 90° 회전'하는 것을 반복하고 있다.

23 ④

각 줄 첫 번째 도형과 두 번째 도형을 합한 그림이 세 번째 칸에 나오게 되는데, 이 때 중복되는 선은 생략되는 규칙을 가지고 있다.

24 ④

14651317198654532567 − 146513171939545324_67

25 ④

오☎늘도 좋☙은 하♪루 보내세요 − 오☎늘만 좋☙은 하♬루 보내셔요

26 ①

① be respons**e**ble for

27 ①

1층 : 8개, 2층 : 4개, 3층 : 2개

28 ②

제시된 전개도에서 맞닿는 면을 표시하면 다음과 같다.

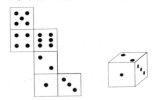

29 ③

30 ⑤

31 ①

핵심 가치
㉠ 지구를 위한 친환경/순환경제 선도
㉡ 모두가 안전하고 만족하는 사회 구족
㉢ 투명하고 신뢰성 있는 거버넌스 확인

32 ⑤

커리어 노마드(Career Nomad) … 고정된 직장이나 직업에 얽매이지 않고 다양한 직업이나 프로젝트를 자유롭게 이동하며 경력을 쌓는 사람을 말한다.
① 퍼스널 브랜딩(Personal Branding) : 자신을 하나의 브랜드로 만들어 가치를 높이는 것을 말한다.
② 디지털 크리에이터(Digital Creator) : 디지털 플랫폼을 활용해 콘텐츠를 제작하고 수익을 창출하는 사람을 말한다.
③ 워케이션(Workation) : 일(work)과 휴가(vacation)를 병행하는 형태로, 여행지에서 일하면서 휴식을 취하는 것을 말한다.
④ 디지털 노마드(Digital Nomad) : 주로 인터넷과 디지털 기술을 활용해 원격으로 일하며 특정 장소에 얽매이지 않고 세계를 여행하면서 일하는 사람을 말한다.

33 ①

② 캘린더 효과 : 일정 시기에 증시가 등락하는 현상이다.
③ 채찍 효과 : 수요정보가 전달될 때마다 왜곡되는 현상이다.
④ 쿠퍼 효과 : 금융정책 효과의 시기가 다르게 나타나는 현상이다.
⑤ 외부 효과 : 금융정책 효과의 시기가 다르게 나타나는 현상이다.

34 ②

효소의 특징
㉠ 효소가 작용하는 물질을 기질이라 하며, 한 종류의 효소는 특정한 기질에만 반응하는 기질 특이성이 있다.
㉡ 효소는 적절한 pH 범위에서 활성이 크게 나타나며, 효소마다 최적 pH가 다르다.
㉢ 효소는 적절한 온도 범위(이 때 최적의 온도는 35~40℃)에서만 활성을 나타낸다.

35 ④

① 메트로폴리스 : 국가적 · 지역적으로 중요한 기능을 하는 도시를 메트로폴리스라고 한다. 대체로 100만 명이 넘는다.
② 메갈로폴리스 : 메트로폴리스가 띠 모양으로 연결되어 세계적으로 거대한 도시지역을 형성하는 것을 말한다.
③ 메트로폴리탄 : 대도시가 그 밖의 지역에 영향을 끼쳐 통합의 중심을 이루었을 때 그 대도시와 주변 지역을 아우르는 말이다.
⑤ 메가리전 : 사회 기반 시설을 공유하고 경제적으로도 연계가 긴밀한 인구 1,000만 명 이상의 도시 연결 린 역을 말한다.

36 ④

데카르트 … 1600년대에 들어 처음으로 철학 체계를 세워 서양 근대철학의 출발점이 된 창시자로, 데카르트 뒤를 이어 스피노자, 라이프니츠, 로크, 칸트 등이 근대 철학을 발전시켜 나갔다.

37 ⑤

세이버매트릭스(Sabermetrics) … 야구에서 경기와 선수들의 성과를 분석하고 평가하기 위해 사용하는 통계학적 방법론으로, 이 용어는 미국의 야구 연구 단체인 'Society for American Baseball Research'의 약자인 SABR에서 유래되었다.
④ 애널리틱스(Analytics) : 데이터를 분석하여 패턴이나 통찰을 도출하는 과정을 말한다.

38 ①

배비장전 … 조선 후기에 지어진 작자 미상의 고전소설로 판소리로 불리어진 「배비장타령」이 소설화된 작품이다. 판소리 열두마당에 속하지만, 고종 때 신재효(申在孝)가 판소리 사설을 여섯 마당으로 정착시킬 때 빠지게 되었다.
※ 우리나라의 판소리 5마당
　㉠ 춘향가 : 기생의 딸 춘향과 양반집의 아들 이몽룡 사이에 일어나는 사랑 이야기를 다룬 작품이다.
　㉡ 심청가 : 맹인으로 태어난 심학규가 무남독녀인 심청의 지극한 효성으로 눈을 뜨게 된다는 이야기로 효도, 선과 악, 인과율이 주제이다.
　㉢ 흥부가(박타령) : 심술궂은 형 놀부와 착한 아우 흥부 간의 갈등과 화해를 그린 이야기로 형제간의 우애, 권선징악, 보은, 의리 등이 주제이다.
　㉣ 수궁가(토별가, 토끼타령) : 토끼와 자라의 행동을 통하여 인간의 속성을 풍자한 이야기로 충성심과 충효심 등이 주제이다.
　㉤ 적벽가 : 중국의 소설 삼국지의 내용을 판소리로 음악화 시킨 것으로 유비가 제갈공명을 찾아가는 삼고초려부터 적벽대전 끝에 관운장이 조조를 놓아주는 내용까지로 되어있으나, 부르는 사람에 따라 다소의 차이는 있으며 「화용도」라고도 한다.

39 ②

신원을 확인하기 위해 체크인 카운터에서 유효한 여권이나 공적 신분증을 제시해야 한다
① 만료된 ② 유효한 ③ 위조된 ④ 분실된, 잘못 배치된 ⑤ 허가되지 않은

40 ①

새로운 스포츠 장비는 제조사에서 허가한 매장에서만 판매된다.
① 허가된 ② 관리되지 않은 ③ 버려진 ④ 즉흥적인 ⑤ 제한된

CHAPTER
03 제3회 정답 및 해설

1 ③

영유 … 자기의 것으로 차지하여 가짐
③ 차지 : 사물이나 공간, 지위 따위를 자기 몫으로 가짐. 또는 그 사물이나 공간
① 유지 : 마을이나 지역에서 명망 있고 영향력을 가진 사람
② 제재 : 일정한 규칙이나 관습의 위반에 대하여 제한하거나 금지함. 또는 그런 조치
④ 개진 : 기술이나 낡은 제도 따위가 점차 나아져 발전함. 또는 나아지게 발전시킴
⑤ 박탈 : 권리나 자격 따위를 강제로 빼앗음

2 ⑤

밑줄 친 부분은 '(속되게) 이익이 되는 어떤 것이나 사람을 차지하다.'라는 의미로 사용되었다.
① ('책임' 따위를 목적어 성분으로 하여) 어떠한 일에 대한 책임을 따지다.
② 무엇을 밝히거나 알아내기 위하여 상대편의 대답이나 설명을 요구하는 내용으로 말하다.
③ 입 속에 넣어 두다.
④ 남에게 입힌 손해를 돈으로 갚아 주거나 본래의 상태로 해 주다.

3 ③

첫 번째 문단에서 문제를 알면서도 고치지 않았던 두 칸을 수리하는 데 수리비가 많이 들었고, 비가 새는 것을 알자마자 수리한 한 칸은 비용이 많이 들지 않았다고 하였다. 또한 두 번째 문단에서 잘못을 알면서도 바로 고치지 않으면 자신이 나쁘게 되며, 잘못을 알자마자 고치기를 꺼리지 않으면 다시 착한 사람이 될 수 있다하며 이를 정치에 비유해 백성을 좀먹는 무리들을 내버려 두어서는 안 된다고 서술하였다. 따라서 글의 중심내용으로는 잘못을 알게 되면 바로 고쳐 나가는 것이 중요하다가 적합하다.

4 ③

빈칸의 뒤에 이어지는 문장은 앞선 문장을 바꾸어 설명하고 있으므로 ③이 적절하다.

5 ②

단순히 하천수 사용료의 문제점을 제시한 것이 아니라, 그에 대한 구체적인 대안과 사용료 부과 및 징수를 위한 실효성을 확보해야 한다는 의견이 제시되어 있으므로 문제점 지적을 넘어 전향적인 의미를 지닌 제목이 가장 적절할 것이다.

또한, 제시글은 하천의 관리를 언급하는 것이 아닌, 하천수 사용료에 대한 개선방안을 다루고 있으며, 하천수 사용료의 현실화율이나 지역 간 불균형 등의 요금체계 자체에 대한 내용을 소개하고 있지는 않다.

6 ③

가장 먼저 (다)에서 우리나라의 교육 현실이 전제되고, (나)에서 시대의 변화에 따른 평생 교육의 필요성이 제기되었다. (라)에서는 평생교육 중에서도 재취업 훈련의 필요성을 강조하였고, (가)에서 평생 교육을 통해 국가 경쟁력을 확보할 수 있다는 말로 평생 교육의 중요성이라는 주제를 드러내고 있다.

7 ④

뒤에 이어지는 문장에서 빈칸에 들어갈 문장을 부연설명하고 있다. 뒤에 이어지는 문장에서 '정확성은 마땅히 해야 하는 것이며, 칭찬할 것은 아니다.'라는 내용을 이야기 하고 있으므로, 이와 일치하는 내용은 ④번이다.

8 ④

$2^2 \times 6^2 \times 3^{-2} \times 4 = 2^2 \times 2^2 \times 4 = 64$

9 ③

$35 \times (8) - 92 = 188$

10 ②

액자 수 : x → 열쇠고리 수 : $4x$

$(x \times 4000) + (4x \times 2500) = 42000$

$4000x + 10000x = 42000$

$x = 3$

11 ②

$xyz = 2450 = 2 \times 5^2 \times 7^2$ 에서, 세 사람의 나이로 가능한 숫자는 2, 5, 7, 10, 14, 25, 35이다. 이 중 세 수의 합이 46인 조합은 (7, 14, 25)만 가능하고, 이 때 최고령자의 나이는 25세이다.

12 ④

전체 세대수를 x라 할 때 $\frac{1}{5}x$와 $\frac{1}{7}x$ 모두 자연수여야 한다. 5와 7의 최소공배수는 35이므로, x는 35의 배수여야 한다. 이를 만족하는 것은 ④이다.

13 ③

요리에 대해 몇 인분을 만들었는지는 동시에 적용된다. 총 x인분의 요리를 만들었다고 할 때, 각각의 재료에 대하여 1인분 당 고기량과 인분수의 곱을 합한 값이 사용한 총 육류량이 된다.

$$\frac{100}{3}x + \frac{100}{4}x + \frac{100}{6}x = 3600$$

$$\therefore \ x = 3600 \times \frac{12}{900} = 48(인분)$$

14 ⑤

〈보기〉1에 의해 ㉠과 ㉡ 중 하나는 암이고, 다른 하나는 심장질환임을 알 수 있다.

〈보기〉2에 의해 ㉣이 당뇨병이 되며, 따라서 남는 하나인 ㉢은 보기에 제시된 뇌혈관 질환이 된다.

〈보기〉3에 의하면 2014년 대비 2024년의 사망자 증감률은 심장질환이 암보다 더 크다고 하였다. ㉠의 증감률은 $\frac{153.0 - 134.0}{134.0} \times 100 = 14.2(\%)$이며, ㉡의 증감률은 $\frac{58.2 - 41.1}{41.1} \times 100 = 41.6(\%)$으로, '㉠〈㉡'이 되어 ㉡이 심장질환, ㉠이 암이 된다. 따라서 ㉠~㉣에 들어갈 병명을 순서대로 나열하면, '암 – 심장질환 – 뇌혈관 질환 – 당뇨병'이 된다.

15 ④

④ 신입직이 가장 많이 질문 5개에는 '지원 분야에 대한 인턴 경험' 대신 17.5%를 기록한 '앞으로의 포부'가 포함되어야 한다.

① 신입직의 경우 하위 3개 질문은 순서대로 '개인 신상(7.9%)〈전 직장에서의 프로젝트 수행사례(9.0%)〈영어회화 실력(11.8%)'이며, 경력직의 경우에는 '지원 분야 인턴 경험(6.1%)〈영어회화 실력(8.6%)〈개인의 가치관(12.6%)' 순서이다. '영어회화 실력'이 신입직, 경력직 모두에서 공통질문으로 들어가 있다.

② 경력직에서는 35.1%인 반면, 신입직에서는 9.0%를 나타내고 있어 가장 큰 차이를 보이는 질문내용이다.

③ 신입직에서 12.3%, 경력직에서 12.6%를 나타내고 있어 가장 작은 차이를 보이는 질문내용이다.

⑤ 경력직의 경우 '지원동기(51.6%)〉전 직장에서의 프로젝트 수행사례(35.1%)〉직무에 대한 관심(34.1%)' 순서로 가장 많이 받은 질문에 해당한다.

16 ⑤

주어진 수열은 주어진 수에 각 자리의 수를 더하면 다음 수가 되는 규칙을 가지고 있다. 따라서 빈칸에 들어갈 수는 621 + 6 + 2 + 1 = 630이다.

17 ④

알파벳을 순서대로 숫자에 대입하면 다음 표와 같다.

A	B	C	D	E	F	G	H	I	J	K	L	M
1	2	3	4	5	6	7	8	9	10	11	12	13
N	O	P	Q	R	S	T	U	V	W	X	Y	Z
14	15	16	17	18	19	20	21	22	23	24	25	26

C(3) − D(4) − G(7) − L(12)

처음의 문자에서 1, 3, 5…씩 증가하는 수열이므로 빈칸에는 앞의 글자에 7을 더한 문자가 와야 한다

18 ④

첫 번째 수와 두 번째 수를 더하면 세 번째 수가 나온다.

두 번째 수와 세 번째 수를 더하면 네 번째 수가 나온다.

∴ (   ) 안에 들어갈 수는 − 2 + (   ) = − 7이므로 − 5가 된다.

19 ③

주어진 관계를 C를 중심으로 정리하면, A는 엄마, D는 아빠, E는 친할머니, G는 친할아버지, B는 외조부모이지만 성별을 알 수 없다. 또한 F가 G의 친손녀라는 전제만으로는 F와 C가 남매인지 사촌지간인지 알 수 없다.

20 ③

전제 1 : p → q

전제 2 : ~r → p

결론 : s → r (대우 : ~r → ~s)

p → ~s 또는 q → ~s가 보충되어야 한다.

그러므로 '기린을 좋아하는 사람은 코끼리를 좋아하지 않는다.' 또는 '얼룩말을 좋아하는 사람은 코끼리를 좋아하지 않는다.'와 이 둘의 대우가 빈칸에 들어갈 수 있다.

21 ③

가장 확실한 조건(B는 204호, F는 203호)을 바탕으로 조건들을 채워나가면 다음과 같다.

a라인	201 H	202 A	203 F	204 B	205 빈 방
복도					
b라인	210 G	209 C	208 빈 방	207 E	206 D

∴ D의 방은 206호이다.

22 ②

삼각형→사각형→오각형→…의 순서로 원 안팎으로 번갈아가며 나타나고 있다. 별과 어두운 음영으로 표시된 부분도 교대로 위치가 뒤바뀌고 있다.

23 ①

각 줄의 가운데 칸에 있는 선을 기준으로 해서 첫 번째 칸 화살표에 대칭되는 그림이 세 번째 칸에 나타난다.

24 ③

Love will find a way — Love wil<u>d</u> find a wa<u>v</u>

25 ②

Look back at your past — Look back at your p<u>e</u>st

26 ②

② swim ag<u>e</u>inst the tide

27 ③

1단 : 13개, 2단 : 7개, 3단 : 5개, 4단 : 2개, 5단 : 1개

28 ⑤

제시된 전개도에서 맞닿는 면을 표시하면 다음과 같다.

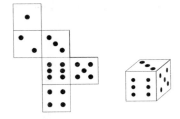

29 ②

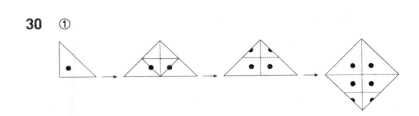

30 ①

31 ②

기아는 '2045년 탄소중립'을 실현시키기 위해 지속가능한 에너지(Sustainable Energy), 지속가능한 모빌리티(Sustainable Mobility), 지속가능한 지구(Sustainable Planet)의 방향성을 삼고 있다.

32 ④

캔슬 컬처(Cancel Culture) … SNS상에서 자신의 생각과 다르거나 특히 공인이 논란을 불러일으키는 발언 및 행동을 했을 때 팔로우를 취소하고 외면하는 행동을 말한다.
① 팝콘브레인 : 스마트폰과 같은 전자기기의 지나친 사용으로 뇌에 큰 자극이 지속적으로 가해지면서 단순하고 잔잔한 일상생활에는 흥미를 잃게 되는 것을 말한다.
② 맨아워 : 한 사람이 한 시간에 생산하는 노동(생산성) 단위를 일컫는다.
③ 줌바밍 : 화상회의 혹은 비대면 수업 공간에 초대받지 않은 제3자가 들어와 욕설과 혐오 등 방해하는 것을 의미한다.
⑤ 사이버불링 : 사이버 공간에서 특정인을 지속적으로 괴롭히는 행위를 말한다.

33 ①

광개토대왕함 … KDX(한국형 구축함)의 1번함으로 상세 설계에서 건조까지 우리 기술로 만들어진 본격적인 헬기 탑재 구축함이다. 한편, 1986년부터 시작된 KDX의 결과로 광개토대왕함, 을지문덕함, 양만춘함 등이 구축되었다.
② 이종무함 : 다섯 번째로 진수(進水)한 잠수함이다.
③ 김좌진함 : 네 번째로 진수(進水)한 잠수함이다.
④ 장보고함 : 한국 최초의 잠수함이다
⑤ 이순신함 : 대한민국 해군의 장보고급 잠수함 중 7번함이다.

34 ④

생산자 물가지수 … 기업 간 중간거래액을 포함한 총거래액을 모집단으로 하여 조사대상 품목을 선정하였기 때문에 원재료, 중간재 및 최종재에 해당되는 품목이 혼재되어 있어 물가변동의 중복계상 가능성이 크다고 할 수 있다.
① 디플레이션 : 물가가 하락하고 경제활동이 침체되는 현상을 말한다.
② 인플레이션 : 물가가 지속적으로 상승하는 현상을 말한다.
③ 소비자 물가지수 : 소비자가 구입하는 상품이나 서비스의 가격변동을 나타내는 지수를 말한다.
⑤ 스태그플레이션 : 경기불황 속에서 물가상승이 발생하는 상태를 말한다.

35 ②

아너박스(Honor Box) … 경찰관들이 흉기 난동이나 화재와 같은 위급한 상황에서 장비나 복제가 손상될 경우 무상으로 이를 재지급하는 제도를 말하며, 심의 절차만 거쳐 아너박스에 물품을 넣어 무상으로 신청자에게 전달한다.

36 ①

CF100 ⋯ 사용 전력의 100%를 태양력, 풍력, 수력, 지열, 원자력발전 등의 무탄소 에너지원으로 공급하는 캠페인을 말한다.

② RE100 : 기업이 사용하는 전력 100%를 재생에너지로 충당하겠다는 캠페인이다.

③ 넷 제로 : 개인이나 회사, 단체가 배출한 만큼의 온실가스를 다시 흡수해 실질 배출량을 '0(제로)'으로 만드는 것을 말한다.

④ 그린 뉴딜 : 환경과 사람이 중심의 지속 가능한 발전을 의미한다.

⑤ 탄소 중립 : 온실가스 배출량과 흡수량을 같게 만들어 순 배출량을 0으로 만드는 것을 의미한다.

37 ④

림보세대 ⋯ 고등교육을 마쳤음에도 불구하고 안정된 일자리를 찾지 못해 불안정한 일자리에서 일하거나 실업 상태에 놓여 있는 청년들을 지칭하는 말로, 경력을 쌓을 기회를 얻지 못해 미래에 대한 전망이 불투명하고, 사회적, 경제적 불안감을 겪고 세대를 말한다.

① 캥거루세대 : 경제적 · 정신적으로 부모에 의존해 생활을 즐기는 젊은 세대를 말한다.

② 부메랑세대 : 사회에 진출했다가 곧 독립을 포기하고 부모의 보호 아래로 돌아가는 젊은이들을 말한다.

③ 알파세대 : 2010년 초반 ~ 2020년대 중반에 출생한 세대로, 어려서부터 기술적 진보를 경험하여 AI나 로봇 등에 익숙한 세대이다.

⑤ 이케아세대 : 뛰어난 스펙을 가지고 있지만 낮은 급여와 고용 불안에 시달리는 세대를 말한다.

38 ④

사물놀이 ⋯ 꽹과리, 장구, 북, 징을 치며 노는 농촌의 민속놀이로 꽹과리는 별, 장구는 인간, 북은 달, 징은 해에 해당한다.

39 ②

gala 잔치의, 축제의, 흥겨운, 유쾌한, 화려한

작곡가와 그의 아내는 절대 발레공연을 보러 가지 않았는데, 심지어 그의 음악에 맞추어 준비된 축제공연을 위한 발레조차도 그러했다.

① 드물게, 거의 ~않는 ② 절대(결코) ~않는 ③ 가끔, 이따금, 때때로 ④ 변함없이, 항상, 늘 ⑤ 드물게

40 ①

chemist('s) 약국, 화학자, 약제사

약국에 도착하기도 전에 그는 약의 처방전을 잃어버렸다. 그래서 그는 또 다른 처방전을 받기 위해 의사에게(병원으로) 돌아가야 했다.

① 처방전 ② 영수증 ③ 치료 ④ 조리법 ⑤ 증상

CHAPTER

04 제4회 정답 및 해설

1 ①

영겁 … 영원한 세월
① 영원 : 어떤 상태가 끝없이 이어짐. 또는 시간을 초월하여 변하지 아니함
② 영지 : 뛰어난 지혜
③ 견지 : 어떤 견해나 입장 따위를 굳게 지니거나 지킴
④ 폐부 : 마음의 깊은 속
⑤ 유한 : 끝이 있고 한계가 있음

2 ②

② 어떤 일에 돈, 시간, 노력, 물자 따위가 쓰이다.
① 방이나 집 따위에 있거나 거처를 정해 머무르게 되다.
③ 어떤 물건이나 사람이 좋게 받아들여지다.
④ 어떠한 시기가 되다.
⑤ 밖에서 속이나 안으로 향해 가거나 오거나 하다.

3 ②

첫째 문단에서는 공유된 이익이 확장되면 적국과 협력국의 구별이 어려워진다는 과제를 제시하였고, 마지막 문장에서 이러한 이익 갈등은 계속 존재하게 될 것이라고 하였다.

4 ④

첫 번째 빈칸은 서리 착빙은 중량이 가볍다는 내용과 서리가 붙은 채로 이륙하면 문제가 발생할 수 있다는 상반된 내용을 연결해주고 있어 '그러나, 하지만'과 같은 역접의 접속사가 위치하는 것이 적절하다. 두 번째 빈칸은 서리 착빙에 이어 거친 착빙에 대한 설명을 연결해주고 있어 '다음으로'가 적절하다.

5 ②

본문의 전체적인 내용은 '생물 종의 감소는 인류의 생존 문제와 직결된다.'는 내용이다. 이 내용을 포괄할 수 있는 제목은 ②가 적절하다.

6 ④

제시된 글은 '청소년들 사이에 문화사대주의 현상'에 대한 문제점을 밝히는 글이다. (나) 청소년들 사이의 문화 사대주의 문제(문제제기) → (가) 대중 매체의 편향된 외래문화 수용(원인) → (라) 청소년의 대중문화 수용태도 (근거) → (다) 대중 매체의 책임의식 요구(주장)의 구성이다.

7 ②

'그러나'라는 접속어를 통해 앞의 내용과 상반되는 내용이 나와야 함을 알 수 있다. 빈칸의 앞에는 갖가지 힐링 상품에 대해 이야기하고 있고, 뒤에는 명상이나 기도 등 많은 돈을 들이지 않고서도 쉽게 할 수 있는 일에 대해 이야기하고 있으므로 빈칸에는 ②가 들어가는 것이 가장 적절하다.

8 ②

$$\sqrt{12^2} + \sqrt{13^2} - \sqrt{14^2} = 12 + 13 - 14 = 11$$

9 ①

$$75 \div (\ 3\ ) + 15 = 40$$

10 ⑤

$$\begin{cases} x + y = 1000 \\ 1.1x + 0.9y = 1000 \times 1.04 = 1040 \end{cases}$$

연립방정식의 해는 $x = 700$, $y = 300$이다.

∴ 올해 생산된 x제품의 수는 $700 \times 1.1 = 770$(개)

11 ②

$B \cup X = \{a,\ b,\ d\}$이므로, X는 b를 포함해야 한다. 또한 A의 부분집합이면서 c와 e를 포함하지 않아야 한다.

$\{b\} \subset X \subset \{a,\ b,\ d\}$

집합 X의 원소의 개수는 $\{a,\ b,\ d\}$에서 b를 제외하고 $2^2 = 4$개가 된다.

12 ④

전체페이지에서 5일 동안 읽은 페이지를 뺀 나머지를 구한다.

$$220 - (5 \times 20) = 120$$

13 ③

소금의 양을 x라 하면

$$\frac{x}{600+400}\times 100=3$$이므로 $x=30$이다.

따라서 원래의 농도는 $\frac{30}{600}\times 100=5(\%)$이다.

14 ①

서울특별시가 순이동이 $-103,647$로 변화폭이 가장 컸다.

15 ⑤

제시된 행정구역 전체의 전입자 수는 3,496,095명이고 전출자 수는 3,582,949명으로 전출이 더 많아 인구가 감소하였음을 알 수 있다.

16 ②

주어진 수열은 첫 번째 항부터 소수가 순서대로 더해지는 규칙을 가지고 있다. 따라서 빈칸에 들어갈 수는 54 + 17 = 71이다.

17 ⑤

한글 자음을 순서대로 숫자에 대입하면 다음 표와 같다.

ㄱ	ㄴ	ㄷ	ㄹ	ㅁ	ㅂ	ㅅ	ㅇ	ㅈ	ㅊ	ㅋ	ㅌ	ㅍ	ㅎ
1	2	3	4	5	6	7	8	9	10	11	12	13	14

ㄱ(1) - ㄱ(1) - ㄴ(2) - ㄷ(3) - (?) - ㅈ(9) - ㅇ(8)

홀수 항은 2씩, 짝수 항은 3씩 곱해지고 있다. 따라서 빈칸에 들어갈 문자는 ㄹ(4)이다.

18 ⑤

두 수를 곱한 후 뒤의 수를 다시 빼주고 있으므로

(5*4) = 5 × 4 − 4 = 16, 6*16 = 6 × 16 − 16 = 80

19 ③

제시된 조건을 정리하면 다음과 같다.

(민호) 〉 태민 〉 (민호) 〉 동진 〉 종현 〉 시원

따라서 시원이는 5명 중 꼴찌를 하였다.

20 ①

결론이 참이 되기 위해서는 '안타를 많이 친 타자는 팀에 공헌도가 높다.' 또는 이의 대우인 '팀에 공헌도가 높지 않은 선수는 안타를 많이 치지 못한 타자이다.'가 답이 된다.

21 ④

B의 진술이 거짓이라면 C와 D는 거짓말쟁이가 아니므로 진실을 말한 사람이 두 사람이 되므로 진실을 얘기하고 있는 사람이 한 명 뿐이라는 단서와 모순이 생기므로 B의 진술이 진실이다. B의 진술이 진실이고 모두의 진술이 거짓이므로 A의 거짓진술에 의해 B는 범인이 아니며, C의 거짓진술에 의해 A도 범인이 아니다. D의 거짓진술에 의해 범인은 D가 된다.

22 ④

'□' 모양의 도형은 왼쪽으로 90°씩 회전하고 있으며 그 안에 있는 도형들 중 사각형을 제외한 세 도형은 흰색, 검정색으로 번갈아가며 색이 변경된다.

23 ③

각 줄의 첫 번째 칸, 두 번째 칸에 있는 도형에서 사각형 위치별로 '흰색+검은색'이거나 '검은색+흰색'이면 세 번째 칸 도형에서 '검은색'으로 나타나고, '흰색+흰색'이거나 '검은색+검은색'이면 '흰색'으로 나타나는 규칙을 가진다.

24 ①

주어진 두 문장은 모두 같다.

25 ①

주어진 두 문자의 배열이 같다.

26 ⑤

⑤ 아 해 다르고 어 헤 다르다.

27 ⑤

　　1단 : 10개,　2단 : 6개,　3단 : 3개,　4단 : 2개,　5단 : 1개

28 ④

29 ③

30 ③

31 ④

　　RE100 ··· 기아의 기후변화 대응 전략 중 하나로 2040년까지 전세계 사업장에서 전기에너지 사용을 100% 재생에너지로 전환하겠다는 전략이다.

32 ③

　　SWOT 분석 ··· 기업을 강점(Strength), 약점(Weakness), 기회(Opportunities), 위협(Threats)의 상황·요인별로 분석하여 강점을 토대로 주어진 기회를 기업에 유리하게 이용하고 위협에는 적절하게 대처하거나 기업의 약점을 보완할 수 있는 전략이다. 기업의 목표 달성을 위한 전략의 특징으로는 SO전략(강점을 가지고 기회를 엿보는 전략), ST전략(강점을 가지고 위협을 회피하는 전략), WO전략(약점을 보완하여 기회를 엿보는 전략), WT전략(약점을 보완하여 위협을 회피하는 전략)이 있다.

33 ④

B2C … 기업과 개인 간의 거래로, 직접 거래를 하기 때문에 중간 단계의 거래가 제외되어 소비자는 할인된 가격으로 물품을 구입할 수 있는 장점이 있다.

① B2E : 기업과 임직원 간의 전자상거래를 말한다. 주로 기업들의 복리후생을 대행해 주는 서비스, 직원들에게 교육을 제공하는 서비스 등이 있다.

② B2G : 기업과 정부 간의 전자상거래를 말한다. G는 정부뿐만 아니라 지방정부, 공기업, 정부투자기관, 교육기관 등을 의미하기도 한다. 조달청의 '나라장터'가 그 예이다.

③ B2B : 기업과 기업 간의 전자상거래를 말한다. 각종 산업재뿐만 아니라 제조, 유통, 서비스 등을 포함한다.

⑤ C2C : 개인 소비자 간의 거래를 말하며, 중고 거래 플랫폼이나 개인 간 경매 사이트가 그 예이다.

34 ③

J커브 효과 … 환율의 변동과 무역수지와의 관계를 나타낸 것으로, 무역수지 개선을 위하여 환율 상승을 유도하더라도 그 초기에는 무역수지가 오히려 악화되다가 어느 정도 기간이 지난 후에야 개선되는 현상을 말한다.

① 피구 효과 : 임금과 가격의 변화가 현금 잔액을 통해 유효수요에 미치는 효과를 말한다. 물가가 하락함에 따라 자산의 실질가치가 상승하면서 경제주체자들의 소비를 증가되어 시장경제가 정부의 적극적인 개입 없이도 불황을 해소할 수 있다는 입장이다.

② 승수 효과 : 어떠한 변수가 변화함에 따라 다른 변수가 몇 배만큼 변화하는가를 나타내는 효과를 말한다.

④ 톱니 효과 : 생산 또는 수준이 일정 수준에 도달하면 이전의 소비 성향으로 돌아가기 힘든 현상을 말한다.

⑤ 마샬 – 러너의 조건 : 무역수지(국제수지)를 개선시키기 위해서는 자국과 외국이 지니는 수입수요 탄력성의 합이 1보다 커야 한다는 조건을 말한다.

35 ③

비오토프 … 야생동물이 서식하고 이동하는데 도움이 되는 숲, 가로수, 습지, 하천, 화단 등 도심에 존재하는 다양한 인공물이나 자연물로, 지역 생태계 향상에 기여하는 작은 생물서식공간이다.

36 ①

세계 철학의 날 … 철학의 가치를 보존하고 철학을 통한 성찰을 위하여 유네스코가 2002년에 제정한 날로 매년 11월 셋째 주 목요일을 기념한다.

37 ⑤

제한 효과 … 매스미디어는 기존의 태도나 가치·신념을 강화시키는 제한적 효과가 있을 뿐이라는 이론적 관점으로, 매스미디어의 영향력이 그렇게 크지 않으며 한정되어 있다는 이론이다.

① 선별 효과 : 매스미디어의 효과는 강력하거나 직접적이지 않으며 수용자 개인의 심리적 차이와 사회계층 영향 및 사회적 관계 등에 의해 선별적이고 한정적으로 나타난다는 이론이다.

② 탄환 효과 : 매스미디어의 메시지가 탄환처럼 수용자에게 직접적이고 강력하게 영향을 미친다는 초기 커뮤니케이션 이론이다.

③ 호손 효과 : 타인의 관심을 받을 때 자신의 행동이 달라지는 현상을 말한다.

④ 의존 효과 : 소비재에 대한 수요가 소비자 자신의 욕망에 의존하는 것이 아니라 공급자의 광고 등에 의존하여 이루어지는 현상을 말한다.

38 ④

'피가로의 결혼'은 모차르트의 작품으로 이 외에 '마술피리', '돈 조반니'가 있다.

※ 베르디 … 19세기 이탈리아 최고의 오페라 작곡가인 베르디(Giuseppe Verdi)는 1834년 밀라노에서 최초의 오페라 '오베르토'를 작곡, 1839년 스칼라극장에서 초연하여 성공을 거두었다. 대표작으로는 '리골렛토', '오텔로', '나부코', '아이다', '라 트라비아타', '일 트로바토레', '운명의 힘' 등이 있다.

39 ④

punctuality 시간엄수   consistently 끊임없이, 항상   appointment 약속

시간엄수는 중요하다. 그래서 항상 약속시간에 늦는 사람들은 <u>분별이 없다</u>고 생각된다.

① 부지런한, 근면한 ② 친한, 친절한, 다정한 ③ 실용적인 ④ 분별(사려) 없는, 경솔한, 성급한 ⑤ 정직한

40 ④

at first 처음에는

나는 처음에 그녀를 좋아하지 않았지만, <u>결국</u> 우리는 좋은 친구가 되었다.

① 필연적으로, 반드시 ② 최초로, 처음에 ③ 우연히 ④ 결국, 궁극적으로 ⑤ 우연히

CHAPTER

05

제5회 정답 및 해설

1 ③

기염 … 불꽃처럼 대단한 기세

③ 기세 : 기운차게 뻗치는 모양이나 상태

① 주창 : 주의나 사상을 앞장서서 주장함

② 원조 : 물품이나 돈 따위로 도와줌

④ 이념 : 이상적인 것으로 여겨지는 생각이나 견해

⑤ 낭보 : 기쁜 소식을 알림

2 ⑤

밑줄 친 부분은 '사람이 죄나 누명 따위를 가지거나 입게 되다.'라는 의미로 사용되었다.

① 산이나 양산 따위를 머리 위에 펴 들다.

② 먼지나 가루 따위를 몸이나 물체 따위에 덮은 상태가 되다.

③ 얼굴에 어떤 물건을 걸거나 덮어쓰다.

④ 모자 따위를 머리에 얹어 덮다.

3 ②

첫 번째 문단에서는 아바이 마을에 대한 설명, 두 번째는 가자미인 자리고기에 대한 설명, 세 번째는 가자미를 이용해 만든 가자미식해에 대한 설명이다. 따라서 이 세 문단의 내용을 모두 담을 수 있는 제목으로는 ② 속초의 아바이 마을과 가자미식해가 적합하다.

4 ①

빈칸의 앞에는 다리뼈가 뼈대, 뼈끝판, 뼈끝으로 구성되어 있고 먼저 뼈대에 대한 설명을 하고 있다. 빈칸의 뒤에 이어지는 글은 뼈끝, 뼈끝판에 대한 설명이므로 앞뒤를 연결하는 접속사 '그리고'가 오는 것이 적당하다.

5 ③

쌀의 탄생 배경과 널리 쓰이는 구분법에 의한 종류에 대해 언급하고 있는 글이므로 '쌀의 역사와 종류'를 제목으로 보는 것이 가장 적절하다.

6 ②

㈜는 '그것은'으로 시작하는데 '그것'이 무엇인지에 대한 설명이 필요하기 때문에 ㈜는 첫 번째 문장으로 올 수 없다. 따라서 첫 번째 문장은 ㈎가 된다. '겉모습'을 인물 그려내기라고 인식하기 쉽다는 일반적인 통념을 언급하는 ㈎의 다음 문장으로, '하지만'으로 연결하며 '내면'에 대해 말하는 ㈏가 적절하다. 또 ㈏ 후반부의 '눈에 보이는 것 거의 모두'를 ㈐에서 이어 받고 있으며, ㈐의 '공간'에 대한 개념을 ㈜에서 보충 설명하고 있다.

7 ①

① 마지막 문장에 '이들이 쓰다 남은 물자와 이용하지 못한 에너지는 고스란히 버려질 수밖에 없고 따라서 효율성이 극히 낮기 때문이다.'라고 제시되어 있으므로 몇몇 특별한 종들만이 득세하는 것이 그다지 바람직한 현상이 아니라고 하는 것이 가장 적절하다.

8 ⑤

$$(\sqrt{3})^2 + \sqrt{(-2)^2} = (\sqrt{3})^2 + \sqrt{4} = (\sqrt{3})^2 + \sqrt{2^2} = 3 + 2 = 5$$

9 ③

$$45 \times (3) - 20 = 135 - 20 = 115$$

10 ③

40% 소금물 300g에 들어 있는 소금의 양은 $300 \times 0.4 = 120(g)$이고,
물의 양은 $300 - 120 = 180(g)$이다.
물이 50g 증발했으므로 $180 - 50 = 130(g)$이므로
소금물의 농도는 $\dfrac{120}{130+120} \times 100 = \dfrac{120}{250} \times 100 = 48(\%)$이다.

11 ②

직사각형의 둘레는 가로의 길이 × 2 + 세로의 길이 × 2이다.
세로의 길이를 x라고 가정할 때 가로의 길이는 $x + 4$이고, 둘레는 $2 \times (x+4) + (2 \times x)$이므로 $4x + 8 = 28$, 따라서 x는 5이다.

12 ①

자식의 나이를 x라 하면,
$(x + 24 - 6) = 5(x - 6)$
$48 = 4x,\ x = 12$
아버지의 나이는 $12 + 24 = 36$
∴ 아버지의 나이 36세, 자식의 나이는 12세

13 ①

50원 우표를 x개, 80원 우표를 y개라 할 때,

$x + y = 27 \cdots$ ㉠

$(50x) \times 2 = 80y \cdots$ ㉡

㉠에서 $y = 27 - x$를 ㉡에 대입하면

$100x = 80(27 - x)$

$180x = 2160$

$x = 12$, $y = 15$

14 ①

㉠ 2022년부터 2023년에는 발전량과 공급의무율 모두 증가하였으므로 공급의무량 역시 증가하였을 것이다. 2021년과 2022년만 비교해보면 2021년의 공급의무량은 770이고 2022년의 공급의무량은 1,020이므로 2022년의 공급의무량이 더 많다.

㉡ 인증서구입량은 2021년 15GWh에서 2023년에 160GWh로 10배 넘었지만, 같은 기간 자체공급량은 75GWh에서 690GWh로 10배를 넘지 못하였다. 따라서, 자체공급량의 증가율이 인증서구입량의 증가율보다 작다.

㉢ 각 연도별로 공급의무량과 이행량 및 이 둘의 차이를 계산하면

- 공급의무량＝공급의무율×발전량
- −2021년 = $55,000 \times 0.014 = 770$
- −2022년 = $51,000 \times 0.02 = 1,020$
- −2023년 = $52,000 \times 0.03 = 1,560$
- 이행량＝자체공급량＋인증서구입량
- −2021년 = $75 + 15 = 90$
- −2022년 = $380 + 70 = 450$
- −2023년 = $690 + 160 = 850$

15 ⑤

⑤ A매장은 1,900만 원에 20대를 구매할 수 있다. B매장은 20대를 구매하면 2대를 50% 할인 받을 수 있어 1,900만 원에 구매할 수 있다. C매장은 20대를 구매하면 1대를 추가로 증정 받아 1,980만 원에 구매할 수 있다. 그러므로 저렴하게 구입할 수 있는 매장은 A매장과 B매장이다.

① C매장에서는 50대를 구매하면, 총 가격이 4,950만 원이며 2대를 추가로 받을 수 있다.

② A매장에서는 30대를 구매하면 3대를 추가로 증정하므로, 3,000만 원에 33대를 구매할 수 있다.

③ B매장에서는 10대를 구매하면 1대를 50% 할인 받아 950만 원이고, C매장에서는 모두 정가로 구매하여 990만 원이다.

④ C매장에서는 40대를 구매하면 2대를 추가로 증정 받아 3,960만 원에 구매할 수 있다.

16 ④

주어진 수열은 세 번째 항부터 앞의 두 항을 더한 값이 다음 항이 되는 규칙을 가지고 있다. 따라서 빈칸에 들어갈 수는 55 + 89 = 144이다.

17 ②

한글 자음을 순서대로 숫자에 대입하면 다음 표와 같다.

ㄱ	ㄴ	ㄷ	ㄹ	ㅁ	ㅂ	ㅅ	ㅇ	ㅈ	ㅊ	ㅋ	ㅌ	ㅍ	ㅎ
1	2	3	4	5	6	7	8	9	10	11	12	13	14

ㄱ(1) − ㅋ(11) − ㄷ(3) − ㅈ(9) − ㅁ(5) − ㅅ(7)
홀수 항은 2씩 증가, 짝수 항은 2씩 감소한다. 따라서 빈칸에 들어갈 문자는 ㅅ(7)이다.

18 ①

두 수를 곱한 후 십의 자리 수와 일의 자리 수를 더하고 있으므로
(7 ∘ 2)는 7×2 = 14에서 1 + 4 = 5, 3 ∘ 5는 3×5 = 15에서 1 + 5 = 6

19 ④

주어진 명제들의 대우 명제를 이용하여 삼단논법에 의한 새로운 참인 명제를 다음과 같이 도출할 수 있다.
- 두 번째 명제의 대우 명제 : 홍차를 좋아하는 사람은 배가 아프다. → A
- 세 번째 명제의 대우 명제 : 식욕이 좋지 않은 사람은 웃음이 많지 않다. → B
A + 첫 번째 명제 + B → 홍차를 좋아하는 사람은 웃음이 많지 않다.

20 ①

결론이 긍정이므로 전제 2개가 모두 긍정이어야 한다. 따라서 ①이 적절하다.

21 ②

두 번째 명제에 의해 1호선이 1순위인 것이 확정된다. 또, 세 번째 명제에 따르면 5호선은 4호선보다 매출 순위가 높다고 했고, 네 번째 명제에서 매출 순위가 같은 사업은 없다고 했으므로, 나올 수 있는 매출 순위의 모든 경우를 나열해 보면 다음과 같다.

	1위	2위	3위	4위	5위
1	1호선	5호선	4호선		
2	1호선	5호선		4호선	
3	1호선	5호선			4호선
4	1호선		5호선	4호선	
5	1호선		5호선		4호선
6	1호선			5호선	4호선

여기에서 첫 번째 명제에서 1호선과 2호선, 3호선과 4호선의 순위 차이가 같다고 했으므로 표의 4번과 5번이 가능한 경우에 해당한다. 1순위 차이로 동일한 경우는 다음의 ㉠, ㉡ 경우가 있고, 3순위 차이로 동일한 경우는 ㉢의 경우이다.

㉠ 1호선-2호선-5호선-4호선-3호선
㉡ 1호선-2호선-5호선-3호선-4호선
㉢ 1호선-3호선-5호선-2호선-4호선

따라서 제시된 선택지의 내용 중 항상 참이 되는 것은 '5호선의 매출 순위는 4위보다 높다.'가 된다.

22 ⑤

주어진 조건을 표로 정리하면 다음과 같다.

	A	B	C	D	E
빨간색		×		C/ D	×
파란색		B/ E	×	×	B/ E
검은색			×	×	
흰색		×		C/ D	×

위와 같은 정보를 통하여 흰색과 빨간색은 C와 D가, 검은색과 파란색은 B와 E가 각각 입고 있다. 네 번째와 다섯 번째 조건에 의해서 같은 색 옷을 입고 있는 사람은 A와 E가 되는 것을 알 수 있다. 따라서 선택지 ⑤에서 언급한 바와 같이 B가 검은색 옷을 입고 있다면 E는 파란색 옷을 입고 있는 것이 되므로, A도 파란색 옷을 입고 있는 것이 되어 파란색 옷을 입고 있는 사람은 2명이 된다.

23 ②

흰색 동그라미는 시계 방향으로 한 칸씩, 검은색 점은 반시계 방향으로 한 칸씩 이동하고 있다.

24 ⑤

100101110101110101 − 10110111<u>1</u>001110<u>0</u>01

25 ①

주어진 두 문자의 배열이 같다.

26 ①

① 11111<u>0</u>001111101011001

27 ①

1단 : 8개, 2단 : 3개, 3단 : 2개

28 ④

29 ①

30 ②

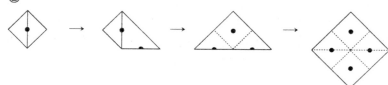

31 ②

기아의 기업비전 ··· Sustainable Mobility Solution Provider(지속가능한 모빌리티 솔루션 프로바이더)

32 ③

제시문은 책화에 관련된 설명이다. 책화는 각 씨족마다 생활권의 경계를 명확히 하며 이를 침범하여 물건을 훔쳤을 경우 모예와 우마로 배상하게 하는 제도이다. 책화의 풍속을 가진 국가는 동예이다.

33 ③

권력분립이론 ··· 17 ~ 18세기 자연법사상의 산물로, 로크에 의하여 처음으로 주장되었다. 그는 「통치 2론」에서 국가권력을 입법권·집행권·동맹권의 셋으로 나누었으나, 이는 군주와 의회의 권한을 대립시킨 2권 분립이다. 이 이론을 프랑스의 몽테스키외가 「법의 정신」에서 3권 분립론으로 완성하였다.
① 로크(Locke) : 경험론을 주장한 영국의 철학자이다.
② 루소(Rousseau) : 인간의 자유와 평등을 주장한 프랑스 사상가이자 소설가이다.
④ 보댕(Bodin) : 근대적 국가론을 주장한 프랑스 정치 철학자이다.
⑤ 칸트(Kant) : 윤리학과 형이상학에서 혁신적인 이론을 제시한 독일의 철학자이다.

34 ③

통크족 ··· 'Two Only No Kids'의 약칭이다. 경제수준의 향상과 각종 연금제도의 발달 등이 이들의 출현을 가능하게 하였다.
① 텔테크족 : 호텔(Hotel)과 전문직 종사자(Te chnician)가 합성된 신조어로 주로 호텔을 이용하는 전문직 종사자를 의미한다.
② 키덜트족 : 20·30대의 성인들이 어린 시절에 경험했던 갖가지 취미나 추억이 깃든 물건에 애착을 가지고 다시 구입하는 성인 분류로, 키드(Kid)와 어덜트(Adult)가 합성된 신조어이다.
④ 예티족 : 기업가적(Entrepreneurial)이며, 젊고(Young), 기술을 바탕으로 한(Tech Based) 인터넷 엘리트를 말한다.
⑤ 파이어족 : 경제적 자립을 토대로 자발적 조기 은퇴를 추진하는 사람들을 말한다.

35 ③

제3법칙 ··· 작용반작용의 법칙이다. 물체에 힘을 작용시키면 원래의 상태를 유지하기 위해 물체는 반대 방향으로 힘을 작용(반작용)하게 된다.
※ 뉴턴의 운동법칙
　　㉠ 운동제1법칙 : 관성의 법칙
　　㉡ 운동제2법칙 : 가속도의 법칙
　　㉢ 운동제3법칙 : 작용 – 반작용 법칙

36 ②

계절풍 기후 … 한국·일본·중국·동남아시아 등 계절풍의 영향을 받는 지역의 기후로, 몬순기후라고도 하며, 우리나라 여름에는 남동 계절풍의 영향을 받아 고온다습하며, 겨울에는 북서 계절풍의 영향을 받아 한랭건조하다.

① 해양성 기후 : 대륙성 기후에 비하여 기온의 일변화와 연변화가 적고 연교차 또한 적다.

③ 대륙성 기후 : 대륙지방의 영향을 강하게 받는 기후로 겨울에는 고기압이 발달하여 맑은 날이 많고 바람이 약하지만 여름에는 기압이 낮아서 비가 내리는 일이 잦다.

④ 열대우림 기후 : 열대기후 중 건기 없이 매월 강수량이 풍부한 기후를 말한다.

⑤ 지중해성 기후 : 여름에는 고온 건조하고, 겨울에는 온난 습윤한 기후로, 주로 지중해 연안 지역에서 나타난다.

37 ⑤

70세를 이르는 한자어에는 從心(종심) 외에 古稀(고희)가 있다.

38 ①

② 패닝 : 빠르게 움직이는 물체의 속도감을 표현하기 위한 기법이다.

③ 핸드 헬드 : 생동감과 현장감을 표현하기 위해 카메라를 손에 들고 촬영하는 기법이다.

④ 매트 페인팅 : 실사 촬영이 어려운 특정 공간을 묘사하는 특수 시각효과이다.

⑤ 스크린 숏 : 화면이나 창의 이미지를 그래픽 파일로 저장 또는 그래픽 편집기로 복사한 화면을 일컫는다.

39 ③

interpretation 해석, 설명, 통역

Joe의 진술은 오직 한 가지 해석의 여지만 있는데, 그가 무엇을 하고 있었는지 분명히 알고 있었다는 것이다.

③ admit of ~의 여지가 있다, 허락하다, 허용하다(= allow of)

④ allow for ~을 참작하다, 고려하다, 준비하다, 대비하다

40 ①

identical 똑같은, 동일한, 일란성의 as like as two peas 흡사한

꼭 닮은 저 일곱 살 된 일란성 쌍둥이 형제들은 꼭 닮았다.

자격증

한번에 따기 위한 서원각 교재

한 권에 준비하기 시리즈 / 기출문제 정복하기 시리즈를 통해 자격증 준비하자!